Heinz-Dieter Haustein

Zeitenwechsel

D1727857

Selbstorganisation sozialer Prozesse

herausgegeben von

Peter Fleissner
Johann Götschl
Wolfgang Hofkirchner
Herbert Hörz

Band 8

LIT

Heinz-Dieter Haustein

ZEITENWECHSEL

Der aufhaltsame Aufstieg des Geldkapitals
in der Geschichte

LIT

Umschlagbild: „Great Laxey Wheel", Isle of Man, Nachzeichnung

Gedruckt mit Unterstützung des Bundesministeriums
für Wissenschaft und Forschung in Wien

Bibliografische Information der Deutschen Nationalbibliothek
Die Deutsche Nationalbibliothek verzeichnet diese Publikation in der
Deutschen Nationalbibliografie; detaillierte bibliografische Daten sind
im Internet über http://dnb.d-nb.de abrufbar.

ISBN 978-3-643-50345-9

©LIT VERLAG GmbH & Co. KG
Wien 2012
Krotenthallergasse 10/8
A-1080 Wien
Tel. +43 (0) 1-409 56 61
Fax +43 (0) 1-409 56 97
e-Mail: wien@lit-verlag.at
http://www.lit-verlag.at

LIT VERLAG   Dr. W. Hopf
Berlin 2012
Verlagskontakt:
Fresnostr. 2
D-48159 Münster
Tel. +49 (0) 2 51-620 320
Fax +49 (0) 2 51-23 19 72
e-Mail: lit@lit-verlag.de
http://www.lit-verlag.de

Auslieferung:
Deutschland: LIT Verlag Fresnostr. 2, D-48159 Münster
Tel. +49 (0) 2 51-620 32 22, Fax +49 (0) 2 51-922 60 99, e-Mail: vertrieb@lit-verlag.de
Österreich: Medienlogistik Pichler-ÖBZ, e-Mail: mlo@medien-logistik.at
Schweiz: B + M Buch- und Medienvertrieb, e-Mail: order@buch-medien.ch

Inhalt

Vorbemerkung

Die Studie zur Geld- und Krisengeschichte wurde im Oktober 2008 begonnen und seitdem laufend ergänzt. Ihre inhaltliche Struktur mit den 11 Abschnitten blieb unverändert, sie ergibt sich aus der historischen und logischen Abfolge. Es ist eine merkwürdige Erfahrung, ein Studienobjekt zu bearbeiten, das sich unterdessen schubweise, wie die Krisensituation selbst verändert.

Ich danke Prof. Dr. Walter Becker, Prof. Dr. Peter Fleissner (Wien), Prof. Dr. Wolf-D. Hartmann, Dieter Korn, Prof. Dr. Günter Krause, Prof. Dr. Joachim Kund, Peter Ulrich Lehner (Wien), Prof. Dr. Christa Luft, Dr. Vadim Nikolajew, Prof. Dr. Jörg Rösler, Prof. Dr. Friedrich Schmidt-Bleek (Carnoules, Frankreich), Dr. rer. nat. Horst Schrauber, Prof. Dr. Klaus Steinitz, Prof. Dr. Gerhard Wittich, Prof. Dr. Lothar Wunderlich für Anregungen und kritische Hinweise. Vor allem danke ich Prof. Dr. Peter Fleissner für die Publikation der ersten Studie im Web unter http://peter.fleissner.org/transform.at und Herrn Peter Ulrich Lehner von der Wiener Zeitschrift „mitbestimmung".

Heinz-Dieter Haustein

Prof. Dr. rer. oec. habil. Heinz-Dieter Haustein, i. R.
Breitscheidstraße 29 16321 Bernau bei Berlin   Tel. (03338) 5784   e-mail Heinz-D.Haustein@t-online.de

Im Leben eines Menschen gibt es zwei Zeitpunkte,
zu denen er nicht spekulieren sollte:
wenn er es sich nicht leisten kann,
und wenn er es kann.

Mark Twain 1897

Das wirtschaftliche Auf und Ab wird gern mit den Begriffen Expansion, Boom, Stagnation, Rezession, Depression, beschönigend als Konjunkturzyklus beschrieben; das Wort Krise oder Krisenzyklus war den Politikern seit langem suspekt und im Mediensprech war es daher auch nicht üblich. Das hat sich ab Sommer 2008 geändert. Das Wort Finanzkrise ist seither in aller Munde. Die sehr lange Geschichte des Geldes, der Banken, Finanzen und Steuern mit ihren Zickzacks lässt grüßen. Im Wandel der Zeiten verändert sich das wirtschaftliche, soziale und kulturelle Umfeld langsam, beschleunigt oder katastrophal. Die erste Blase der Neuzeit platzte in einer Zeit vor vier Jahrhunderten, als es in *Shakespears* Hamlet hieß, die Zeit ist aus den Fugen.

Vom Bankkapital zum Finanzkapital

Das Geld als Maß des Tauschwerts löste sich in seiner langen Geschichte immer mehr von der ursprünglichen materiellen Substanz als Gewicht des Kupfers, Silbers oder Goldes und verkörperte schließlich als zahlenmäßiges Symbol ein völlig neues Messen in der Entwicklung der menschlichen Zivilisation. Die Tauschteilnehmer messen den Wert nicht mehr mit irgendeiner Substanz, sie setzen als Käufer den Geldwert einer Ware ins Verhältnis zu ihrer Bedarfsrangfolge und zu ihren verfügbaren oder mobilisierbaren Geldmitteln. Allgemein gesagt, wird das Verhältnis des Wertes der einen Ware zur gesamten erreichbaren Warenwelt als äquivalent zum Verhältnis des vorgesehenen Geldbetrags zur gesamten Geldmenge unterstellt. Es herrscht ein gedachtes und auch wirkliches Gleichgewichtsprinzip, das überhaupt eine der Grundregeln des Messens ist. Aber es ist beim Geld noch mehr als das. Jede einzelne der Milliarden Transaktionen, die zugleich sozialökonomische Messungen sind, wirkt zurück auf die gesamte Waage, um im Bild zu bleiben.

Bankgeschäfte der Antike

Der erste „Bankenkrach" der Weltgeschichte wurde 371 v. Chr. in Athen provoziert durch die verlorene Schlacht von Leuktra gegen die Boötier. Schlagartig hoben damals viele Athener ihre Einlagen bei den Geldwechslern am Piräus ab und verursachten damit wahrscheinlich Bankrotte oder gingen leer aus. In der Antike war der Zins oft sehr hoch und führte zur Überschuldung der bäuerlichen Bevölkerung, die in die Sklaverei getrieben wurde. So war der Kampf zwischen reichen Gläubigern und Schuldnern eine dominierende Form des Klassenkampfes, der einerseits in Aufstände und andererseits in Schuldenerlasse wie die Seisachtheia (Schuldenabschüttelung) der Solonischen Reformen 594 v. Chr. mündete. Die Finanzspekulation geht zurück auf die Römer mit ihren Steuern, die in den Provinzen des Riesenreichs reichlich in die Taschen der publicani flossen. Diese privaten Zoll- und Steuerpächter machten gute Gewinne und Spekulationsgeschäfte mit den Statthaltern und der Geldaristokratie. Die Staatspachtgesellschaften pressten mit Wucherzinsen von 33 1/3 Prozent die Provinzen aus. Zur Zeit ihrer größten wirtschaftlichen Macht gab es förmliche Aktiengesellschaften (societas publicorum) mit Direktoren (magistri), zahlreichem Personal und Gewinnbeteiligung je nach Kapitalanlage. *Horaz* (65-8 v. Chr.) meinte, Geld könne für den Erwerber Herr oder Sklave sein, richtig bewertet sollte es nachtraben an handfestem Stricke, nicht Treiber sein. Nicht selten wird heute die Maßlosigkeit von Finanzmanagern nur aus der Gier, also einem Triebfaktor von Menschen abgeleitet. Da waren schon die antiken Philosophen und Dichter klüger, *Horaz* und *Juvenal* (58-130) bemerkten, dass die Geldgier mit der Geldsumme und ihrer Vermehrung wächst, also im heutigen Ausdruck auch objektiv systembedingt erklärt werden muss. Die geldpräferierende Ordnung schafft den Freiraum der Gier. Römische Geldleute sagten „Ibi fas, ubi proxima merces" – Wo das meiste Geld, da ist das Recht. Noch drastischer war Kaiser *Vespasian* (69-79) mit seinem „pecunia non olet" – Geld stinkt nicht. Kaiser *Tiberius* (14-37) verfolgte einen konsequenten Sparkurs und verfügte zuletzt über 2,7 Mrd. Sesterzen (675 libra Gold). Es kam zu einer Kaufkraftverknappung und zu Zinserhöhungen. Der römische Senat löste daher im Jahr 33 durch einen höheren gesetzlichen Zinsfuß von 12 Prozent die erste Liquiditätskrise der Wirtschaftsgeschichte aus, in deren Folge es zu einem schweren Preissturz auf dem Grundstücksmarkt kam, denn die Darlehen waren zu einem erheblichen Teil in Grundstücken angelegt. Der Rettungsfonds des Kaisers von 100 Mio. Sesterzen wurde den Wechselbanken zur Verfügung gestellt und diese wurden verpflichtet, die Gelder auf drei Jahre den verschuldeten Grundbesitzern zur Verfügung zu stellen wenn ausreichend Sicherheit geleistet wurde.

Es versteht sich, dass die interessante Geldgeschichte der Antike keineswegs die Mutter der kapitalistischen Produktionsweise der Neuzeit ist. Geld ist gewissermaßen Abstraktion aus dem ursprünglichen Naturaltausch heraus und seine historischen Stufen sind Muscheln, Silber und Gold, Münze, Papiergeld, Plastikgeld und Computereinkauf. Ein Modewort der gegenwärtigen Krisenzeit ist die „Kernschmelze" des Finanzsystems. Worin besteht dieser Kern aus historischer Sicht? Der Kredit als eine Art künstliches Geld, als Verhältnis zwischen Gläubiger und Schuldner ist Kern und Wachstumsmotor der Geldwirtschaft und später der Finanzwelt seit viertausend Jahren. Das Kreditgeschäft ist aus dem Barleistungsgeschäft entstanden. Die ersten Darlehensverträge stammen aus Mesopotamien in der Ur-III-Zeit 2100 v. und die Schuldrechtsregulierung einschließlich der Termingeschäfte zur Sicherung bei Ernteausfällen aus dem Kodex *Hammurapi* um 1700 v. Chr.

Bösenspekulation bis zur ersten Weltwirtschaftskrise

Die Börse und die Börsenspekulation haben eine lange Geschichte seit der 1531 gegründeten Börse von Antwerpen, der Tulpen-Spekulationsblase von 1637 in den Niederlanden und der Kreditblase von *John Law* in Paris 1721. Es war die Zeit des Handelskapitalismus. 1852 gründeten *Emile* und *Isaac Péreire* in Paris die spätere Aktienbank Crédit Mobilier ursprünglich als Genossenschaftsbank unter dem Patronat von *Napoleon III*. *Emile* war zunächst von *James Rothschild* (1792-1868), dem Chef des führenden Bankhauses besonders gefördert worden, wie *Heinrich Heine* berichtete. Die Brüder *Péreire* hatten die Idee der aktiven Einwirkung des Bankgeschäfts auf das Wirtschaftsleben und kreditierten den boomenden Eisenbahnbau in Frankreich (über 6000 km Eisenbahnnetz), in Österreich-Ungarn, Spanien, Russland und der Schweiz. Das Kapital von 60 Millionen Francs wurde in 120 000 Aktien aufgeteilt. Bei einem Preis von 500 Francs konnten auch kleine Sparer Anteile erwerben. Zu den Gründern gehörte der römische Fürst *Torlonia* und der Hamburger Bankier *Salomon Heine,* der Onkel des Dichters. Ferner brachte die Bank Kleinaktien in Massen auf internationale Handelsplätze. Die Presse wurde bestochen und ein Werbefeldzug gestartet. Kurse wurden manipuliert, indem hohe Dividenden ausgeschüttet wurden und dadurch die Gewinnsucht des Publikums angestachelt wurde. Die hohen Dividenden stammten nicht aus Gewinnerwartungen von Unternehmen, schon gar nicht aus realen Profiten, sie wurden aus der Agiotage, dem Kursgewinn genommen. Es war fiktives Kapital par excellence. Der Kurs der Aktien wurde bis auf 1800 Prozent hochgetrieben, 1855 wurden 47 Prozent Dividende gezahlt. Die Bank gründete auch Tochterbanken im Ausland. In der Wirtschaftskrise 1866/67 und der damit verbundenen Baisse der Börsenkurse hatte sie Verluste von 8 Mio. Francs und der Kurs war von 90 000 Francs als Spitzenwert auf 140 Francs gefallen. Sie unterlag den Attacken des Hauses *Rothschild*, dem sie lange Zeit als Konkurrenten viele Schwierigkeiten bereitet hatte.

In seinem Leitartikel der New-York Daily Tribune Nr. 4828 vom 9. Oktober 1856 hatte *Karl Marx* geschrieben, dass sich die Spekulanten in den großen neuen Handelskrisen von 1817, 1825, 1836, 1847/48 in ihrer Manie jeweils auf ihre Branche beschränkt hatten. „Hingegen ist das herrschende Prinzip des Crédit Mobilier, des Trägers der gegenwärtigen Manie, nicht die Spekulation auf einem gegebenen Gebiet, sondern die Spekulation an sich und die allgemeine Ausbreitung des Schwindels in dem gleichen Maße, wie ihn die Gesellschaft zentralisiert." (MEW 12, S. 49). Er verwies ferner darauf, dass es großenteils englisches Kapital ist, das die Schlagadern der Crédit Mobilier und ihrer europäischen Filialen mit dem himmlischen Nass füllt. In seinem späteren Leitartikel vom 6. Dezember 1856 heißt es, der „ … Zusammenbruch ist trotz der Verzögerung gewiss; in der Tat kündigt der chronische Charakter, den die gegenwärtige Finanzkrise angenommen hat, nur einen heftigeren und unheilvolleren Ausgang dieser Krise an." (A. a. O., S. 80).

Im weiteren Text sagte *Marx* voraus, dass die Finanzkrise in eine Weltwirtschaftskrise münden wird. Sie begann dann in den USA durch die Zahlungseinstellung der Ohio Life and Trust Company am 24. August 1857 mit dem darauf eintretenden Kurssturz und Rückgang der Warenpreise. Innerhalb weniger Tage mussten 1452 Banken schließen. Die Krise schlug zurück auf die Briten als Hauptfinanzierer, die mindestens 80 Mio. Pfund in amerikanischen Fonds und Aktienunternehmen angelegt hatten. Zwischen September und November 1857 verschwanden 85 Geldhäuser von der Bildfläche, deren Höhe ihrer Verbindlichkeiten lag bei 42 Mio. Pfund. Die Krise griff dann auf den europäischen Kontinent und damit auch auf Deutschland über. Auf den Börsenkrach folgte die Kreditkrise und schließlich die Handelskrise. Die Weltwirtschaftskrise markierte den Beginn des Auslaufens der industriellen Revolution, der „Langen Welle" der Primärmechanisierung (Dampfmaschine). Zahlreiche Universalmaschinen-Hersteller gingen pleite und andererseits wurde der Weg frei für die Umstellung auf neue Spezialmaschinen zur Ersetzung der ausführenden Funktion der menschlichen Arbeit. Bemerkenswert ist, dass es in der vorhergehenden Aufschwungzeit ab 1852 zu einem Boom der Bankengründungen in den Industrieländern kam, von denen nur die solidesten die Krise überlebten. Wie sich doch die Muster gleichen.

Der eingangs zitierte *Mark Twain* hat in seinen sozialkritischen Schriften der 70er Jahre des 19. Jahrhunderts festgestellt, dass nun in den USA Reichtum das einzige Kriterium für Rang und Würde geworden ist, mit dem man Gesetzgeber, Richter, Gouverneur, General oder Senator werden kann, auch wenn man eigentlich ein ignoranter Dummkopf ist. Besonders befasste er sich mit *Cornelius Vanderbilt* (1794-1877), Reeder, Eisenbahninhaber, Großspekulant und reichster Amerikaner mit einem Vermögen von 105 Mio. Dollar, der Gesetzgeber, Richter, Zeitungen und Minister bestach. Als er den Sohn *William Henry* (1821-1885) zum Nachfolger auserkor, predigte er ihm seinen Wahlspruch: „Geld ist Gesetz genug. Es kauft Gesetze und bewirkt Straffreiheit, indem es sie hintergeht." Er war hochgekommen in einer Gesellschaft, die Geldjägerei prämiierte und mit ihrem Erfolgskult die besten Traditionen der amerikanischen Demokratie entstellte und korrumpierte. Diese Tendenzen entstanden nach 1850 im Ergebnis des kalifornischen Goldfiebers, des ersten Ölbooms, des Bürgerkriegs und des Eisenbahnrauschs der Wirtschaft.

Ein Beispiel für die Folgen des Gold- und Geldfiebers ist die tiefgehende Krise nach dem Gründerboom 1871 und dem Börsenkrach von 1873 mit fallenden Aktienkursen in jedem Jahr bis 1877 und der anschließenden Großen Depression bis 1896 mit einem so gewaltigen, das System gefährdenden Preisverfall, dass zu einer neuen gesellschaftlichen Betriebsweise, zur Monopolbildung fortgeschritten werden musste. Es ging um neue Anlagemöglichkeiten für die Superprofite des Großkapitals. Der sogenannte freie Markt wurde immer bedrohlicher wegen der fallenden Renditen und Zinssätze. Daher entstanden nun die marktbeherrschenden Großunternehmen Carnegie Steel Company, Standard Oil, Anaconda Copper Company und die großen Investment-Banken wie das Bankhaus J. P. Morgan für die Finanzierung von Fusionen, den Aufkauf kleiner Unternehmen und die Vermarktung von Effekten der Eisenbahnen. Der Kapitalismus der freien Konkurrenz wurde durch den Monopolkapitalismus abgelöst. Industrielle und Großbankiers bildeten die neue Finanzoligarchie. Auch der Staat hatte eine aktive Rolle im Wirtschaftsverkehr der Bundesländer und bei der Regulierung des Finanzsystems. Es gab direkte Staatsfinanzierung zum Beispiel beim Bau der ersten Telegraphenleitung zwischen Washington und Baltimore und beim Eisenbahnbau der neugegründeten Union Pacific Railroad Company nach dem entsprechenden Gesetz von 1864. In den USA war die Bank Jay Cooke & Company am 18. September 1873 zusammengebrochen, die sich an der Spekulation auf die Northern Pacific Railroad beteiligt hatte. In Europa schlitterten 1873 viele Banken in die Insolvenz, darunter 60 in Deutschland und Österreich. 938 Aktiengesellschaften waren in Deutschland zwischen 1871 und 1873 entstanden, von denen zur Jahreswende 1873/74 etwa 700 zahlungsunfähig waren. 1871 hatte man die famose Idee, sogenannte Maklerbanken zu gründen, die das Risiko der Börsengänge und die Kundenverpflichtungen übernahmen. Sie verabschiedeten sich alle 107 am Ende 1873. In der weiteren Entwicklung der Großen Depression kam es zu einer Abkehr vom Wirtschaftsliberalismus, der 1870 mit der Deregulierung des Aktienrechts und 1873 mit der weitgehenden Beseitigung der letzten Zollschranken befördert wurde. Der Protektionismus dominierte in den USA und in Deutschland. Seit 1874 gab es übrigens die ersten zuverlässigen Telegraphenverbindungen zwischen Großbritannien und den USA.

Die Verflechtung von Bank- und Industriekapital begann in den USA bereits um 1890 im Eisenbahnboom. Die Investitionsbank J. P. Morgan & Co in New York schickte mit ihren Beteiligungen in Unternehmen ihre Vertreter in deren Boards. Im gleichen Jahr wurde das von dem Republikaner *John Sherman* eingebrachte Anti-Trust-Gesetz gegen Wettbewerbsbeschränkungen durch übermäßige Kapitalkonzentration erlassen. Es wurde wenig wirksam, weil die Gerichte nicht kooperierten und die Regierung zwischen 1890 und 1903 nur in 10 Verfahren von 26 Recht bekam, wobei sich vier Verfahren von zehn auf Gewerkschaften (!) bezogen. 1893/94 kam ein tiefer Sturz in eine lange Depression mit dem Bankrott von 500 Banken und 16 000 Firmen sowie einer Arbeitslosigkeit von 20 Prozent. Die große Depression dauerte bis 1898 mit einer nur leichten Zwischenerholung Ende 1895. Die anschließende Periode bis 1914 wird als belle époque bezeichnet, ihre Merkmale waren Konzentration, Zentralisation, Kolonialisierung und weltweite Expansion. Sie waren die Reaktion auf fallende Profitraten in der vorherigen Etappe und die erste Welle von Monopolen und Oligopolen (Gruppen von Monopolen).

Schon Anfang des 19. Jahrhunderts wurde das Wort Finanzen, aus dem Französischen für Zahlungen, im Deutschen für die Einnahmen und Ausgaben des Staates verwendet. Der Band 10 des Brockhaus von 1830 erläutert bereits die Begriffe Staatsfinanzwissenschaft, Staatspapiere, Finanzwirtschaft, Finanzkunst, die vom altdeutschen Wort Finn (im Altenglischen soviel wie Abgabe) stammen. Im Französischen bedeutete das Wort les finances seit dem 16. Jahrhundert Staatseinnahmen und -ausgaben, im mittelalterlichen Latein war finatio (Endigung) zunächst Urteil, dann Zahlung oder Leistung. Jüngeren Datums ist der Terminus Finanzkapital, der im 19. Jahrhundert wohl noch nicht benutzt wurde, er ist bei *Marx* und *Engels* generell nur als „Geldkapital" zu finden, das als fiktives Kapital wesentlich vom Realkapital, Sach- oder Industriekapital unterschieden ist. Das Geldkapital wird von *Marx* untersucht nach verschiedenen Richtungen. Erstens bei der Verwandlung von Warenkapital in Geldkapital und vice versa im Reproduktionsprozess des industriellen Kapitals. Zweitens das Geldkapital des Kaufmanns als Zirkulationsagent. Drittens als Akkumulationsmittel, Kapital in Geldform als Ausgangs- und Endpunkt der Bewegung.

Viertens als zinstragendes Kapital und Leihkapital, das wir seit *Hilferding* als Finanzkapital bezeichnen. Auch im Brockhaus von 1902 fehlt noch der Begriff Finanzkapital. Die alte Volksvorstellung von Geldkapital als Kapital schlechthin stammt aus der Zeit vor der Entstehung der kapitalistischen Produktionsweise. Akkumulation des Geldkapitals ist Akkumulation von Ansprüchen des Eigentums auf die Arbeit. Der Zins ist keine Quelle der realen Wertschöpfung. Er wird bestimmt durch Angebot und Nachfrage am Geldmarkt inklusive Spekulation, die Länge der Leihfristen und geldpolitische Maßnahmen wie Diskontpolitik, Lombardpolitik und Offenmarktpolitik.

Marx unterscheidet zwei Arten des fiktiven Kapitals. Es gibt Finanzpapiere als Eigentumstitel wie Aktien, die von Börse oder Kreditwesen erzeugt werden. Ihre Dividenden im Produktionsbereich sind noch mit der Entstehung von Realprofiten verbunden. Sie können auch bloßer Schwindel sein, wenn die Papiere nur gekauft werden, um sie bei spekulativerwartetem höheren Kurswert wieder zu verkaufen. Ihr Markt lebt von der Illusion, als handle man mit wirklichem Kapital. Die zweite Sorte des Geldkapitals alias Finanzkapitals ist das rein illusorische oder imaginäre Kapital zum Beispiel der Staatspapiere. „Diese Schuldscheine, die für das ursprünglich geliehene und längst verausgabte Kapital ausgestellt sind, ... fungieren für ihre Besitzer soweit als Kapital, als sie verkaufbare Waren sind, und daher in Kapital rückverwandelt werden können." (Bd. III, S. 521) Die Regierung besorgt sich Geld zum Beispiel für Rüstungs- und Kriegsausgaben und gibt dafür Anleihen mit Rückzahlungsanspruch, der später nicht realisiert werden kann. Derivate kannte man zu Marxens Zeiten noch nicht, er sagte jedoch voraus, dass das imaginäre Kapital „im Entwicklungsgang der kapitalistischen Produktion expandiert." (A. a. O.). Heute ist fiktiver Profit eine äußerst rationelle Methode des „Geldmachens" ohne großen Aufwand. Im modernen Kreditgeschäft arbeitet die Bank mit dem ertragreichen Handel von Zahlungsverpflichtungen und Zahlungsansprüchen, die massenhaft verbrieft werden. Das geschieht weitab von den realen Wirtschaftsprozessen, obwohl im Finanzmarkt gewisseraßen als Alibi reale Kapitalanteile mitspielen. Der fiktive Profit ist kein Sahnehäubchen, sondern eine hyperbolisch wachsende parasitäre Blase, die dann platzt, wenn eine nennenswerte Zahl von Besitzern fiktiven Kapitals Geld sehen will, um reale Vorhaben zu finanzieren.

Finanzkapital als Vereinigung von Industrie- und Bankkapital

1909 erschien als Buch eine Studie über die jüngste Entwicklung des Kapitalismus von dem österreichischen Arzt, Ökonomen und späteren Politiker *Rudolf Hilferding* (1877-1941) mit dem Titel Finanzkapital. Darunter verstand er die Erscheinung, dass mit der Konzentration des industriellen und kommerziellen Kapitals in Kartellen, Trusts und Monopolen ein Konzentrationsprozess des damit verbundenen Bankenkapitals stattfindet, der sich zugleich immer mehr verselbständigt. Weitsichtig schrieb er: „Das Finanzkapital bedeutet die Vereinheitlichung des Kapitals. Die früher getrennten Sphären des industriellen, kommerziellen und Bankkapitals sind jetzt unter die gemeinsame Leitung der hohen Finanz gestellt, zu der die Herren der Industrie und der Banken in inniger Personalunion vereint sind. Diese Vereinigung selbst hat zur Grundlage die Aufhebung des freien Konkurrenz des Einzelkapitalisten durch die großen monopolistischen Vereinigungen. Damit ändert sich naturgemäß auch das Verhältnis der Kapitalistenklasse zur Staaatsmacht." (S. 445). Die 1873 mit einem Eigenkapital von 9,6 Mio. Mark und Fremdkapital von 3,6 Mio. Mark gegründete Dresdner Bank hatte 1911 ein Eigenkapital von 200 Mio. Mark und Fremdkapital von 565 Mio. Mark. Sie war vertreten in den Aufsichtsräten von mehr als 200 Aktiengesellschaften der Industrie, des Transportwesens, der Kommunalwirtschaft und zehn großer Banken mit einem Aktienkapital von insgesamt 2,61 Mrd. Mark. Umgekehrt wurden die großen Wirtschaftsunternehmen durch Aufkauf von Aktien zu faktischen Teilhabern der Banken. 1870 war in Hamburg die Commerzbank gegründet worden, die eine

Bilanzsumme von 9,2 Mio. Mark, ein Eigenkapital von 6 Mio. Mark und eine Dividende von 5,6 Prozent aufwies.

Aus der Amalgamierung von Industrie- und Bankkapital erwuchs das Finanzkapital, das sich damals schon praktisch große Teile der Wirtschaft untertänig machte. Im Jahre 1915 schrieb *W. I. Lenin* in Zürich sein Werk „Der Imperialismus als höchstes Stadium des Kapitalismus". Er zeigte mit statistischem Material den Prozess der Konzentration und Verflechtung der Banken, so zum Beispiel der neun Berliner Großbanken, die über 49 % aller Einlagen verfügten, während 163 mittlere Banken über 48 % verfügten und die große Zahl der Kleinbanken über 3 %. Die drei französischen Großbanken Crédit Lyonnais, Comptoir National und Société Générale hatten 1870 ein Kapital von 627 Mio. Francs und 1909 5250 Mio. Francs, ihr Fremdkapital/Eigenkapital-Verhältnis wuchs von 2,13 bis 4,92. Um 1900 hatten die Banken ein Eigenkapital von etwa 25 Prozent der Aktiva. Die Banken waren in der Lage, sich über die Geschäftslage der Industrieunternehmen genau zu informieren und sie über die Kreditschiene zu kontrollieren und zu beherrschen. Außerdem entwickelte sich wie in den USA die Personalunion und die Jobrotation zwischen Banken, Industrie und Regierungsapparat.

Ein wichtiger Punkt wurde schon 1914 in der Zeitschrift „Die Bank" erwähnt. Bei den Aktiengesellschaften gab es viel weniger Risikorücksichten als bei den Privatunternehmen. Die moderne Bilanztechnik und Bilanzequilibristik der AG mache es möglich, das eingegangene Risiko vor dem Auge des Durchschnittsaktionärs zu verbergen. Ein weiterer damals neuer Trick war das Bilden von Tochtergesellschaften, um Bilanzen undurchsichtig zu machen. Die künftige quantitative und qualitative Übermacht des Finanzkapitals ist von *Lenin* vorhergesagt worden: „Die Trennung des Kapitaleigentums von der Anwendung des Kapitals in der Produktion ... ist dem Kapital überhaupt eigen ... . Der Imperialismus oder die Herrschaft des Finanzkapitals ist jene höchste Stufe des Kapitalismus, wo diese Trennung gewaltige Ausmaße erreicht." (S. 242). Er belegt das durch empirische Daten über Emissionen von Wertpapieren von 1871 bis 1910 und die geographische Verteilung der Summen der Marktwerte der Wertpapiere.

Geldbewegung, Kapitalmarkt, Aktienemission, Zins, Risiko, Fiskalismus sind Schlüsselbegriffe. Da es sich um ein sehr komplexes Beziehungsgeflecht von Realwirtschaft, Geldwirtschaft und Staat handelt, in dem das Finanzkapital operiert, gibt es heute keine allgemein anerkannte Definition. Es lässt sich aber nicht bestreiten, dass es einen besonderen Korpus von Institutionen gibt, die Geld gegen Zins verleihen oder Geld als Zins oder Dividende einnehmen und andere Geldgeschäfte tätigen. Mehr noch, man kann auch in Zahlen ausdrücken, welche Geldsumme den Kreislauf des Realkapitals und welche Geldsumme den Kreislauf des Finanzkapitals erfasst. Warum haben die westdeutschen Professoren der Wirtschaftswissenschaften eigentlich bis 1991 den Begriff Finanzkapital nicht verwendet, wie *Artur Woll* in seinem Wirtschaftslexikon mit 120 akademischen Mitarbeitern aus dem gleichen Jahr zu diesem Stichwort schrieb. Wollten sie es als scheues Reh im Wald des Realkapitals belassen, das es schon längst nicht mehr war?

Finanzwirtschaftliche und realwirtschaftliche Kenngrößen

Das Weltfinanzvermögen (Aktien, Unternehmensanleihen, Staatsanleihen, Bankeinlagen) erfasste im Jahre 2006 167 Billionen $ und das Welt-Bruttoinlandsprodukt BIP 48 Billionen $, im Jahre 1970 war es noch ein Verhältnis von 12 zu 6,8 Billionen. Die weltweiten Bankpassiva betrugen 29 Billionen $, 60 Prozent des globalen BIP. Die Marktkapitalisierung an den Börsen betrug 51 Billionen $, der Gesamtwert von nationalen und Internationalen Schuldverschreibungen betrug 68 Billionen $ und der von Derivaten (Optionen, Terminkontrakten, Swaps u. a.) stieg von 142 Bill. $ im Jahre 2002 auf unglaubliche 596 Bill. $ fünf Jahre später. Im Jahre 2008 hatten die fünf größten US-Banken 175 Bill. $ Derivate, davon 110 Bill. $ Swaps, 28 Bill. $ Optionen, 20 Bill. Futures und 17 Bill. $ Kreditderivate. Dazu muss man wissen, dass Finanzderivate nicht zu ihren Anschaffungskosten, sondern zu ihrem geschätzten „fairen Wert" je nach den Interessen des Käufers oder Verkäufers eingetragen werden. Die Ansprüche des Geldeigentums schweben weltweit immer höher im Vergleich zur Realwirtschaft und es entstand schließlich eine globale Megafinanzblase (financial megabubble). Das Verhältnis der Wachstumsraten ist 7,6 zu 5,5 Prozent p.a. Man kann auch beispielsweise für die Bundesrepublik Deutschland das Wachstum des Bruttosozialprodukts BSP, die Summe der Ein- und Ausgaben in der Handels- und Dienstleistungsbilanz HDB und die Summe der statistisch erfassten finanziellen Neuanlagen und Liquidationen FNL in ihrer Entwicklung seit 1960 beobachten und wird feststellen, dass die Finanzgröße FNL erstmals 1990 das Volumen des BSP und 2002 bereits das höhere Niveau der HDB überholte.

Die Messgrösse BIP ist die gesamtwirtschaftliche Produktion von Waren und Dienstleistungen abzüglich der Vorleistungen. In den planwirtschaftlichen Ländern galt bei der Berechnung des BIP das MPS-System (Material Product System). Danach wurde als realwirtschaftliche Tätigkeit nur die Produktion materieller Güter und der damit eng verbundenen Dienstleistungen wie Reparaturen, Transport, Nachrichtenwesen und Handel betrachtet. In den marktwirtschaftlichen Ländern gilt dagegen das SNA-System (System of National Accounts), das die gesamte wirtschaftliche Tätigkeit der Unternehmen, des Staates und der Organisationen ohne Erwerbszweck umfasst. Dazu gehören auch Finanzierung, Vermietung und Unternehmensdienstleistungen. Der Anteil dieser nicht realwirtschaftlichen Position ist in der BRD von 24,2 % im Jahre 1991 auf 32,6 % 2007 gestiegen, dagegen ist der Anteil des Produzierenden Gewerbes immer mehr gesunken. Das trifft auch für die USA und andere Industrieländer zu. In den USA war der Anteil der Finanzdienstleistungen, Versicherungen, Immobilien am BIP im Jahre 2000 bei 123 Prozent des Wertes der Industrieproduktion. Mit anderen Worten, die rasant wachsende Finanzblase entwertet auch den Indikator BIP als statistische Größe der Realwirtschaft. Er sagt außerdem nichts über die soziale und ökologische Seite des Wirtschaftswachstums.

Finanzkapital in den USA bis zur „Mutter der Krisen"

In den Krisenzeiten des 19. Jahrhunderts kam es zunächst zur ideologischen Hegemonie des angelsächsischen Liberalismus, der einfache Antworten auf die wachsenden ökomomischen und sozialen Unsicherheiten hatte. Seine Auswege waren Freihandel, machtorientiertes Geldunternehmertum und imperiale Expansion. Die weitere Geschichte des Finanzkapitals in den USA im zwanzigsten Jahrhundert lieferte die historische Trampolin für den globalen Kapitalismus des 21. Jahrhunderts. Sie ist zugleich mit der Geschichte der modernen öffentlichen Regulierung, dem Wechselspiel von Unternehmen, Industriemonopolen, Finanzwelt und Staat verbunden. Es beginnen die finanzkapitalistischen Zeitenwechsel in der Geschichte des Kapitalismus. In den Wirtschaftskrisen in den USA 1882, 1893 und 1903 verschärften sich Konflikte der Kapitalverwertung und ihrer sozialen Folgen, die eine institutionelle Lösung und damit eine Staatseinmischung erheischten. Das hing zusammen mit den schon benannten extremen Konzentrationsprozessen in der Wirtschaft.

Regulierung, Staatsmonopolismus und die Wunderwaffe FED

Regulation der Wirtschaft ist ein weiter Begriff, der neben den wirtschaftspolitischen Eingriffsmaßnahmen im weiteren Sinne auch solche Faktoren einschließt, die sich aus gesellschaftlichen Normen und Werten ergeben. Der Terminus Regulation bedeutet in Frankreich anders als in England eher langfristige Planung und Gestaltung der Wirtschaft mit Teilnahme des Staates, also eine Kombination von hierarchischer und Marktsteuerung. Dabei gibt es in beiden Modi unterschiedliche Ausgestaltungsmöglichkeiten. (Vgl. *Boyer* S.68). Das Regulationsregime korrespondiert mit dem Akkumulationsmodus, den institutionellen privaten und öffentlichen Formen, der Sozialpolitik, dem Zeithorizont der unternehmerischen Entscheidungen, den Geld- und Kreditbeziehungen, der Wettbewerbsordnung, der Einbindung in internationale Beziehungen, dem Steuersystem, der Betriebsorganisation, dem Kräfteverhältnis von Kapital und Arbeit und nicht zuletzt dem ökologischen Druck. Unter Regulierung versteht man in Deutschland vor allem staatliche Aufsicht und Eingriffe in den Markt, sie kann marktkonform oder marktkorrigierend erfolgen. Dazu gehört staatsmonopolistische Konjunktursteuerung als antizyklische Wirtschaftspolitik und der ad-hoc-Interventionismus in Kriegs- und Krisenzeiten. Geld ist immer Markt und Staat: „Das Fundament und der soziologische Träger jenes Verhältnisses zwischen den Objekten und dem Gelde ist das Verhältnis der wirtschaftlichen Individuen zu der Zentralmacht, die das Geld ausgibt oder garantiert." (*Simmel* S. 213). Bereits im Jahre 1878 hatte der österreichische Nationalökonom *Emil Sax* (1845-1927) Vorschläge für staatlich regulierte Unternehmen gemacht. Regulation ist ein syntropischer Prozess in der Wirtschaft, sie kann Ordnung aufbauen. Der Ruf nach Planwirtschaft war zuerst in Deutschland nach der verheerenden Wirtschaftskrise von 1873 erklungen, die sich mit ihrem Wachstumseinbruch sechs Jahre lang hingezogen hatte. In den neunziger Jahren des 19. Jahrhunderts erschien das Buch des Nationalökonomen und Statistikers *Karl Ballod* „Der Zukunftsstaat", in dem diese Idee nach Meinung vieler Zeitgenossen überzeugend entwickelt wurde. *Ballod* war Professor der Staatswissenschaften und Mitglied des Preußischen Statistischen Landesamts. Das planwirtschaftliche Konzept war ein Zug jener Zeit, die mit dem Übergang vom Freihandel zur Schutzzollpolitik, mit der staatlichen Sozialgesetzgebung und dem Kartellrechtspruch des Reichsgerichts verbunden war, das freie Bahn für die weitere Kartellierung geschaffen hatte. Die Kriegsrohstoffabteilung KRA hatte im Weltkrieg ein neues System der gesamtwirtschaftlichen Materialbilanzierung entwickelt und manche der in Deutschland dominierenden Monopole von Elektrotechnik und Chemie hatten besondere Vorteile aus diesen Institutionen nutzen können. In späteren Jahrzehnten hatte Frankreich mit planification française eine lange erfolgreiche Tradition der Regulation der Wirtschaft mit mittel- und langfristigen Programmen.

In den USA beherrschten Kartelle, Trusts und Holdinggesellschaften zum Ende des 19. Jahrhunderts bisweilen ganze Wirtschaftszweige wie die *Rockefellers* Standard Oil Company, *Carnegies* Steel Company und das Bankhaus *J. P. Morgan & Co.* 1907 wurde zu einem Krisenjahr in den USA, Deutschland und Japan. Während der Krise in der Amtszeit des Präsidenten *Theodore Roosevelt* organisierte *John Pierpont Morgan* (1837-1913) im Auftrag des Bundesschatzamts einen Fonds zur Unterstützung hilfsbedürftiger Unternehmen. In den Folgejahren wurde die Regulierungsproblematik von den Vertretern des industriellen Großkapitals, der Banken und des Staates heftig diskutiert, war doch früher bereits das *Sherman*-Antitrust-Gesetz wenig effektiv und die althergebrachte amerikanische Staatsaversion noch sehr mächtig. *J. P. Morgan,* Eigentümer einer der größten Privatbanken der USA, hatte 1901 die Carnegie Steel Corporation und sechs weitere Holdings mit von ihnen beherrschten Unternehmen der Stahlindustrie gekauft und mit seiner neuen US Steel Corporation 60 Prozent des Marktes dominiert. Er hatte ein Vermögen von 22,5 Mrd. $, das entsprach etwa 20 Prozent des Bruttonationalprodukts der USA. Seine engen Beziehungen zur Administration waren eine Frühdämmerung dessen, was viel später kurz und präzise staatsmonopolistischer Kapitalismus genannt wurde. In den Jahren von 1895 bis 1920 stagnierten Arbeitsproduktivität und Stundenlöhne in der Industrie. Das änderte sich erst nach der Einführung der neuen tayloristischen Organisation.

In den USA wurde die Regulierung des Geldwesens seit der Superinflation (74 %) von 1861 bis 1864 gefordert. In den folgenden Jahrzehnten gab es zwei gegensätzliche Konzepte. Die Populisten, Vertreter der Interessen der Bundesstaaten mit hohem Anteil der Farmwirtschaft und aktiver Arbeiterbewegung optierten für ein staatlich geregeltes Kreditsystem und den Schutz gegen die Zinswillkür der Privatbanken. Allerdings waren sie auch für höhere Preise der farmwirtschaftlichen Produkte und Geldschöpfung durch den Bund. Die othodoxen Ökonomen und Bankleute der Wall Street waren mit dieser Lösung nicht einverstanden und bevorzugten ein nichtstaatliches privates System. Der demokratische Präsident *Thomas Woodrow Wilson* (1856-1924), Historiker und ehemaliger Präsident der Princeton Universität, hat bei seinem Amtsantritt im Sommer 1912 noch die Kritik der Demokraten am monopolistischen Geldtrust erwähnt, der dem freien Wettbewerb schadet. Aber er hatte selbst die Leistungen von *J. P. Morgan* bewundert und die neuen Konzentrationstendenzen als unvermeidbar betrachtet. So votierte er später für eine hybride Institution der Geldwirtschaft, die privates Bankwesen und öffentliche Kontrolle verbindet. Es kam zum Federal Reserve Act vom 23. Dezember 1913 als Gesetz des Kongresses und zur Gründung der FED, des Föderalen Reservebanken-Systems. Die lange diskutierte Reform war die Folge der Bankenpanik von 1907, sie musste gegen die Opposition der kommerziellen Banken durchgesetzt werden. Für den Fiskalismus, die Haushalts- und Steuerpolitik des Staates gab es das Bundesschatzamt (Treasury) und zusätzlich wurde das Federal Reserve System („die FED") gegründet, das für die Geldpolitik zuständig ist. Die USA wurden in 12 Distrikte mit je einer Notenbank (Reserve Bank) geteilt. Das Anfangskapital der 12 Notenbanken wurde gezeichnet von den kommerziellen Mitgliedsbanken. Zu den privaten Paten des Systems gehören die beiden Hochfinanzgruppen, das Kartell *Rothschild* und *Rockefeller*. Die Notenbanken sind automatisch Mitglieder der FED. Weitere Banken mit einzelstaatlichem Aufgabenbereich oder Banken der Bundesstaaten können freiwillige Mitglieder der FED werden. Die FED-Banken sind Aktiengesellschaften. Die Leitung der FED obliegt dem durch den USA-Präsidenten auf 14 Jahre ernannten Board of Governors (Federal Reserve Board FRB) mit sieben Mitgliedern und mit Bestätigung durch den Senat. Die 12 Notenbanken delegieren ihre Vertreter in den Federal Advisory Council FAC, der regelmäßig mit dem FRB die Geldfragen berät. Der FRB kontrolliert die Tätigkeit der FR-Banken, bestimmt die Währungs- und Geldpolitik der USA, prüft und bestätigt die Diskontraten und die Mindestreserven der FR-Banken und bestimmt die Richtlinien für das Offenmarktgeschäft. Zwei Mitglieder der Regierung, der Finanzminister und der Währungskommissar waren im Board vertreten. Der Vorsitzende der FED ist zugleich Präsident der New York FED. Sechs der je neun Direktoren der Reservebanken werden von den 6000 Mitgliedsbanken des föderalen Reservesystems gewählt, die 85 Prozent des Kapitals aller kommerziellen Banken repräsentieren. Insgesamt hatten die USA 1980 15000 Banken, drei Viertel davon haben keine Filialen. Die Politik der Notenbanken ist auf die Stabilisierung des Geldwesens gerichtet, während die Geschäftsbanken Gewinnmaximierung anstreben.

Die Kernfragen der Geldpolitik werden im Federal Open Market Committee FOMC entschieden. Es gibt zwei Stellgrößen der FED für den Kreditstrom in der Volkswirtschaft. Die erste ist der jeweilige Diskontsatz der 12 Bundesreservebanken, bei denen die Geschäftsbanken täglich Millionen oder Milliarden Dollar pumpen. Der Vorsitzende der FED ist zugleich Vorsitzender des Offenmarktschalter-Komitees FOMC. Über den Offenmarktschalter stellt die FED als zweite Stellgröße den kommerziellen Banken die Highpowered Reserves, d. h. die Gelder zur Verfügung, die sie für die normale Gestaltung des Geldangebots benötigen. Die FED kauft und verkauft Bundesschatzbriefe mit einem täglichen Umsatz heutzutage von 500 Millionen bis zu einigen Mrd. $. Das System arbeitet mit strenger Geheimhaltung, es braucht für seine einzelnen Operationen keine Bestätigung durch den Kongress. Es ist aber laut Gesetz als öffentliche Einrichtung grundsätzlich verantwortlich gegenüber dem Kongress. Die Dividenden der FED sind staatliche Mittel. Dabei geht es um alle Gebiete des Finanzkapitalmarkts: die Börse, das Kreditgeschäft, den Anleihen- und Pfandbriefmarkt (langfristige Anlagen von 2 bis 30 Jahren), Hypothekenmarkt, Depotgeschäfte, Sparkontenführung, Halten von Staats- und Kommunalanleihen und kurzfristigen Geldmarkt. Es gibt ständige Flüsse zwischen den verschiedenen Anlagearten. Das Ziel des Finanzkapitals ist die maximale Rendite und die möglichst geringe Verweildauer, d. H. die möglichst schnelle Schuldentilgung des verliehenen Kapitals.

Im Jahre 1913 gab es weltweit Wertpapiere im Gesamtwert von etwa 158 Mrd. $, von denen 45 Mrd. $ international gehalten wurden. Schon damals brauchte eine telegrafische Nachricht von New York nach London 30 Sekunden und kostete nur noch ein halbes Prozent dessen, was sie 1866 gekostet hätte. Die FED kreiert heutzutage Geld quasi am Computer. Sie kauft Schatzbriefe vom Dealer oder leiht einer Geschäftsbank Geld über das Diskontfenster. Das geschieht, indem die FED den Betrag dem Bankkonto des Dealers gutschreibt oder dem Konto der Geschäftsbank. Damit pumpt sie Geld in den Finanzmarkt, das in weitere Stellen wechseln kann. Andererseits verschwindet Geld aus dem Umlauf, wenn über den Offenmarktschalter Schatzbriefe verkauft werden oder eine Geschäftsbank ihre Diskontanleihe zurückzahlt. Mit einem einfachen Eintrag ins Hauptbuch über den Computer wird das Geld aus dem Umlauf genommen. Die wichtigsten Quellen der Zentralbankgeldschöpfung sind der Diskontkredit, kurzfristiges Geld zum Diskontsatz, ferner Wertpapierpensionsgeschäfte und Nettoauslandspositionen der Zentralbank. Bargeld kommt von einem Bruchteil (in der EU 8 Prozent) der durch die Zentralbank geschöpften Papiergeldmenge.

Neues Geld kreierten seit langem auch die Geschäftsbanken mit ihrem Buchgeld. Wenn ein Kunde Geld auf die Bank bringt, leiht diese das Geld wieder aus. Der Kunde hat ein Guthaben, der Kreditnehmer arbeitet mit dem Geld. Die Geschäftsbanken machten es auch durch neue Darlehen, indem sie anstehende Darlehen in ihren Büchern erweiterten. Routinemäßig borgten sie Geld von einer Gruppe von Depositoren und lenkten es als Vermittler zu anderen Borgern. Aber dabei blieb es nicht, sie erweiterten auch ihren eigenen Rahmen der Kreditvergabe. Die kommerziellen Banken müssen nur Bruchteile der vergebenen Kredite absichern, das nennt sich fraktionales System. Sie können gewissermaßen einen 50-Dollar-Schein 50-mal verleihen und dadurch die Geldmenge 50-fach vermehren. Auf diese Weise entstand ein Kreditvolumen, dessen Maß zukünftige Ertragserwartungen und nicht, wie früher, bisherige Geschäftserfolge waren.

Die Banken nutzten die magische Ressource confidence (Vertrauen) in ihr Geschäft, in die FED und in die Geldstabilität. Das ist das massenpsychologische Problem des Geldes. Sein historischer Nachweis sind die tausende legendären Bankenpaniken seit dem Mittelalter. Schon auf den alten Malteser Münzen steht „non aes sed fides – Nicht Geld sondern Glaube". Geld hat einen Fetischcharakter. Die Geldillusion beeinflusst das Verhalten der Menschen, die sich nicht an Realgrößen, sondern gern an Nominalgrößen orientieren. Heute ist die Abstraktion des Geldes am höchsten getrieben mit den hochspekulativen sogenannten Finanzinnovationen. Das ganze System der FED beruht formal auf exakten mathematischen Gleichungen. Seine soziale Funktion aber besteht darin, das Zukunftsvertrauen in das Geld zu konditionieren so wie die ägyptischen Hohepriester mit göttlicher Lizenz für das Kommende, das sie als gute oder schlechte Erntejahre bestimmen konnten. *Kurt Tucholsky* bemerkte 1931: „Jede Wirtschaft beruht auf dem Kreditsystem, das heißt auf der irrtümlichen Annahme, der andre werde gepumptes Geld zurückzahlen. Tut er das nicht, so erfolgt eine sogenannte <Stützungsaktion>, bei der alle, bis auf den Staat, gut verdienen. Solche Pleite erkennt man daran, dass die Bevölkerung aufgefordert wird, Vertrauen zu haben. Weiter hat sie ja dann auch meist nichts mehr". (S. 413)

Das Volumen der Geldbewegungen zwischen der FED und den Banken damals per Telefon und Telex war manchmal bis zu 100 Mio. $ am Tag. Der Preis für diese Operationen war die Federal Funds Rate FFR, die bei schnell wachsender Nachfrage wuchs und bei hohen Bankreserven im Vergleich zum geringen Kreditbedarf sank. Das war eine Orientierungsgröße für die Tendenz des Zinses, die von der FED für ihre Aktivitäten benutzt wurde. Wenn die FED die FFR erhöhte oder verringerte, folgten die Zinsen verschiedener Geldpapiere. Weniger Erfolg hatte die FED, wenn sie an der Schraube der langfristigen Zinsen drehte. Bis 1995 orientierten sich die Geschäftsbanken an dem durch das Handeln der FED gebildeten Marktzins. Seit 1995 veröffentlichte die FED die angestrebte FFR, also den offiziellen Leitzins. Das ist der Zins, zu dem sich die Banken untereinander bei der FED gehaltene Guthaben leihen, gewöhnlich über Nacht. Sechs Jahrzehnte nach Gründung der FED gab es in den USA bereits mehr als 400 000 Beschäftigte des Finanzwesens, Finanzangestellte der Unternehmen, spezialisierte Devisenhändler (Broker), Fondsmakler und Bankangestellte. Auch das ist eine Messgröße der Institution Finanzkapital.

Spekulationsmanie bis zum Börsenkrach in den USA

Wenn man die Superfinanzkrise des neuen Jahrhunderts erlebt, ist es aufschlussreich zu rekapitulieren, wie es zum großen Börsenkrach von 1929 kam und welche Schlüsse daraus später gezogen wurden. 1928 war die amerikanische Wirtschaft scheinbar im besten Zustand. Zu den „goldenen 20ern" gehörten die Verdoppelung der Industrieproduktion, die neuen Massenprodukte Auto, Kaffeemaschine und Radiogerät, die Arbeitsproduktivitäts-Eruption durch Fließband, Lochkartenmaschine und Taylorsche Rationalisierung, Wachstum der Unternehmensgewinne um 60 Prozent seit 1923, entstehende Überkapazitäten und Billigstpreise für die Produkte der Farmer. Präsident *Calvin Coolidge* (1923-1929) erklärte am 4. Dezember in seiner Abschiedsbotschaft an den Kongress: „Niemals hat ein Parlament der USA, das die Lage der Union überblicken sollte, einen günstigeren Ausblick gehabt als heute". In den zwanziger Jahren gab es in den USA eine wahre Spekulationsmanie. Man konnte Aktien zu einem Kurs erwerben, der manchmal an einem Tag um 10 Prozent stieg. Von 1925 bis 1929 stieg der Dow-Jones-Index um das 3,8 fache, also um 39,6 Prozent pro Jahr. Sein Kurs-Gewinn-Verhältnis KGV lag im September 1929 bei 21. Die schnellen Käufe stimulierten sich gegenseitig, niemand verlor. Fast jeden zweiten Tag wurden neue Investmentgesellschaften gegründet, 1927 verkauften sie den Anlegern Papiere im Wert von 400 Mio. Dollar, zwei Jahre später war das Volumen auf drei Mrd. Dollar gewachsen.

1929 traf es alle, die professionellen und die Amateurspekulanten, den kleinen Mann, Millionäre und große Unternehmen. Der Dow Jones erreichte am 29. September mit 381 Punkten seinen Höchststand, dann brach er massiv ein. Die Aktie von United States Steel fiel vom Hoch 261 im Jahre 1929 bis auf das Tief von 21 im Jahr 1932. Studebaker fiel auf den Nullwert. Die FED hatte im August den Diskontsatz von 5 auf 6 Prozent erhöht. Im Jahre 1928 leitete *Benjamin Strong* die FED, der im Oktober dieses Jahres starb. Drei Monate vor seinem Tod warnte er einen Arbeitskollegen in der Leitung der FED, dass Banken und Investoren in einer gefährlichen Welle der Börsenspekulation mit hochgetriebenen Kursen gefangen sind. Er schrieb ferner, dass man einen schlimmen Bruch im Aktiengeschäft und eine Panikwelle im Geldgeschäft verhindern muss. In dieser Zeit hielt der Schweizer Bankier *Felix Somary*, der die Situation in New York aufmerksam beobachtete, am 14. September 1928 einen Vortrag vor dem „Verein für Socialpolitik" und damit den damals führenden Nationalökonomen Deutschlands, Österreichs und der Schweiz. Er warnte vor der kommenden Krise wegen der einmalig hohen Spannen zwischen Leihrate (Effektenzins) und den Spitzenwerten des Effektenmarktes (Aktien, Obligationen, Pfandbriefe, usw.) , die weiter wuchsen. Keiner von den anwesenden Theoretikern wollte diese Prognose akzeptieren, nach Somarys Zeugnis auch nicht der britische Wirtschaftswissenschaftler *John Maynard Keynes* (1883-1946), der damals noch wenig bekannt war. Sein Hauptwerk erschien erst 1936.

In New York wuchs und wuchs die Spekulationsblase. Ab Donnerstag, den 24. Oktober 1929 fiel der Standard & Poor's 500-Index von 90 Börsentiteln von 245 auf 162. Sieben Milliarden Dollar Bankdarlehen an Investoren wurden wertlos. Der Dow Jones Aktienindex von 30 großen Industrieunternehmen verlor 508 Punkte, das entsprach einem verschwundenen Volumen von 500 Mrd. Dollar an einem Tag. Die FED reagierte passiv oder halbherzig, worüber Präsident *Herbert Hoover* (1929-1933) lamentierte. Er hielt selbst fest an seinem Sparkurs und der Schonung des Staatshaushalts. Die Geldmenge reduzierte sich in der Folge von Juli 1929 bis Juli 1933 um fast ein Drittel. Früher oder später platzt jede Blase, weil die Zahl der Verkäuferbären die der Käuferbullen übersteigt, wie es im Jargon der Börsianer heißt.

Die gleiche Kritik über die Ignoranz und Ohnmacht der FED wiederholte sich sechs Jahrzehnte später nach dem Börsenkrach von 1987. Gründe des Absturzes war die Zinserhöhung der FED, der wachsende Verlust des Vertrauens in den Dollar, der rasante Anstieg der Aktienkurse und die Computerisierung des Aktienhandels, die erst die Ausführung großer Ordermengen in Sekundenschnelle ermöglichte. In der Cyberspace-Wirtschaft (griech. kybernao – steuern) mutiert das Geld zu digitalen bits, zu reiner Information, die sich nahezu mit Lichtgeschwindigkeit bewegt. Ideologischer Hintergrund bei der FED war in den zwanziger Jahren der monetaristische Aberglaube, der Geldmarkt werde es schon richten. Als im November 1932 die Demokraten mit *Franklin D. Roosevelt* ans Ruder kamen, war die amerikanische Wirtschaft ruiniert und mit ihr das Bankensystem. Die Autorität und Reputation der FED war zerstört. Im Frühjahr 1933 vor der Amtseinführung *Roosevelts* gab es eine neue Welle von kollabierenden Banken, die hohe Arbeitslosigkeit stieg weiter und noch mehr Unternehmen waren bankrott gegangen. Im gleichen Jahr war fast die Hälfte der amerikanischen Hypothekenzahlungen im Verzug. Man hatte in den Jahren zuvor versucht, ausbleibende Nachfrage durch enorm erweiterte Möglichkeiten für Verbraucherkredite hochzuputschen. Die Automobilbesitzer hielten damals 1400 Mio. $ Schulden von insgesamt 6500 Mio. $ Privatschulden in kurz- und mittelfristigen Krediten. 1929 bis 1931 halbierte sich die riesige amerikanische Autoproduktion. Das moderne Geld wurde durch das Schuldgeldsystem konditioniert. Wenn alle Schulden auf einen Schlag getilgt würden, müssten die Vermögenden ihr Vermögen vollständig herausgeben oder ausgeben. In der zur Depression verlängerten Rezession von 1929 bis 1934 schrumpfte das Bruttosozialprodukt BSP der USA um ein Drittel, die Arbeitslosigkeit sprang von 3,5 auf

25 Prozent, 85000 Untenehmen gingen pleite und der Welthandel ging um zwei Drittel zurück.

Krise ergreift Europa und mündet in den Sieg der Nazis

In Europa kam es zum Anfang der dreißiger Jahre zu einer Masseninsolvenz von Banken. Die Länder Europas waren auf ausländische Darlehen , die in Form kurzfristiger Kredite gewährt wurden, besonders angewiesen. Aber die Gelder wurden vorwiegend für langfristige Vorhaben verwendet. Nach Ausbruch der Krise riefen die Auslandsgläubiger wegen der restriktiven Anleihepolitik der USA ihre Kredite zurück, was zum Zusammenbruch des Wirtschaftskreislaufs führte. Das englische Bankwesen musste in der Weltwirtschaftskrise dem Ansturm der französischen und amerikanischen Einleger standhalten. Die Gold- und Devisenreserven der Bank von England nahmen schnell ab. Die englische Regierung entschloss sich daher am 20. September 1931, die Bank von England von der Verpflichtung zur Goldeinlösung ihrer Noten zu entbinden. Der Wechselkurs des Pfunds sank schnell ab. Die Auslandsgläubiger, die ihre Einlagen in britischer Währung unterhalten hatten, erlitten schwere Verluste. Der britische Export profitierte von den Veränderungen. Außerdem schaffte England zum Schutz seiner Wirtschaft in der Krise den Freihandel ab, der 1840 eingeführt worden war.

Die größte österreichische Bank, die 1855 gegründete Creditanstalt CA kontrollierte zwei Drittel der österreichischen Industrie. Sie hatte nur 8 Prozent Eigenkapital. Ihr Aktienbesitz wurde in der Krise entwertet. Die CA hatte ausländische Kredite genommen und mit hohem Risiko weitergereicht nach Jugoslawien, Rumänien, Polen, Ungarn und der Tschechoslowakei. Später wurde die CA saniert im Zusammenwirken von Regierung, Nationalbank und dem Hauptaktionär *Rothschild*, zwei Drittel musste der Steuerzahler begleichen. In der Schweiz kollabierten bis 1933 sechzig Banken.

In Deutschland ereignete sich 1931 der Zusammenbruch der Darmstädter und Nationalbank (Danatbank) und der Dresdner Bank. Der renommierte Generaldirektor der großen Norddeutschen Wollkämmerei Nordwolle *Carl Lahusen* nahm bei der Danatbank und der Dresdner Bank sehr hohe Kredite auf und fälschte die Bilanzen. Das Verhältnis von aufgenommenen Fremdkapital zum Eigenkapital der Nordwolle war 15 zu 1. Mit dem finanziellen Zusammenbruch der Nordwolle entstand eine Kettenreaktion. Sie wirkte sich aus auf den Warenhauskonzern Karstadt, die Nordstern-Versicherung und viele große Unternehmen. Unter dem Kanzler *Heinrich Brüning* musste die Reichsregierung neben der Übernahme von Aktien zu 750 Mio. RM Ausfallbürgschaften von 800 Mio. RM für die gescheiterten Banken bereitstellen. Dazu gehörten die Deutsche Bank mit 35 % der Aktien, die Commerz- und Privatbank mit 70 %, die Allgemeine Deutsche Kreditanstalt Leipzig mit 70 % und die Dresdner Bank mit 90 % der Aktien, die der generöse Staat erwarb. Die Gegenleistungen, die der Staat verlangte, hatten nur kosmetischen Charakter, zum Beispiel Auswechseln von Vorständen und Aufsichtsräten. Das *Brüning*-Kabinett hielt am Sparkurs fest und kürzte die Sozialleistungen. Man versuchte, die Bereinigung der Krise den Selbstheilkräften des Marktes zu überlassen. Die Arbeitslosigkeit stieg von 5 Millionen 1931 auf 6,13 Millionen im Jahre 1932. Die Arbeitslosenrate betrug 1932 bis 1933 in Deutschland 44 %, in den USA 27 % und in Großbritannien 22 %. Schweden hat dagegen die Krise der 30er Jahre überwunden durch Aufbau des Wohlfahrtsstaates.

In die Zeit des rapiden Niedergangs der deutschen Wirtschaft 1929-1932 fällt der große Sprung der NSDAP von 800 000 Wählerstimmen auf 6,4 Millionen im Herbst 1930, 13 Millionen im Sommer 1932 und 17 Millionen im Januar 1933. Unter der Herrschaft der NSDAP ab 1933 wurde die sogenannte Verstaatlichung der Großbanken 1936 entsprechend den Wünschen der Banken rückgängig gemacht. So war bis zu diesem Jahr die Commerzbank zu 70 Prozent im Reichsbesitz und wurde durch Übergabe der Aktien wieder reprivatisiert. Die zusätzlichen Sanierungskosten für die Dresdner Bank mit 100 Mio.

RM wurden damals geheimgehalten. Filialen wurden geschlossen und das Personal von 15350 auf 11 000 abgebaut. Entlassen wurden als erste jüdische Angestellte. *Hitler* hatte schon am 6. Juli 1933 vor den Reichsstatthaltern die Ersetzung kenntnisreicher Wirtschaftsführer und Finanzexperten durch NSDAP-Leute untersagt. Die Mogelpackung der „Brechung der Zinsknechtschaft" im Parteiprogramm war wie das Wort „sozialistisch" im Parteinamen nur als Wählerfutter für die Machtergreifung nützlich. Die Reprivatisierung wurde später von *Hermann Josef Abs* mit der Reichs-Kreditgesellschaft und mit dem Chef und Teilhaber der Privatbank Stein *Kurt Freiherr von Schröder* organisiert, der mit dem Geheimtreffen in seiner Privatvilla Stadtwaldgürtel 35/37 in Köln am Mittwoch, den 4. Januar 1933 mit *Hitler* und dem ehemaligen Reichskanzler *Franz von Papen* die Kanzlerschaft von *Adolf Hitler* eingefädelt hatte. Damals erhielt die NSDAP auf einem Konto des Bankhauses Stein einen Betrag von einer Million Reichsmark, der nach der Machtergreifung um drei Millionen Reichsmark erhöht wurde. Der NS-Staat verzichtete auf die Gewinnbeteiligung des Staates und erlaubte wieder hohe Prämienzahlungen an die Bankvorstände. 1937 wurde die Autonomie der Reichsbank beseitigt.

Mit dem „Gesetz zur Vorbereitung des organischen Aufbaus der deutschen Wirtschaft" vom 27. Februar 1934 wurde die gesamte Wirtschaft in Reichsgruppen und diese wiederum in Wirtschafts-, Fach- und Fachuntergruppen unterteilt, an deren Spitze einflussreiche Persönlichkeiten des Großkapitals standen. Das Wirtschaftssystem des „Nationalsozialismus" war ein kooperativer Staatskapitalismus. Vorbild war das Wirtschaftsregime der deutschen Reichsregierung im ersten Weltkrieg mit der Kriegsrohstoffabteilung KRA und der zentralisierten Mangelbewirtschaftung. Dieses System verband staatlichen Dirigismus mit unternehmerischer Selbstverwaltung in den Kriegsrohstoffgesellschaften, die teilweise von den Industrieverbänden geleitet wurden. 1934 begannen die Staatsausgaben für die Rüstung zu steigen in Deutschland, das 1936 einen Boom der Rüstungsproduktion erlebte. Die damit verbundene Inflation wurde durch Preis- und Lohnkontrollen direkt bürokratisch reguliert. Die Rüstungszwangswirtschaft war eine extreme Form der direkten staatlichen Regulierung. Kurz vor Beginn des zweiten Weltkriegs wurde das Programm „Möglichkeiten einer Großraumwehrwirtschaft unter deutscher Führung" von der Reichsstelle für Wirtschaftsaufbau erarbeitet. Am 5. Dezember 1945 hat der Bankier Kurt Freiherr von *Schröder* unter Eid freiwillig gegenüber amerikanischen Ermittlern Zeugnis abgelegt über 37 namentlich benannte führende Vertreter der deutschen Wirtschaft, der Banken, der Ministerien und der SS-Beauftragten von *Himmler*, die jährlich bis 1944 jeweils Beträge von insgesamt etwa einer Million Mark für Sonderaufgaben des Naziregimes zeichneten.

Regulierung mit dem New Deal

Die „Mutter der Krisen" von 1929 bis 1932 war zugleich eine Regulierungskrise, indem sie deutlich machte, dass der Staat weitaus planmäßiger in den Wirtschaftskreislauf eingreifen bzw. das Bankensystem nach den Wünschen der Banken stützen muss. Das Wort Krise kommt vom altgriechischen ἡ ροπή, ἡ απορία (entscheidende Situation, schwierige Lage) und vom lateinischen discrimen und nachklassisch crisis (Entscheidung, entscheidende Wendung). Es hatte sich gezeigt, dass mit der Veränderung der Kapitalverhältnisse, der Entstehung einer schnell wachsenden Fraktion des Monopolkapitals, der Wachstumseinbruch viel empfindlicher und nachhaltiger wurde, weil das Beziehungsgeflecht der krisenverursachenden Faktoren unter den neuen Bedingungen größere Ungleichgewichte erzeugte. Einer in seinem Verhältnis zu seinem Anteil überproportionalen Verwertung des monopolistischen Kapitals stand nun eine ebenso unterproportionale Verwertung des nichtmonopolistischen Teils des Gesamtkapitals gegenüber. Die Bankrotte vieler mittlerer und kleiner Unternehmen in der Krise war sogar mit direkter Entwertung, mit der Vernichtung von Kapitalwert verbunden. Im November und Dezember 1930 brachen in den USA 608 Banken mit Gesamteinlagen von 550 Mio. $ zusammen. Die FED reduzierte die Menge der ausstehenden Kredite und erhöhte den Diskontsatz in zwei Schritten auf 3,5 Prozent, nachdem Großbritannien im September 1931 den Goldstandard aufgegeben hatte. Vom August 1931 bis Januar 1932 brachen wiederum 1860 Banken mit Einlagen von 1,45 Mrd. $ zusammen.

Der energische Präsident der First National Bank von Ogden im Bundesstaat Utah *Marines S. Eccles*, der seine Bank erfolgreich durch den schweren Sturm bugsierte, entwickelte 1933 bei einer Anhörung des Finanzkomitees des Senats seine neuen Ansichten über die Ursachen der Großen Depression, den notwendigen Schwenk zur staatlichen Einflußnahme anstelle des monetaristischen Individualismus. Er forderte das, was später Deficit Spending genannt wurde, wirtschaftlich wirksames Geldausgeben des Staates, auch wenn es die Einnahmen des Staates überschreitet. Ferner Arbeitslosenunterstützung, öffentliche Arbeiten, landwirtschaftliche Fördermaßnahmen, Refinanzierung von Farmenhypotheken, Bundesversicherung für Bankendepots, eine zentralisierte FED, Steuerreform zur Umverteilung der Einkommen, Mindestlohngesetz, Senkung der Arbeitszeit, Arbeitslosen- und Sozialversicherung, Alterspensionen und Bundesregulierung der Börse und anderer wirtschaftlicher Sektoren. Dem aufmerksamen Auditorium sagte er: Entweder wir realisieren einen solchen Plan für den Kapitalismus oder uns wird ein Plan ohne Kapitalismus präsentiert. Damit meinte er die sozialistischen Ideenträger, die in dieser Zeit an Einfluss gewannen. Aus dem Jahre 1932 ist das Manifest einer Gruppe herausragender Kulturschaffender mit *Theodor Dreiser* (1871-1945) bekannt, das die Abschaffung des Systems forderte, das die Verantwortung für die Krise trägt. Damals hatten die Sozialisten 885 000 Wählerstimmen bekommen. *Dreiser* hatte 1912 seinen berühmten Roman „Der Finanzier" veröffentlicht.

Staatliche Regulierung als Ausweg

Von März bis Juli 1930 beschloss der Kongress auf Drängen von *Roosevelt* staatliche Regulierungen für das Geld- und Kreditwesen, die Landwirtschaft, das Energiewesen und die Beschäftigung. 1934 und 1935 kam es zu weiteren sozialen Gesetzen. *Eccles* wurde zum Hauptarchitekten der neuen staatsmomopolistischen Wirtschaftspolitik des New Deal („Neues Verteilen") unter Präsident *Roosevelt*. Die Assoziation der US-Banken protestierte heftig gegen die Idee der Bundesgarantie für Bankendepots, auch die neue Regierung akzeptierte sie nicht, aber der Kongress realisierte sie 1933 und 1934 durch ein Gesetzeswerk, das zur wichtigsten Bankenreform des New Deal wurde, den Securities Exchange Act. Es wurde die Securities and Exchange Commission SEC als Kontrollbehörde sowie eine korrespondierende Strafgesetzgebung geschaffen. Ferner wurde die FED ermächtigt, die aus der Kontrolle geratene Spekulation zu beseitigen, das heißt die hochspekulativen Investmentfonds-Transaktionen mit Leihkapital, wo man mit Zehntausenden von verfügbaren Dollar damals Hunderttausende von Dollar in Anlagen manipulieren konnte, zu eliminieren. 1933 wurde im Bankensystem das kurzfristige Anlagengeschäft vom Börsen- und langfristigen Fondsgeschäft per Glas-Steagall-Act gesetzlich getrennt, um dubiose Wertpapiergeschäfte zu verhindern. Geschäftsbanken, Investmentbanken und Versicherungen mussten separat operieren. Das war die Grundlage für das neue Investmentbanking, d. h. Bankaktivitäten im Wertpapiergeschäft, zu denen die Plazierung von Wertpapieren, der Handel mit ihnen und die auf sie bezogenen Dienstleistungen gehören, inklusive Unternehmensberatung, Fusionen und Übernahmen (Merger&Acquisitions M&A).

Unter *Eccles* wurde die FED straff reorganisiert. Sie regulierte die Angebotsrelationen des Geldes. Die zwölf Reservebankpräsidenten wurden den sieben Gouverneuren der FED subordiniert. Allerdings wurde das Board of Governors weiter von direkter politischer Kontrolle der Administration isoliert, indem der Finanzminister und der Währungskommissar als Mitglieder der Regierung nicht mehr im Board waren. Jedoch hatte *Eccles* als Berater des Präsidenten einen praktischen Status als Kabinettsmitglied. Diese Konstellation erwies sich in der Zukunft nach *Eccles* als nicht günstig. In der späteren Arbeit der FED tendierten die zwölf Bankpräsidenten mit den Entscheidungen der Jahre 1965/81 zu 80 Prozent in konservativer Richtung zur Geldverknappung. Die etwas weniger konservativen Gouverneure lehnten in diesen Jahren in 60 Prozent ihrer Entscheidungen ein größeres Geldangebot ab. Zum New Deal gehörten öffentliche Sicherheiten für insolvente Banken, ein Gesetz zur Umschuldung von hilfsbedürftigen Wohneigentümern, Beschäftigungsprogramme für 3,5 Millionen Jobs für Erwachsene und 2,5 Millionen Jobs für Jugendliche. 1935 kamen dazu soziale Maßnahmen im Gesundheitswesen, Stärkung der kollektiven Rechte der Gewerkschaften, Maßnahmen gegen unfaire Praktiken von Unternehmern, 40-Stunden-Woche, Mindestlöhne, Steuersystem mit niedrigen Sätzen für Geringverdiener und hohen Sätzen für Reiche. *Roosevelt* musste auf den massenhaften Druck der Arbeiterschaft reagieren. Mindestpreise für Agrarprodukte und ein freiwilliger Arbeitsdienst für Aufforstung und Bodenverbesserung waren weitere Maßnahmen.

Folgen der Krise

Die Finanzpolitik und Sozialpolitik des New Deal erwies sich als produktiv nur in einer teilweisen Überwindung der tiefen Wirtschaftskrise, die schließlich erst durch den Krieg abgehakt werden konnte. Insgesamt schrumpfte die Industrieproduktion in dieser Zeit der Großen Depression (Juni 1929 bis Ende 1932), wie sie genannt wird um 37 Prozent, ein Viertel der Arbeitskräfte wurde arbeitslos und die Aktienmärkte brachen um 85 Prozent ein. Das Bruttosozialprodukt brach um 27 Prozent ein. Der Welthandel nahm um 30 Prozent ab, die Weltindustrieproduktion um 38 Prozent und die Weltaktienmärkte um 69 Prozent. Bis 1933 gab es 9000 Bankenpleiten. Ende 1936 erlebte die Wirtschaft einen kurzen Aufschwung, der aber schon 1937 durch einen Abschwung wieder konterkariert wurde. Die Ursachen waren rapid steigende Preise, flotter Wertpapiermarkt mit ansteigender Spekulation, Ausdehnung des Kredits, schnelle Zunahme der Nachfrage mit Überproduktion. Es kam erneut zu Betriebsschließungen und Massenentlassungen, worauf die Rooseveltadministration mit Arbeitsbeschaffungsmaßnahmen reagierte. Erst im Zusammenhang mit Rüstungsprogrammen stabilisierten sich die Wachstumsraten etwas, die Arbeitslosigkeit war niedriger und das Haushaltsdefizit wuchs von 22 Mrd. Dollar 1933 auf 48 Mrd. Dollar 1941 im Jahr von Pearl Harbor und 280 Mrd. Dollar zum Kriegsende 1945. Im Jahre 1939 konnte wieder eine Rezession nicht verhindert, aber etwas abgeschwächt werden. *John Kenneth Galbraith* nannte in seinem Buch „Der große Krach" fünf Ursachen der Jahrhundertkrise: Die ungleiche Einkommensverteilung, die ungesunde Struktur der Unternehmen und ihrer Bilanzen, das fehlerhafte Bankensystem, eine unausgeglichene Leistungsbilanz und das Herdenverhalten der Ökonomen. Die Reichen waren so reich geworden, dass sie mit ihrem Geld spekulieren gingen; die Armen waren so arm geworden, dass sie sich nichts mehr kaufen konnten. Unter dem sozialen Druck der Arbeitslosigkeit sah sich Anfang der vierziger Jahre Präsident *Roosevelt* veranlasst, in einer Rede vorzuschlagen, das Recht auf Arbeit jedes Bürgers verfassungsmäßig zu garantieren.

Der Kriegsboom 1939-1944 verdoppelte die Industrieproduktion der Vereinigten Staaten und das Bruttosozialprodukt erhöhte sich um 70 Prozent. Nach dem Krieg stieg die Inflationsrate und 1948 weigerte sich der neue Präsident *Truman* (1949-1953), *Eccles* als Chef der FED eine weitere Amtszeit zu geben, weil dieser die Inflation durch höhere Diskontsätze bekämpfen wollte. Ein neuer kleinerer Boom wurde durch den Koreakrieg 1950 ausgelöst. Bereits 1947 wurde mit dem GATT-Abkommen unter Federführung der USA und Großbritanniens der Freihandel zum Leitprinzip des Welthandels erhoben (ab 1995 WTO). Die mächtigsten Staaten legen es seither so aus, wie es ihnen am meisten nutzt und setzen willkürlich Barrieren, zum Beispiel die USA bei Baumwolle durch Subventionen, Überproduktion und Preisdruck, bei Kugellagern der Tinken Company durch Schutzzölle. Der Freihandel bringt die Völker verschiedener Kontinente und Kulturen in Konkurrenz, führt zu sinkenden Löhnen und zu explodierenden Profiten, erhöht die soziale Ungleichheit und zerstört die Nachfrage nach einheimischen Produkten. Zu dieser Einsicht kam der führende Volkswirt *Paul A. Samuelson* leider erst 2005.

Unter dem Präsidenten *Dwight Eisenhower* (1953-1961) erlangte die FED eine größere Unabhängigkeit von der Regierung und konnte die Zinsrate je nach Bedarf ändern. In diesen Jahren gab es drei Rezessionen, für mindestens zwei war die FED direkt verantwortlich. 1953 lag die Inflationsrate bei unter ein Prozent. Die FED sorgte zunächst für die scharfe Geldverknappung und korrigierte sich zu spät. Es entstand eine Rezession, die bis 1954 dauerte. 1957 öffnete die FED das Geldventil, aber es war wieder zu spät, um eine diesmal kurze Rezession aufzuhalten. Im April 1960 begann nach einer Periode der Erholung erneut eine wirtschaftliche Rezession, sechs Monate nachdem die FED das Geldangebot verringert hatte. Die FED hat starken, aber keinesfalls allumfassenden Einfluss auf die Wall Street bzw. den Geldmarkt. Ihre Maßnahmen können zielführend, ergebnislos oder konträrwirkend sein, wie die Geschichte zeigt. Die Wall Street (Börse, Banken, Broker) beobachtet das Verhalten der FED. Dafür gibt es FED-Wächter, die als Finanzanalysten nichts anderes tun. Sie verfolgen die Wochendaten der Banken, die Kredittrends, die allgemeine Wirtschaftslage und versuchen die Entscheidungen der FED frühestmöglich zu antizipieren.

Interessant ist ein Blick auf Nachkriegsdeutschland (West), wo im Frühjahr 1948 *Ludwig Erhard* die Marktwirtschaft mit freien Preisen und Profiten einführte. Im Oktober rief die Stuttgarter Gewerkschaftsleitung zu einer Protestkundgebung gegen die Politik des Frankfurter Wirtschaftsrates unter *Ludwig Erhard* auf, an der Zehntausende teilnahmen. Die Demonstranten in Stuttgart forderten massiv ein Ende der unmäßigen Preistreiberei. Es kam zu einem schweren Aufruhr und der amerikanische Militärgouverneur *Lucius D. Clay* musste eine berittene Formation und Panzer der Constabulary (Militärpolizei) auffahren lassen. Er forderte daraufhin von *Erhard* ein Konsumgüterprogramm zu festen Niedrigpreisen. Ein Generalstreik in der Bizone gegen die Währungsgewinner im November mit Teilnahme von neun Millionen Arbeitern veranlasste *Adenauer*, staatlichem Interventionismus zuzustimmen. Er verpflichtete *Erhard*, künftig von „sozialer Marktwirtschaft" zu sprechen. Es wurde zum Kaschierungswort neoliberaler Wirtschaftspolitik, das deren Vertreter *Müller-Armack* zuerst verwendet hatte. Zugleich gab es soziale Zugeständnisse, nicht zuletzt auch Ergebnis der Systemkonfrontation mit dem Realsozialismus im Osten. Die realkapitalistische Prosperität der Nachkriegsperiode von 1945 bis 1970 ermöglichte den breiten Übergang zur sozialen Marktwirtschaft als Gegenposition zur sozialistischen Planwirtschaft im Kalten Krieg. Dazu gehörten ferner Kompromisse mit den Arbeitnehmern, das volkswirtschaftliche Ziel der Vollbeschäftigung, die Verbindung von Staat und Markt (Ordoliberalismus), die relative Stabilität der Leitgrößen wie Zinssätze, Wechselkurse und Rohstoffpreise, die Entwicklung der sozialen Sicherheiten, Zugeständnisse der Mitbestimmung in den Unternehmen, Regulierung der Finanzmärkte und Nutzung der Empfehlungen von *Keynes. Friedman* und *Hayek* galten damals noch als Außenseiter.

Die Theorie von Keynes

Das theoretische Konzept des durch Wirtschaftspraktiker und Politiker geschaffenen New Deal wurde erst später als Keynesianismus bezeichnet. *John Maynard Keynes* hatte schon 1926 weitblickend in London die Arbeit „Das Ende des laissez faire" publiziert, die allerdings damals noch wenig beachtet wurde. Ein halbes Jahrhundert nach *Karl Marx* suchte er wie dieser nach den inneren Ursachen der Wirtschaftskrisen und lehnte die Theorie von *J. B. Say* (1767-1832) ab, wonach sich jedes Angebot eine Nachfrage schafft. *Marx* erklärte das Phänomen aus der Tendenz des Kapitals zur schrankenlosen Vergrößerung des Angebots bei gleichzeitiger Kostensenkung und damit Lohn- und Kaufkraftminierung, also dem Widerspruch zwischen Produktion und realer Konsumtion. Sie ist die historische Grundlage für die Spaltung der Gesellschaft in Reich und Arm, in Produktionsmittelbesitzer und Nichtbesitzer. Dass diese objektive Systemtendenz eines Tages auch zur globalen Umweltkrise führen wird, war zu Marxens Zeiten noch nicht absehbar.

Anders erklärte *Keynes* die Wirtschaftskrisen. Es sind nach ihm neben den gegebenenUmfeldbedingungen vor allem drei fundamentale massenpsychologische Faktoren am Werk. Als erstes psychologisches Grundgesetz bezeichnet *Keynes* die Spareigung bzw. die Verbrauchsneigung als ihr Gegenteil. Sparen sei keine Tugend, sie verhindere Vollbeschäftigung. Die Arbeiter sparen zu viel, ergo sind sie selbst mit schuld an der Arbeitslosigkeit. Der zweite Faktor ist die Liquiditätspräferenz, je höher sie ist, desto weniger wird auf die hohe Kante gelegt. Die psychologische Gewinnerwartung des Kapitals ist die dritte Fundamentalgröße. (Vgl. S. 246 f). Ferner nennt *Keynes* als nichtpsychologische unabhängige Variablen die Geldmenge der Zentralbank, den zwischen Unternehmer und Arbeiter ausgehandelten Lohn, die Zinsrate und den Grenzertrag des Kapitals. Als abhängige Faktoren betrachtet er den Beschäftigungsgrad und das Nationaleinkommen. Zu den gegebenen Faktoren zählt er Qualität und Quantität von Arbeit und Ausrüstungen, das technische Niveau, den Grad des Wettbewerbs und das Management. Vor allem betrachtet er die Sozialstruktur als konstant. *Keynes* abstrahiert in seinem System von der Veränderung der sozialökonomischen Verhältnisse, insbesondere der Eigentumsverhältnisse, der „Essenz des kapitalistischen Prozesses", wie sich *Schumpeter* ausdrückte. Er ist für größere Konsumausgaben der Betuchten, aber keineswegs für Lohnerhöhungen der Arbeiter. Den Lohndrückern empfiehlt er, ihre Ziele leichter zu erreichen durch Preissteigerungen. Die Inflation ist in seinem Verständnis ein Antikrisenfaktor. *Keynes* meinte, man könne Rezession und Depression durch Beibehaltung des nominalen Arbeitslohns und Senkung des Reallohns überwinden. Bei steigenden Preisen bevorzugen die Käufer langfristige Gebrauchsgüter und deren Verkäufer sind durchaus mit der Inflation einverstanden. Den Zins erklärt *Keynes* aus dem psychologischen Faktor der „Vorliebe für Liquidität". Im Unterschied von *Friedman* geht er von einer schwankenden Liquiditätspräferenz aus. Seine Rezepte sind niedriger Zinsfuß, Senkung des Reallohns, also höhere Inflationsrate im Vergleich zur nominalen Lohnentwicklung, Förderung des Luxusverbrauches der Reichen, großzügige Zuschüsse für Privatunternehmen, niedrigen realen Dollarpreis, der das Ergebnis der Differenz von Zinsfuß und Inflationsrate ist. Bei der Analyse der Wirtschaft verwendet er die Black-Box-Methode, das heißt er untersucht nur die Inputs und Outputs des Systems und die entsprechenden funktionalen Beziehungen, deren Beeinflussung die kurzfristigen Konjunkturgleichgewichte sichern hilft. Also handelt es sich um ein unterstelltes statisches System.

Keynes begründete die Notwendigkeit staatlicher Eingriffe in die Privatwirtschaft, weil sonst die Massenarbeitslosigkeit nicht beseitigt werden könne, er war der erste bedeutende Ökonom, der eine staatliche Wirtschaftspolitik begründen wollte. Das kapitalistische System schafft Mangel inmitten des Überflusses. Der polnische Ökonom *Michael Kaletzki* (1899-1970) hatte übrigens bereits vor *Keynes* in seiner Arbeit von 1933 „Umrisse einer Theorie des Konjunkturzyklus" das Dogma eines ausgeglichenen Haushalts abgelehnt und gezeigt, dass sich ein Budgetdefizit durch Investitionen selbst finanziert und damit hilft, die Unterbeschäftigung zu reduzieren. In den USA waren die Produktionsverluste durch Arbeitslosigkeit in der „Mutter der Krisen" mit etwa 360 Mrd. $ ebenso groß wie die späteren gesamten Kriegskosten der USA. Produzieren, produzieren und sei es durch Ausgraben vorher vergrabener alter Flaschen mit eingesteckten Banknoten, durch mehr Goldbergbau und vor allem Aufrüstung, das ist das Alpha und Omega von *Keynes* und ein Stück schwarzen britischen Humors zur Lösung des Beschäftigungsproblems des Kapitalismus. (Vgl. S. 110) Hinzu kommt der historische Faktor der Kriege und ihrer Vorbereitung, der die kapitalistische Profitmaschine auf Hochtouren bringt und zugleich die Kapitalvernichtung auf die Spitze treibt. Kriege lösen Krisen aus oder beenden sie. Rüstung und Kriegführung mit Inflation können zeitweilig die Depression überwinden, dazu braucht man dann keinen New Deal, schrieb er im Juli 1940 in der Zeitschrift „New Republic". Im gleichen Jahr hatten die USA ihre Rüstungsprogramme verstärkt.

Die amerikanische Praxis im 20. Jahrhundert zeigt, das die *Keynessche* Medizin für die kapitalistischen Krisen durchaus wirkte, allerdings oft mit irregulären Effekten und ohne Beseitigung des Grundwiderspruchs dieses Systems. *Keynes* hatte gewissermaßen das Sagen bis zum Ende der 60er Jahre. Präsident *Nixon* (1969-1974) meinte noch: „Wir sind doch alle Keynesianer". Die Keynesianische antizyklische Wirtschaftspolitik von 1960 bis 1970 gab dem fordistischen Produktionssystem einen letzten Schliff mit seiner Geldpolitik und seinen öffentlichen Ausgaben. Sobald aber das technische System des Fordismus weniger produktiv wurde, schlug das früher oder später auf die Keynespolitik zurück. In den sechziger Jahren unter den Präsidenten *John F. Kennedy* (1961-1963) und *Lyndon B. Johnson* (1963-1969) galt es, durch aktive Haushaltspolitik des Staates die Privatwirtschaft zu stimulieren, Steuern zu senken und mit der FED den Geldfluss zu erleichtern. Im Ergebnis war die Arbeitslosigkeit mit 3,5 bis 4 Prozent viel niedriger als vor Kennedys Amtszeit, als sie noch bei 7 Prozent lag, die Inflationsrate betrug 1965 2 Prozent. Das änderte sich durch die riesigen Ausgaben für den Vietnamkrieg und 1973 mit dem arabisch-israelischen Jom-Kippur-Krieg sowie dem darauf folgenden Erdölpreis-Schock der OPEC und Ölembargo gegen die westlichen Länder. Der Erdölpreis war von 2,90 $ Mitte 1973 auf 11,65 $ Ende 1973, also um das Vierfache gestiegen. Die Inflationsrate stieg auf 12 % im Jahre 1974, die Industrieproduktion sank um 15% und die Arbeitslosigkeit erhöhte sich auf 9 % mit mehr als 8 Millionen. Arbeitern ohne Jobs. Der Leitzins der FED betrug 13 Prozent. Die stabilen Wechselkurse wurden abgeschafft und damit wuchs der globale Finanzmarkt und seine Volatilität schneller als in der vorherigen Periode. Die hohe Inflation ärgert manchmal, je nach den Bedingungen den Geldadel, die Konservativen in den USA sind Advokaten des „harten Geldes", mit dem das Kapital geschützt wird. Die Banken als Repräsentanten des Geldkapitals sind besonders geldentwertungsfeindlich. Andererseits kann das Großkapital von der Inflation profitieren. So hat die deutsche Hyperinflation von 1923 die Konzentration und Zentralisierung des Kapitals nach dem Strom enormer Kriegsprofite seit 1914 besonders beschleunigt.

Nach 1973 flossen die Milliarden Petrodollars der arabischen Förderländer in die Banken von New York und London. Die OPEC-Staaten hatten 1974 in ihrer Zahlungsbilanz einen Überschuss von 67 Mrd. $. Die Ölexporte wurden nur in Dollars fakturiert und stärkten den eingebrochenen Dollarmarkt. Das war eine große Hilfe für die Überwindung der durch den Vietnamkrieg entstandenen hohen Verschuldung der USA, für die Konzerne des angloamerikanischen Ölgeschäfts mit 16,4 Mrd. $ Gewinn im Jahr 1974 gegenüber 6,9 Mrd. $ zwei Jahre zuvor und für die Verhinderung einer Rezession. Die Nachfrage der arabischen Ölausfuhrländer nach Waffen, Kraftfahrzeugen, ganzen Fernsprechnetzen und vielen weiteren Investitions- und Gebrauchsgütern in den USA und anderen Industriestaaten stieg enorm. Der Versuch, die neoklassisch-markttheoretisch fundierte Wirtschaftspolitik mit neokeynesianischen Rezepten wirksamer zu machen, scheiterte jedoch endgültig mit der multinationalen Wirtschafts- und Finanzkrise und weltweiten Inflation von 1974 bis 1975. Die sechs größten Industrieländer hatten in diesen beiden Jahren negative Wachstumsraten der Industrieproduktion.

Das Rezept des Monetarismus

Zum Finanzmarkt gehören der Anleihen- und Pfandbriefmarkt (langfristige Anlagen auf 2 bis 30 Jahre), die Börse, der Hypothekenmarkt, die institutionellen Investoren (Rentenfonds, Versicherungsgesellschaften, Kapitalbeteiligungsgesellschaften) und der Geldmarkt bzw. Kreditmarkt mit Hedgefonds und Private-Equity-Fonds. 1979 entsprach der Marktwert aller Unternehmen an der Börse 1,2 Billionen Dollar, während der Kreditmarkt bei 4,2 Billionen Dollar lag, darunter kurzfristige Anlagen des Geldmarkts von etwa 1,2 Billionen Dollar. Der Theoretiker des Monetarismus *Milton Friedman* lieferte das Rezept für die neue Wirtschaftspolitik. Es bestand in der Abkehr von der bisherigen Haushaltspolitik und in der Festlegung einer festen Geldangebots-Wachstumsrate von drei bis vier Prozent pro Jahr für die Geldmenge M1, die Bruttosumme allen Bargelds (1/4) und der Girokonten (3/4). Im August 1979 betrug sie 364 Mrd. $ bei einem Bruttonationalprodukt von 2,5 Billionen $ im gleichen Jahr. M2 umfasste alle Sparkonten, kurzfristige Anlagen der Banken und Kreditinstitute sowie Darlehen. Das Volumen von M1 und M2 lag bei 1,5 Billionen $. M3 ist die Summe der Zertifikate von 100 000 Dollar-Depositen von Großunternehmen, Finanzinstituten oder privaten Großinvestoren, die für eine bestimmte Periode von 3 bis 6 Monaten gehalten werden. Die Summe von M1, M2 und M3 belief sich auf 1,7 Billionen, wie *Greider* notierte. Schließlich gibt es noch die Kategorie L, die mit allen Finanzanlagen, Schatzbriefen und Unternehmenspapieren damals etwa 2,1 Billionen $ umfasste. Die Devise hieß von nun an „Money matters", das Geld bzw. die Liquidität macht es schon. Da jedes Wachstum der Volkswirtschaft mit wachsender Geldmenge verbunden ist, zog *Friedman* den monokausalen Umkehrschluss, dass Geldmengenzuwachs das Wirtschaftswachstum beschleunigt.

Hinter dem strategischen Monetarismus stehen die Interessen der Kaste der Rentiers und ihrer Helfer und Freunde. *Friedman* beschuldigte die FED, mit ihrer Politik die hohe Inflation hervorgerufen zu haben. In Wirklichkeit war die massive Inflation an sechs Zeitpunkten der USA-Geschichte jedesmal durch außerordentliche Ereignisse, nämlich durch Kriege entstanden. Die erste durch den Unabhängigkeitskrieg, die zweite nach dem Krieg mit England 1812, die dritte schärfste während des Bürgerkriegs 1863-65, die vierte nach dem ersten Weltkrieg, die fünfte 1946 und die sechste durch den Vietnamkrieg bis 1973. Die Stellgröße M1 konnte durch die zunehmenden Finanzinnovationen und Verbriefungen bald nicht mehr benutzt werden. Die Geldmenge wuchs in den 70er Jahren schneller als die Realwirtschaft, trotzdem sind die Inflationsraten in Deutschland und international zunächst zurückgegangen. Es gab keinen Zusammenhang zwischen den beiden Größen, den *Friedman* behauptete. Es kommt darauf an, wohin die Geldmenge fließt. Wenn die Geldmenge für Löhne, Renten oder Sozialzwecke steigt, erhöht sich die Nachfrage und die Preise steigen. Strömt das Geld dagegen zu den Vermögenden, wird es von ihnen im Finanzbereich verwendet. *Friedman* hatte 1968 vor der American Economic Association den Angriff gegen Keynesianismus, Vollbeschäftigungspolitik, Sozialstaat und Gewerkschaften begründet. Das traf auf große Akzeptanz der betuchten Kreise wegen der zunehmenden Streiks, dem Wachsen der Lohnquote und der Forderungen nach weiterer Mitbestimmung der Belegschaften.

Die Internationalisierung des Bankwesens begann bereits 1930 mit der Gründung der Bank für Internationalen Zahlungsausgleich BIZ in Basel. Diese Bank hat bis 1944 eine schändliche Rolle als eines der wesentlichsten Instrumente der profaschistischen Politik der internationalen Hochfinanz gespielt. Ein Beispiel dafür ist die Tatsache, dass 6 Mio. Pfund Sterling, die den Anteil der Tschechoslowakei an der BIZ darstellten, nach Hitlers Okkupation des Landes durch die Bank von England, wo das Geld deponiert war, über die BIZ im Mai 1939 an Nazideutschland überwiesen wurden.

Nach dem zweiten Weltkrieg versuchten die kapitalistischen Länder auf der Konferenz von 1. bis 22.7.1944 in Bretton-Woods (New Hampshire USA) 1944 das Weltwährungssystem mit einem internationalen System von festen Wechselkursen und einem Festpreis von 36 $ je Feinunze Gold zu ordnen. Damals waren die Goldreserven der Welt im Wert von 33 Mrd. Dollar, davon 26 Mrd. Dollar in den USA. Das Gold war noch Weltgeld, aber der Goldstandard funktionierte nicht mehr wie vor dem ersten Weltkrieg. Er war 1931 bis 1932 während der Weltwirtschaftskrise in den USA, Großbritannien, Kanada und in Skandinavien abgeschafft worden, Frankreich, Belgien und Holland folgten 1936. Als Leitwährungen sollten nach der Vereinbarung der Dollar und das Pfund fungieren. Die ausländischen Zentralbanken konnten ihre Dollarguthaben bei den USA in Gold eintauschen. Die 1945 neugeschaffenen Institutionen Internationaler Währungsfonds IWF und Weltbank hatten die Aufgabe bekommen, die Stabilität der Wechselkurse, die Konvertibilität der Valuten und die Gewährung von Valutakrediten bei Zahlungsbilanzkrisen zu sichern. Das System erhielt einen ersten Tiefschlag, als Präsident *Richard Nixon* am 15. August 1971 die Goldkonvertibilität des Dollars annulierte. Die USA hatten nur noch Goldbestände von 10 206 Mio. $, weniger als die Hälfte des Bestandes von 1950 und ein Außenhandelsdefizit von 56 Mrd. Dollar. Der Vietnamkrieg mit Ausgaben von 135 Mrd. $ war weitgehend durch die Notenpresse finanziert worden. 1973 zerbrach das Bretton-Woods-System fester Wechselkurse im Ergebnis einer starken Flucht aus dem Dollar. 2002 wurde der Euro eingeführt und heute sind Dollar, „Renminbi" (Volksgeld) Yuan (China), Euro und Yen (Japan) die dominierenden Weltwährungen. Der chinesische Yuan ist indirekt an den Dollar gekoppelt. Als 1999 bis 2001 die europäische Währungsunion mit Einführung des Euro geschaffen wurde, ging man von dem neoklassischen Theorem aus, dass die Marktprozesse automatisch die Volkswirtschaften der Mitgliedsländer einander angleichen. Das Theorem war zu einem wirksamen ideologischen Geschütz des Neoliberalismus geworden. In Wirklichkeit aber geschah das Gegenteil.

Deutschland senkte die Lohnstückkosten und betrieb eine aggressive Exportpolitik, die besonders südlichen Euroländern große Defizite in der Handelsbilanz bescherte. Die Exportüberschüsse der BRD gegenüber der Eurozone belaufen sich auf rd. 100 Mrd. €. Handelspartner, die wenig zahlungsfähig waren, erhielten Kredite made in Germany. Die Finanzdienstleister waren durch die Teilprivatisierung von sozialen Sicherungssystemen liquider geworden und ließen dem Waren- den lukrativen Kapitalexport folgen. Forderungen deutscher Banken gegenüber Griechenland liegen bei 43 Mrd. $, Portugal bei 47 Mrd. $ und Spanien 240 Mrd. $, das heißt es profitieren nicht nur die Handelsunternehmen, sondern auch die Finanzsektoren. In die Banktresore fließen Staatsanleihepapiere, Hypothekenverbriefungen, Konsumentenkredite etc. Die Länder Südeuropas können nicht mehr eine Eigenwährung abwerten, um ihre Exporte zu verbilligen, wie das früher möglich war. Der US-Volkswirt *Paul Krugman* prangerte schon in den neunziger Jahren den ökonomischen Irrsinn des globalen Wettbewerbs der Länder an. Die Zeit von Kriegsende bis zu den 70er Jahren nannte *Eric Hobsbawm* in seiner Weltgeschichte des 20. Jahrhunderts ein Goldenes Zeitalter des Kapitalismus, weil im Ergebnisdes rasanten Produktivitätswachstums im vierten Kondratjew der Einzweck-Automatisierung die Reichen immer reicher, die Armen aber nicht zahlreicher wurden und der Mittelstand florierte. Das änderte sich mit dem neoliberalen Schwenk ab 1979 schlagartig.

Deregulierung als Wundermittel gegen fallende Profitraten

Im Jahre 1979 wurde von Präsident *Jimmy Carter* (1977-1981) ein brillanter Finanzexperte, *Paul Volcker* zum Chef der FED berufen. Bei einer sehr hohen Inflationsrate von 13,5 Prozent hat der neue Chef der FED die Diskontrate auf 10,5 Prozent erhöht. Diese Maßnahme blieb jedoch wirkungslos. Er ging dann den Weg der Verringerung des Geldmengenzuflusses von M1 und hatte Erfolg, die Wirtschaft begann wieder zu florieren, die Arbeitslosigkeit ging zurück. Aber die Kredite wurden teurer und die Inflation blieb hoch. Der Wert eines Dollars fiel auf 1,76 DM und der Goldpreis wuchs auf dem europäischen Markt auf mehr als 300 Dollar pro Feinunze. Präsident *Carter* entließ *Michael Blumenthal* als Finanzminister und ernannte *William Miller,* den bisherigen Vorsitzenden der FED.

Neoliberale Konterrevolution

Die neoliberale Zeitenwende der führenden westlichen Industrieländer begann in Großbritannien mit der Ära *Margret Thatcher* ab 1979 und in den USA mit der Ära *Ronald Reagan* ab 1981. Der Neoliberalismus als sozial- und wirtschaftspolitische Strömung basierte auf der Neoklassik, den Lehren des Monetarismus, der steigenden Distanz zum Keynesianismus und zur sozialen Marktwirtschaft. *Milton Friedman* nannte später diese Periode, die bis heute dauert, stolz neoliberale Konterrevolution. Er hatte übrigens seit 1975 den mordenden und folternden Militärdiktator *Pinochet* wirtschaftlich beraten. Seine Schüler, chilenische Ökonomen, die in Chicago studiert hatten, waren später Minister oder Mitarbeiter der Putschregierung. Der in Harvard ausgebildete Arbeitsminister *José Piñera* hat ein neues Programm des Sozialabbaus, das sich wie üblich Reform nannte, ausgearbeitet und, zynisch genug, am 1. Mai 1981 eingeführt. Fallende Profitraten mit Deregulierung und dem ganzen Arsenal des Monetarismus und Marktradikalismus zu kurieren war ein Zeichen hoher instrumenteller Rationalität im Interesse des Kapitals mit dem späteren Endergebnis Billionen-Dollar-schwerer Irrationalität des Systems. Seit den siebziger Jahren florierte eine Ideologie des Marktfundamentalismus als nachgerade theologische Wirtschaftstheorie. Die ihr verpflichteten Volkswirte meinten, dass der Markt die in ihm entstehenden Probleme selbst regelt und ständiges Wachstum sowie Wohlstand garantiert. Sie lehnten Einmischung von Staat, Politik und anderen Akteuren ab, weil sie dem Markt schaden. Eine lange Reihe ihrer führenden Vertreter erhielt die höheren Weihen des Nobelpreises für Wirtschaftswissenschaften. Einer von diesen Chicago Boys, *Gary Becker*, hat sogar eine ökonomische Theorie des Selbstmords entwickelt. In der Realität hatte die Wirtschaft der führenden Industrieländer   von jeher staatsplanerische Korsettstäbe auf den verschiedensten Gebieten. Das gilt besonders für die französische planification der 60er Jahre und die USA, wo man unter *Kennedy* und *Johnson* für New Economics im Keynesschen Sinne mit volkswirtschaftlicher Planung. In Japan war das Ministry of International Trade and Industry MITI statlicher Dirigent der Volkswirtschaft.

Im April 1980 kam es zur Neuorientierung der Wirtschaftspolitik unter *Thatcher*, vor allem durch Zinserhöhungen, Abbau von Sozialleistungen, Privatisierung von Staatsunternehmen, Senkung der Steuern für Unternehmen, Knebeln der Gewerkschaften, Bevorzugung der Inflationsbekämpfung vor der Beschäftigungssicherung und weitere Maßnahmen der Deregulierung. Die keynesianische Nachfragepolitik wurde durch „angebotsorientierte" Wirtschaftspolitik ersetzt. 1981 wurde *Ronald Reagan* Präsident der USA, dessen Wirtschaftspolitik den ideologischen Mustern des Monetarismus folgte. Die USA schwenkten zurück zum rigorosen Liberalismus und zur Staatsaversion vor *Roosevelt.* Die Deflationspolitik und restriktive Geldpolitik mit hohen Nominalzinsen bei einem Leitzins von 20 Prozent führte zu einer Welle der exorbitant hohen Realzinsen, mit denen die Profitraten der Realwirtschaft nicht mithalten konnten. Die Hochzinspolitik war ein weiterer Anstoß für Unternehmen, keine Kredite für neue Realinvestitionen aufzunehmen und Finanzveranlagung und –spekulation zu präferieren. Das Geldvermögen stieg und immer mehr BIP musste für den Schuldendienst aufgebracht werden. Den Druck auf Löhne und reale Verwertungsprofite nennt man finanzielle Repression. Das führte zu der Offensive gegen das Wachstum der Reallöhne in England und den USA mit brutaler Antigewerkschaftsgesetzgebung, um die Verhandlungsmacht der Industriearbeiter zu brechen. Dazu gehörte die Senkung der Steuern für Unternehmen und Reiche bei gleichzeitiger Steigerung der Rüstungsausgaben, sinkenden Reallöhnen und Kürzungen im sozialen Bereich. Die soziale Infrastruktur des New Deal wurde weitgehend liquidiert: Sozialhilfe, Arbeitslosenversicherung und Mietzuschüsse. Im Ergebnis dieser Politik sind heute 35 Millionen Amerikaner von Hunger oder Mangelernährung betroffen. Die kapitalistische Normalität wurde erfolgreich wiederhergestellt. Das Kräfteverhältnis zwischen Kapital und Arbeit hatte sich grundlegend zugunsten des Kapitals verändert.

In Deutschland war nach der sozialliberalen Koalition unter Kanzler *Helmut Schmidt* mit Wirtschaftsminister Graf *Lambsdorff* das Lambsdorff-Papier vom 9.September 1982 eine Magna Charta des sozialen Kahlschlags und Signal für den Übergang zur sogenannten angebotsorientierten Wirtschaftspolitik mit dem Ziel der Abwälzung der Kosten der Sozialsysteme auf die unteren und mittleren Einkommensschichten bei gleichzeitiger steuerlicher Entlastung der Unternehmen und großen Vermögen. Man verabschiedete sich schrittweise von *Ludwig Erhards* sozialer Marktwirtschaft, die straff reguliert und durch die Existenz eines östlichen Gegenmodells bestimmt war. Es kam zu einem Sparpaket mit der Begründung, die Sozialleistungen würden missbraucht. Die Bildungsausgaben wurden gekürzt. Das Programm wurde zunächst von Kanzler *Kohl* und Arbeitsminister *Blüm* und ab 1998 noch conseqenter von Kanzler *Schröder, Franz Müntefering, Peter Hartz, Walter Riester* und *Wolfgang Clement* exekutiert. Zu den Maßnahmen gehörten: Reduzierung des Arbeitslosengeldes und Begrenzung der Bezugsdauer auf 12 Monate, schärfere Zumutsbarkeitsregelungen für Sozialhilfeempfänger, Streichung des Schüler-BAFÖG und Umstellung des BAFÖG für Studierende auf Voll-Darlehen, Anhebung der Mehrwertsteuer, mehr Eigenbeteiligung und Selbstvorsorge in der Sozialversicherung, stärkere Beteiligung der Rentner an der Krankenversicherung, Anhebung der Altersgrenze, erleichterte Abschiebung arbeitsloser Ausländer, Privatisierung öffentlicher Aufgaben und Unternehmen, Lockerung des Kündigungsschutzes, Verzicht auf Weiterentwicklung der Mitbestimmung. SPD- und Gewerkschaftsführer hatten die Interessen der Lohnabhängigen, ihrer Stammwähler komplett vergessen.

Dokumente der Deregulierung der Finanzmärkte und des radikalen Monetarismus in der Europäischen Union entstanden mit der Akte von 1987 und dem Vertrag von 1992. Das frühere deutsche Stabilitätsgesetz hatte noch den Ausgleich von Geldwertstabilität, Wachstum und Vollbeschäftigung gefordert, nun blieb nur noch das monetäre Ziel übrig. 1999 beschloss die EU-Kommission den Plan für Finanzdienstleistungen mit 40 Liberalisierungsmaßnahmen. Mit der Europäischen Betriebsrentenrichtlinie von 2001 wurden alle Beiträge zum Betriebsrentensystem dem Finanzmarkt unterworfen. Die Blaupause für diese Finanzpolitik hatten die USA geliefert. Dort wuchs die Position Finanzdienstleistungen, Versicherungen und Immobilien im BIP um 174 Prozent von 1999 bis 2008 und die Fertigwarenindustrie nur um 77 Prozent. Diese Entwicklung ergab sich aus der außerordentlichen Konzentration der USA auf die Durchsetzung der neoliberalen Spielregeln im System von Finanzen und Handel, die den von ihnen kontrollierten geographischen Raum weiter zusammenschweißten.

Regulierung, Deregulierung, Re-Regulierung produzieren eine vielfältige Struktur der mit Regeln durchmischten Liberalisierung. Man kann nämlich auch Regeln einrichten, die in Richtung von Marktgesetzen und Wettbewerb wirken. Entscheidend ist immer das cui bono, wem nützt die Regel. Deregulierung ist ein Verschleierungswort, wenn es generelle Freiheit des Marktes unterstellt. In Wirklichkeit bleiben bei Deregulierungsmaßnahmen in der Realität stets viele Regelungen bestehen, die im Interesse der Herrschenden liegen. In den USA stellte sich in der heutigen Krise heraus, dass nach den Regeln der nationalen Finanzaufsicht zwar die normalen solventen Banken über 12 Billionen $, die deregulierten „Schattenbanken" aber über 16 Billionen $ verfügen. Schattenbanken sind eine Kombination aus Zweckgesellschaften, Verbriefungen, Geldmarktfonds sowie dem 10000-Mrd-$-Markt für kurzfristige Finanzierungsinstrumente (Repo). Das wichtigste allgemeine Kriterium der wirtschaftlichen Regulation muss die soziale Funktionsfähigkeit und Akzeptanz des Gesamtsystems sein. 1985 begann der Wettlauf der Deregulierung des weltweiten Finanzgeschäfts. In den Ländern mit geringsten Auflagen für ihre Geldinstitute ließen sich die meisten Geldhändler mit ihren Verbindungen nieder. London mit seinem Liberalisierungsvorlauf wurde damit zum globalen Finanzzentrum. Mit der Deregulierung der Finanzgeschäfte wurde der alte kaufmännische Grundsatz der Haftung für die Folgen aufgehoben.

Worin lag eigentlich die wirtschaftshistorische Ursache für den großen langfristig angelegten ideologischen und realen politischen Schwenk zum extremen und nachhaltig individualistischen Liberalismus zugunsten der vermögenden Klassen. Sie bestand in dem deutlichen langfristigen Rückgang der Wachstumsraten der Arbeitsproduktivität nach 1973, dem Jahr des Sprungs der Rohölpreise der OPEC im Vergleich zu der vorangehenden Periode. Es wurde damals viel über das sogenannte productivity gap diskutiert. In den USA gab es Hearings vor dem Kongress zum Thema „Decline of productivity growth". In den Jahren 1973 bis 1977 fiel die durchschnittliche jährliche Produktivitätsrate im Vergleich zu 1963 bis 1973 in den führenden Marktwirtschaften um 1,1 % (USA) bis 5,2 % (Japan). Gleichzeitig entstand der Trend zur Stagnation und zum tendenziellen Fall der kapitalbezogenen Profitrate in der Industrie. Im Zickzack der Profitraten wurden 1965 in den USA 30 % und in der BRD 18 % erreicht, während es 1980 nur noch 8 % in den USA und 5 % in der BRD waren. Das Stabilitäts- und Wachstumsgesetz der BRD-Regierung vom 8. Juni 1967 hatte keine Wirkung, die Wachstumsraten des BSP gingen bis 1976 weiter zurück. Der Umschlag des Realkapitals hatte sich verlangsamt. Das Wirtschaftswachstum in den OECD-Ländern fiel auf fast Null. Man kann es auch als die Krise des fordistischen Akkumulationsregimes bezeichen. Das war eine Botschaft, die Kapitaleigentümer und ihre politische Lobby nicht gleichgültig ließ. Den Fall der Profitrate beförderten Überproduktion, Spekulation, die Krise 1974/75 in den westlichen Industrieländern, überflüssiges Kapital, überflüssige Arbeitskraft und Beginn der Massenarbeitslosigkeit.

Die Preisrevolution des Erdöls von 2,53 $ 1970 und 41 $ je Barrel 1980 war der Auslöser, der das Wirtschaftssystem der westlichen Industrieländer durchschüttelte und damit seine Schwächen offenbarte. Sie war sogar der Sargnagel für die sowjetische Wirtschaft, deren Insolvenz eine amerikanische Ökonomin Mitte der achtziger Jahre vorhersagte. GOSPLAN, die sowjetische Wirtschaftsbehörde, war nämlich 1973/74 damit überrascht worden, dass ihr Ölexport wesentlich höhere Preise realisieren konnte und lenkte den unverhofften Dollarsegen in die klassischen Schornsteinindustrien, eine kontraproduktive Strategie, die das globalwirtschaftliche Zurückbleiben zementierte und verstärkte. Die Amerikaner hatten damals schon den ersten Mikroprozessor, das erste Solarhaus und entwickelten die Grundlagen der informationstechnologischen Revolution und ihrer industriellen Nutzung.

Vorwärts zu alten Zeiten in den USA

Unter *Ronald Reagan* wurden drei Hauptlinien konservativer Wirtschaftspolitik der Zeit vor *Roosevelt* wiederhergestellt. Erstens der Monetarismus des *Milton Friedman*, wonach man nur den Geldstrom kanalisieren und manipulieren muß, um die Krise zu bekämpfen. Zweitens galt es, die progressive Einkommenssteuer durch eine degressive zu ersetzen, damit die Reichen mehr investieren und verbrauchen können. Drittens sollte eine ausgeglichene Haushaltspolitik an die Stelle des verschwenderischen Deficit Spending treten. Die Lehren von *Keynes* wurden zunehmend ignoriert. Als *Reagan* an die Macht kam, waren die Bemühungen der FED gescheitert, mit Geldmengenverknappung die Rezession zu überwinden, die Zinsraten begannen zu schwanken mit einem Kreditnachfragen-Wachstum zwischen 23 % und 10 %. 1979/80 war es zu einer erneuten Preisrevolution des Erdöls gekommen. Der neue Präsident umriss sein neues Konzept in seiner Inanguraladresse mit dem Satz: „Die Regierung (der Staat) ist nicht die Lösung, sie ist das Problem." Er lehnte die Formen der zentralen Wirtschaftslenkung durch den Staat ab. Das hinderte ihn nicht daran, die Staatsausgaben für die Rüstung drastisch zu erhöhen, das Geschäft mit dem militärisch-industriellen Komplex garantiert stets Superprofite und es galt, die Sowjetunion totzurüsten. Im Ergebnis der neuen Wirtschaftspolitik wurde in der Periode nach 1980 die Profitrate gründlich saniert durch die nachhaltige Erhöhung der Mehrwertrate, des Verhältnisses von Profitmasse zu Lohnsumme. In den USA stieg die kapitalbezogene Profitrate bis 1996 auf 18 %.

Die FED sollte künftig ihre Geldlenkung ohne staatliche Einwirkung realisieren. Sie konfrontierte die Inflation mit Geldverknappung durch hohe Zinssätze, während die *Reagan*-Administration gleichzeitig mit Steuersenkungen dagegenarbeitete. 1981 reduzierte die FED die kurzfristige Zinsrate, was zum Wachstum der langfristigen Zinsrate führte. Gleichzeitig fielen die Preise festverzinslicher Anleihen. Die FED stocherte im Nebel. Es kam zu einer weiteren Rezession. Die Tiraden gegen die Staatseinmischung, ein Erbteil des frühen angelsächsischen Liberalismus, dienten nur der Vernebelung wirtschaftshistorischer Zusammenhänge. Mit der Entwicklung der Produktivkräfte und der globalen Stufenleiter der Wirtschaft reichen Monopole und Oligopole nicht mehr aus, die Bedingungen der Kapitalverwertung zu sichern. Staatsintervention ist unerlässlich zur Sicherung des sozialen Gleichgewichts, dessen Verletzung für die Wirtschaft und die ganze Gesellschaft gefährlich ist.

Das neue Steuergesetz von 1981 war so generös für die Unternehmen, daß die größten Gesellschaften negative Steuersätze bekamen, das heißt der kleine Steuerzahler half direkt die private Profitrate des Kapitals zu erhöhen. So wurden die Arbeitnehmer dreifach abkassiert (Löhne, Preise, Steuern), später fand man mit der sogenannten Flexibilisierung des Arbeitsmarkts noch manche anderen Methoden. Die effektive Steuerrate für Finanzinstitutionen wurde von 5,8 % im Jahr 1980 auf -3,8% im Jahre 1982 gesenkt. Es kam zu einem Multiplikationseffekt des Vermögenszuwachses, bei dem die Superreichen den höchsten Zufluss erhielten. Washington trat auf den Gashebel, während die FED auf die Bremse trat. Die prime rate, der Zinssatz der Geschäftsbanken für erstklassige Kunden des kurzfristigen Geldes, stieg auf 20,5 %. Die FED und der Anleihenmarkt beschuldigten dafür die Regierung mit ihrer Steuer- und Haushaltspolitik, obwohl sie das selbst frühzeitig angeheizt hatten. Jahre der hohen Inflation hatten den Unternehmen und der Gläubigerklasse hohe Erträge und billige Kredite in realen Dollarwerten gebracht.

Der reale Preis des Geldes bzw. seine Bewegung wird durch die Differenz von Zinssatz und Inflationsrate bestimmt. Anfang 1980 erhöhte die FED den nominalen Zinssatz. Die reale Zinsrate (nominale Zinsrate – Inflationsrate) der Banken lag Anfang 1980 über 4 Prozent, Anfang 1981 über 8 Prozent und Mitte 1981 über 9 Prozent. Die reale Zinsrate von langfristigen Anleihen wuchs dagegen 1981 von 2,9 auf 5,1 Prozent, das heißt um etwa das Doppelte der bisherigen historischen Norm, da die Inflationsrate zurückging. Davon profitierten vor allem die Banken, während in der Realwirtschaft die Arbeitslosigkeit auf 12 Millionen stieg. (*Greider* S. 68) Der Finanzsektor florierte und es entwickelten sich enorme Spekulationsmöglichkeiten, während die produktive Wirtschaft einen höheren Preis zahlen musste im langfristigen Vergleich. 1981 war der reale Preis des Dollars am höchsten seit 50 Jahren und stieg weiter im Ergebnis der Deflation. In der Rezession von 1981/82 hatte die US-Wirtschaft 570 Mrd. Dollar Verlust durch Produktionsreduzierung.

Davon hatten nach einer Untersuchung des Urban-Instituts in Washington 58 % die Lohn-abhängigen zu tragen, 25 % die Minderprofite von Unternehmen und 13 % die Farmer und Kleinunternehmen. Dreiviertel der Opfer hatten die kleinen Leute zu verkraften, am meisten die schwarze Bevölkerung. Kritiker stellten ferner fest, dass *Paul Volcker* den Zins-schock ausgelöst und eine weltweite Rezession sowie eine Schuldenkrise der Entwick-lungsländer verursacht habe.

1982 kam es zur deutlichen Widerlegung der *Friedmanschen* Theorie durch die wirt-schaftliche Praxis. Obwohl die Geldmenge für die Privatwirtschaft erhöht wurde, verlang-samte sich der Umlauf des Geldes dramatisch und strafte alle monetären Standardglei-chungen Lügen. Das bedeutete, daß ein bestimmtes Volumen von M1-Geld nicht das Ni-veau der ökonomischen Aktivität erzielte, das man erwarten musste. Die Umlaufgeschwin-digkeit war die Achillesferse der *Friedmanschen* Theorie. Die verlockende Einfachheit seiner Doktrin, die Geldmenge M1 zu erhöhen und alle anderen Strategien zu vergessen, erwies sich als großer Flop. 1983 kam es im Ergebnis der Rezession seit 1981 zu einem Rückgang der Preise und zur Eindämmung der Inflation. Das begünstigte nicht die Kredit-nehmer oder Borger, sondern die Gläubiger. Familien, die Häuser auf Kredit gekauft hat-ten, hatten von Preissteigerungen profitiert, weil sie ihre Kredite im billigeren Dollars zu-rückzahlen konnten. Nun drehte sich der Geldwind um 180 Grad, alte Kredite mussten in harten Dollars zurückgezahlt werden. Der Tankstellenbesitzer in Baltimore konnte einen 25 %-Kredit bei einer Inflationsrate von 13 bis 14 % leicht bedienen, aber nicht bei einer Rate von vier Prozent. Die reale Zinsrate stieg auf niedagewesene 8 % und mehr.

Schon *Thorstein Veblen* (1857-1929), der Begründer des Institutionalismus, schrieb, dass in den USA im deutlichen Unterschied zum Europa seiner Zeit der Mensch nach dem Geldeinkommen ganz direkt beziffert und geachtet wird, und die meisten Amerikaner ak-zeptieren diesen Standard bis heute. Das ist wohl eine der schlimmsten und folgenreichsten kulturellen Verfallswirkungen des Kapitalismus. Menschliches Potential wird als „Human-kapital" bezeichnet und mit Hilfe der cost-benefit-Analysis werden zum Beispiel die Kos-ten der Kindersterblichkeit berechnet, indem man das zu erwartende Einkommen von Kin-dern diskontiert. Es ist ein Ausdruck für die Waren- und Geldförmigkeit des menschlichen Wesens, die der Kapitalismus erzeugt. Anderseits gibt es eine Umfrage in den USA im Jahre 2008, aus der hervorgeht, dass zwei Drittel der Amerikaner nicht verstehen, wie der Zinseszins funktioniert.

Im Jahre 1984 begann die Großoffensive des finanzkapitalistischen Neoliberalismus. Mit einem höheren Dollar war jede Geldmenge in Finanzpapieren profitabler und sicherer. Dagegen waren Realinvestitionen im Land, Häuser, Fabriken, Maschinen, Öl und Rohstof-fe die Verlierer. Die Lösung für höhere Renditen war, das Geld in Finanzanlagen zu ste-cken und nicht in neue Fabriken. Es etablierte sich die Herrschaft des Shareholder Value, das heißt, die Aktienbesitzer forderten vom Management überdurchschnittliche Renditen und rigorose Kostenreduzierungen durch Massenentlassungen und andere Maßnahmen. In den USA haben die börsennotierten Unternehmen seither die Hälfte des Fremdkapitals für den Rückkauf ihrer eigenen Aktien eingesetzt, um den Kurs nach dem Shareholder-Prinzip zu erhöhen. Damit wurde de facto der Kapitaleinsatz für Investitionen und Forschung und Entwicklung gekürzt. Ende der 80er Jahre kollabierten in den USA viele mittelständische Banken in der Savings&Loan-Krise. Es kam zu einem großen Merger-Prozess (Fusions-welle) im Bankensystem, der den Wettbewerb erheblich reduzierte und die Bankkredite erhöhte. Auch in der Realwirtschaft wurde der Wettbewerb weiter beeinträchtigt durch die profitable Methode des single sourcing (exklusive Beschaffung), wenn ein Großunterneh-men nur noch mit einem festen Zuliefersystem auf Kooperationsbasis arbeitet.

Junk Bonds, Takeovers und Wunderwaffe Leverage

Der wirtschaftspolitische Kurswechsel unter *Thatcher* und *Reagan* schuf optimale Bedingungen für eine Welle der Takeovers (Übernahmen) und der Junk Bonds (hochverzinsliche Schuldverschreibungen mit geringer Bewertung) in den 80er Jahren mit extremer Bereicherung einer Gruppe von Finanzleuten. Eine der vielen historischen Formen der neoliberalen Entfesselung des kapitalistischen Bewegungsprinzips Maximalprofit ist die feindliche oder freundliche Übernahme von Unternehmen mit finanziellem und rechtlichem anwaltsgestütztem Angriff und (oder) Verteidigung. Das neue Instrument der Junk Bonds war das Evangelium der 80er Jahre in den USA. Unternehmen mit sauberen, konservativen Bilanzen begannen sich wie Narren zu fühlen. Die verinnerlichte Ideologie des Haifischbeckens des freien Marktes und Ablehnung der traditionellen Kaufmannsehrsamkeit waren das geistige Hinterland der führenden Börsenhändler und Acquisitionsexperten. Der private Unternehmer, der seinen Betrieb selbst führte, verantwortete und finanzierte, ist im Zeitalter des dominierenden Finanzkapitals ersetzt worden durch den Investor als Kuponschneider, Aufkäufer und Spekulant. Die Regeln zur Trennung des normalen Bankgeschäfts vom Investmentbanking wurden aufgeweicht. So erwarb die Saving and Loan S&L Financial Corporation of Santa Barbara, eine Spar- und Darlehenskasse ein riesiges Depot von Junk Bonds auch ohne die eigentlich notwendige ausdrückliche Genehmigung der Aufsichtsbehörden. Schon 1981 kam es zur ersten spektakulären Übernahme des Unternehmens Conoco, der neuntgrößten amerikanischen Ölgesellschaft. Das Dreigestirn Raider (Aufkäufer), Investmentbanker und Arbitrageur (Händler von Wertpapieren und Devisen) teilte sich die Erfolgsmillionen und belohnte die Anwälte und Tippgeber fürstlich. Es gab viele Tricks und Methoden für einen erfolgreichen Angriff der Übernahme: Insiderhandel; gesetzwidrige Nutzung von internen Informationen über bevorstehende Deals; Einsatz großer Marktmacht; Bestechung von Topmanagern der Zielunternehmen; Angebot hoher Zinsen ohne Aufklärung über die Risiken; Geheimhaltung wichtiger Faktoren gegenüber den Investoren wie z. B. wirkliche Spanne zwischen Angebots- und Nachfragepreisen, Identität oder Motive von Käufern großer Aktienpakete; Nutzung hoher bis zu sechsstelliger Vergütungen für strategische und taktische Maßnahmen von Verteidigungsanwälten der Zielunternehmen eines Angriffs; Aufkauf großer Aktienpakete von Firmen, die vermutlich künftige Angriffsziele darstellen; Bildung von Tarnfirmen mit nominellen Direktoren, um anonym handeln zu können; Nutzung von Steueroasen; Einsatz der Wirtschaftspresse über den tonangebenden Wirtschaftsteil der Chicago Tribune.

Der Boom der feindlichen Übernahmen der 80er Jahre brachte enorme Gewinne für die superreichen Börsenhändler *Ivan F. Boesky, Dennis Levine, Martin Siegel, Robert Wilkis, Randall Cecola* und den Spitzenmann *Michael Milken*. Zu den Aktivisten der Junk-Bonds-Welle gehörte auch die neue Jugendgeneration der Banker, Prototype der Yuppies: stets gut gekleidet, körperlich fit, eitel, wohlhabend mit dem Wahlspruch „greed is sound" (Gier ist gesund), den 1986 der legendäre Arbitrageur *Boesky* unter dem begeisterten Beifall von 2000 Teilnehmern auf der 1985 alljährlich stattfindende Veranstaltung, die sich unverfroren Predator's Ball (Räuberball) nannte. *Michael Milken* rühmte die Deregulierung und das Ignorieren der Wertpapiergesetze als „kreative Zerstörung", einen der Lieblingsslogans der Marktradikalen. Er verfügte beim Anfang seiner Karriere 1973 über ein Vermögen von 2 Mio. $ und 1988 über 2,3 Mrd. $. Die Anklage der Staatsanwaltschaft von 1989 mit 98 Punkten enthüllte, dass *Milken* in einem einzigen Jahr 550 Millionen Dollar mit Geschäften eingenommen hatte, die als organisiertes Verbrechen bezeichnet wurden. Er erhielt eine Geldstrafe von 600 Mio. $ und zehn Jahre Haft, später musste er weitere 500 Mio. $ Entschädigung zahlen. Manche der anderen superreichen Börsenhändler konnten teilweise bei ihren Strafverfahren günstige Urteile durch Deals mit der SEC erkaufen. Auch später kam es wieder zu Wellen der Fusionen und Übernahmen (Merger & Acquisitions M&A) in den Industrieländern. Interessant ist, dass es von weltweitem Umfang der M&A mit 4,17

Mrd. Dollar 2007 im Ergebnis der Krise zu einem Fall auf 1,85 Mrd. Dollar 2009 kam. Die Blase war geplatzt. Im Jahr 1986 kam es auch zum Big Bang des Neoliberalismus an der Londoner Börse: Aufhebung der Trennung zwischen Eigenhändlern und Brokern, Freigabe der Provisionen im Wertpapiergeschäft, Einführung eines umfassenden Computersystems. Überall fielen Handelsrestriktionen, Devisenvorschriften und Finanzverkehrsklauseln. Wertpapierunterlegte Kreditbeziehungen ersetzten schnell zunehmend die traditionellen Bankkredite.

In den 80er Jahren spielte auch die Wunderwaffe Leverage (Hebelkraft) eine zunehmende Rolle. Dabei ging es um die Erhöhung der Eigenkapitalrendite durch zinsgünstige Kreditfinanzierung von ertragreichen Investitionen. Bei Kapitalgesellschaften besteht das Eigenkapital aus Grund- oder Stammkapital, Gewinn- und Kapitalrücklagen, Gewinnvortrag und ähnlichen Posten. Der Chef der Deutschen Bank *Ackermann* forderte für die Unternehmen eine Eigenkapitalrendite von 25 Prozent. Das war ein Appell an die gesamte Realwirtschaft, sich höher zu verschulden, denn die Eigenkapitalrendite r_E (z. B. 15 %) ist in der Leverage- oder Hebelformel bei gegebener positiver Differenz von Gesamtkapitalrendite des Unternehmens r_G (12 %) und Fremdkapitalzins i (9 %) linear abhängig von dem Verhältnis Fremdkapital FK (500 %) zu Eigenkapital EK(100 %). $r_E = r_G + (r_G - i)FK/EK$. Zu den Paradoxien der Renditerechnung gehört also der Umstand, dass die Eigenkapitalrendite mit dem Verschuldungsgrad des Unternehmens wächst.

Renditen des Eigenkapitals von mehr als 15 Prozent bei Wachstumsraten der Produktion von 1 bis 2 Prozent sind hochriskant und führen daher regelmäßig zu einem hohen Abschreibungsbedarf, den man vorher nicht kalkulieren kann wegen der Undurchsichtigkeit der Kredittransaktionen. Das zeigte sich nach 2007, als die Deutsche Bank bei einem Eigenkapital von 38,5 Mrd. € Finanzanlagen von 1,5 Billionen € hatte. Außerdem wird das Eigenkapital höher besteuert als das Fremdkapital. Unternehmen wurden aufgekauft mit geborgtem Geld, darunter Trödelfinanzpapiere oder Schrottpapiere (Junk Bonds mit schlechter Bonität bzw. hohem Risiko), die durch die künftigen Profite des Unternehmens gedeckt werden sollten. Oft hat der feindliche Übernehmer das Unternehmen kannibalisiert, das heißt weniger profitable Teile verkauft. Es kam zu einer perversen neuen Dynamik in der amerikanischen Wirtschaft und einer Reihe von Unternehmenszusammenbrüchen im Ergebnis der sinkenden Preise. Kredite mussten in harten Dollars zurückgezahlt werden und gleichzeitig fielen die Preise der realen Hypotheken-Gegenwerte wie Farmland oder Ölreserven. Die Gewerkschaften mussten Massenentlassungen und Lohndumping hinnehmen. Der Durchschnittsbürger freute sich über das Ende der hohen Inflationsraten, aber er registrierte kaum den grundsätzlichen Umschwung in der Wirtschaft zugunsten des Finanzkapitals.

Defizitäre Haushaltspolitik und Hochzinsmethode

Die *Reagan*-Administration betrieb in dieser Zeit entgegen ihrer anfänglichen Verlautbarungen praktisch eine defizitäre Haushaltspolitik und die FED arbeitete mit hohen Zinssätzen. Sie steuerte damit gegen eventuell auftretende inflationäre Tendenzen. Ihre neue Stellgröße war der „reale Preis des Dollars" als Ergebnis der Differenz von Zinssatz und Inflationsrate. Die hohe reale Zinsrate zog massenhaft ausländisches Kapital an, mit dem das wachsende Haushaltsdefizit finanziert werden konnte. Der Rohölpreis betrug 1983 28,85 Dollar je Barrel, drei Dollar weniger als im Jahre zuvor und fiel weiter. In Brasilien lag er bei 50 bis 60 Dollar je Barrel. Die großen Autounternehmen gaben großzügig niedrige Zinssätze beim Autokauf auf Kredit. Verlierer des harten Dollars waren die amerikanischen Farmer und Gewinner die ausländischen Lieferer von Autos, Maschinen, Stahl, Computerchips usw. Amerikanische Exporteure waren ebenfalls Verlierer. Das Unternehmen *Caterpillar Tractor* verlor Absatzmärkte und musste Fabriken schließen. Andere Unternehmen begannen ihre Produktion ins Ausland zu verlagern. Es traf wieder vor allem die Arbeiterklasse.

Nach einem kurzen *Reagan*-Boom kam es zu einer Periode unbefriedigender Wachstumsraten und hoher Arbeitslosigkeit. Die FED nutzte ihre Mittel, um das Geld- und Finanzrisiko niedrig zu halten und das Risiko der Verluste von Produktion und Jobs hoch zu lassen. Das war die Botschaft der neuen Herrschaftsära des Finanzkapitals. *William Greider,* der alle diese Perioden fakten- und ideenreich analysiert, bringt keinerlei Daten über den eigentlichen kapitalistischen Mechanismus. Oft genug zeigt er, daß die Stellgrößen Zinsrate, Inflationsrate, Geldmenge bei ihrer Handhabung zu nicht beabsichtigten oder gegenwirkenden Ergebnissen führen. Man erfährt nichts über die nominale und reale Dynamik der kapitalbezogenen Profitrate, des Durchschnittslohns und der Kapitalvermögen. Er ist ein kritischer Ökonom und Journalist, aber nur innerhalb der grundsätzlichen Akzeptanz der kapitalistischen Strukturen und ohne das geheimgehaltene Eingemachte anzutasten. Eine seiner präzisen Feststellungen ist, dass das „harte Geld" im Grunde eine Illusion ist, eine statistischer Kunstgriff, der die harsche Realität verdeckt. Das sogenannte neutrale Geld ist nur eine ökonomische Abstraktion und es ist keineswegs neutral. Es gaukelt ein befriedigendes Gefühl sozialer Ordnung vor, während die wirtschaftliche Wirklichkeit in ständiger Unordnung ist.

1985 rutschte die US-Wirtschaft wieder in eine schwache Phase, während der Hartdollarmacher *Paul Volcker,* Chef der FED, die Geldmenge M1 um 8 % erhöhen wollte und sie tatsächlich um 11 % stieg, von 563 Mrd. Dollar auf 627 Mrd. Dollar. Die Geldumlaufrate ging schnell zurück. Die hochgelobte Monetarismus-Philosophie war praktisch am Ende. Das begriff auch *Volcker* und er gab es auf, in andere Richtung zu steuern. Die Chefs des Bundesschatzamts versuchten in Abstimmung mit der FED und führenden Industriestaaten, den Dollar auf den früheren Wert von 1981 zu reduzieren. Das funktionierte auch, aber gleichzeitig verschlimmerte sich wider Erwarten die Lage der Exportindustrien weiter und das Haushaltsdefizit wuchs 1986 auf 170 Mrd. Dolllar.

Ab Februar 1986 kam es unter den Bedingungen sinkender Ölpreise zu einem explosiven Boom an der Börse und auf dem Kreditmarkt. Die Preise und Zinssätze fielen, die Finanzpapiere erholten sich deutlich, die Finanzmärkte wurden immer profitabler. Wenige Wochen später war das Spiel zu Ende. Die Arbeitslosigkeit wuchs, Banken kamen in Schwierigkeiten, das Wachstum ging zurück auf 0,7 %, aber die Aktienwerte stiegen. Die Inflation war von den Farmern und Fabriken zur Wall Street gewandert. Von 1979 bis 1987 stand *Paul Volcker* an der Spitze der FED. Er konnte mit seinem Konzept der hohen Zinsraten nicht verhindern, dass es zu einem Prozeß der extremen Kreditschöpfung und exzessiven Verschuldung von kleinen Unternehmen, Farmen und der einfachen Konsumenten kam.

Volcker wurde zum Architekten des geldkapitalistischen Zeitenwechsels in der Geschichte des Kapitalismus. *Milton Friedman* und auch *John Maynard Keynes* waren die Paten. Ausgangspunkt ist die Ableitung des Wertes von Finanzpapieren aus oft dubiosen Projektionen der zu erwartenden Profite. Wenn alles gut läuft, warum soll man da nicht zukünftige Gewinne prognostizieren. Sobald es mit massenpsychologischer Verschärfung von leichten Wolken schließlich zum Zusammenbruch des Profitvertrauens kommt, verlieren die Schuldscheine ihren Wert und die Spekulationsblase platzt. Mit Inflations- und mit Deflationspolitik kann die Politik scheitern, so oder so. *Greiders* Annalen der US-Finanzen enden 1987, als nach der Leitzinserhöhung der Notenbank der Dow Jones am 16. Oktober 108 Punkte verlor und am Schwarzen Montag, den 19. Oktober kollabierte mit einem Tagesverlust von 508 Punkten auf 1738 Punkte. Es kam zu einem Kurskrach der Weltbörsen. Ab 1989 bis 2003 sank der japanische Nikkei-Index um 80,4 Prozent.

Der neue Chef der FED hieß *Alan Greenspan,* er reduzierte die nominale Zinsrate und pumpte Milliarden von Dollar ins kaputte Bankensystem. Auch in den neunziger Jahren wurde die neoliberale Wirtschaftspolitik unter dem Präsidenten *Bill Clinton* (1993-2000) fortgesetzt. Es kam in dieser Zeit zur Schuldenkrise in Mexiko 1994/95, zur Asienkrise 1997, zur russischen Schuldenkrise 1998 und zur Brasilianischen Schuldenkrise 1999. In Zeiten eines Booms wurde 1996 in den USA das TANF-Gesetz (Temporary Assistance for Needed Families) erlassen als Ersatz des Hilfsprogramms für arme Familien mit abhängigen Kindern von 1935, eine amerikanische Variante von Hartz IV. Der warme Profitregen des Booms kam den Vermögenden zugute.

Geldkapital und Anatomie der Macht

Die Deregulierung in der Ära seit *Reagan, Margret Thatcher* und später *Anthony Blair* betrifft nur die Aktivitäten der Verantwortlichkeit des Staates durch Abbau von sozialen Regeln und Rechten, nicht seine Machtfunktionen, die seit Jahrtausenden von den jeweils herrschenden Gesellschaftsklassen dominiert werden. Diese Funktionen werden im Gegensatz zur sozialen Deregulierung als Quellen von Superprofiten weiter ausgebaut. Der Abbau des Sozialstaats erfolgt im Interesse der Geldvermögensbesitzer und ihrer Institutionen, der Finanzdienstleister. Auch die Regulierungen der Europäischen Union mit den Maastricht-Konvergenzkriterien des Stabilitäts- und Wachstumpaktes von 1997 nehmen keine Rücksicht auf die sozialen Folgewirkungen. Sie sind Ergebnis eines Missverständnisses: Man nimmt an, dass ein Rückgang der öffentlichen Nachfrage durch Verzicht auf deficit spending eine Ausweitung der privaten Nachfrage nach sich zieht. Das ist Ergebnis der neoliberalen Wende.

Mit der Deregulierung von *R. Reagan* bis *G. W. Bush* entstand in den USA die historische Staatsform, die *James Galbraith* in seinem neuen Buch Predator State (lat. praedator – Plünderer, Räuber) nennt. Er zeigt, dass die Finanzoligarchie in den USA (Banken und Wall Street) zunächst die gesamte Wirtschaft und nun auch den Staat beherrscht haben. So war unter der Bush-Regierung das Finanzressort von Goldman Sachs unterwandert. Schon *John Kenneth Galbraith* hatte in seinem Buch „Der große Krach 1929" am Beispiel der Mutter der Krisen gezeigt, dass finanzielle Macht und wirtschaftspolitischer Scharfblick in umgekehrtem Verhältnis zueinander stehen und in seinem Werk von 1987 „The Anatomy of Power" die Formen, Quellen und Methoden der Macht hervorragend analysiert. Mit dem Predator State ist der Staat gemeint, der die Ausbeutung der Steuerzahler bzw. der Mehrheit des Volkes durch die internationale Finanzaristokratie organisiert. Genau dieser Staat ist nun in der Krise ebenso wie seine Finanzoligarchie. Der Kapitalismus ist ein System, das die persönliche Freiheit bemittelter Bürger mit unpersönlicher, existentieller Abhängigkeit der Mehrheit verbindet. Wer sozial wirtschaften will, muss die Machtverhältnisse ändern. Markt schließt Gewalt ein. Die Reichen verjagen die Armen nicht mehr mit Waffengewalt, sondern mit Bodenpreisen und Hypothekenzinsen. Die ökonomische Gewalt ist weitgehend anonym. Hinzukommt, dass es den Neoliberalen gelang, ihre beliebte Spielart von Asozialismus als Individualismus und Freiheit zu verkaufen.

Das Geldkapital wird von altersher als eine der erstrangigen Quellen der Macht bezeichnet. Machtausübung hat mit den drei grundlegenden Eigenschaften des Menschen zu tun. Der Mensch ist ein biopsychosoziales Wesen. Er ist mit seiner Physis und seinem Verhalten tief in seiner animalischen Abstammung verankert, seine Psyche reicht bis in das seit Tausenden von Generationen gespeicherte Unterbewusstsein und sein soziales Wesen ist geprägt durch das autoritative gesellschaftliche Über-Ich. Die Geldmacht wird realisiert in kompensatorischer Form über Stimmenkauf, Lobbies und Korruption, in routinierter Form über Einbindung in Abläufe von Institutionen und Gewohnheiten der Kommunikation, in konditionierter Form über ideologische Beeinflussung mit Hilfe der Medien, Indoktrinierung und Desinformation sowie in repressiver Form über Existenzbedrohung und Geheimhaltung. Sekretieren ist eine der wichtigsten Methoden jedes Machtsystems und besonders der Welt der Hochfinanz. Es ist ein Erkennungszeichen des monetär kaschierten

Totalitarismus und der illegalen Geldwäsche. Heute beherrschen die Oligarchen des Spe-kulationskapitals die Welt. Sie haben eine Macht, wie sie in der Geschichte der Menschheit kaum ein König, Kaiser oder Papst hatte.

Wenn man weiß, wieviel Methoden und Schliche der halblegalen und illegalen Bilanz-frisur und damit Steuermanipulation es in allen Unternehmen und Banken gibt, braucht man sich über das stringente Festhalten am Verheimlichen nicht wundern. Der Betrug ge-lingt dort am besten, wo die scheinbar eindeutige Zahlenwelt Solidität vorgaukelt. Zur Gewaltenteilung im demokratischen Machtsystem zwischen Kongress, Regierung und Ver-fassungsgericht äußerte *James Madison,* Präsident der USA 1809-1817, dass sie vor allem dabei nützt, die Minderheit der Wohlhabenden gegen die Mehrheit zu schützen. Heute kommen als vierte Gewalt die Medien hinzu, die mehrheitlich im Besitz der Wohlhaben-den sind. Die Bewusstseinindustrie des Kapitalismus besorgt, wie *Rudolf Bahro* feststellte, die Einebnung der Kultur auf die niedrigste Ebene zur Entpolitisierung und Vermeidung kritischen Denkens. „Wenn das Denken zerfällt, zerfallen die Ordnungen" sagte schon *Konfuzius* (Gespräche S. 100).

Der Drang des Kapitals zur Weltherrschaft basiert auf dem Gesetz des Konkurrenz-kampfes um Maximalprofit. Zu den Instrumenten gehören Kürzung der Sozialausgaben, Deregulierung, Privatisierung, Demokratieabbau durch Lobbies, Korruption, Parteienfilz und despotische Überstaatlichkeit mit elitären Gruppierungen. Die Machtrelation zwischen Großkapital und Regierung ist ausschlaggebend für den Ausgang der Wirtschaftskrisen und vor allem der großen Regulierungskrisen mit ihren Folgen für die arbeitenden Men-schen. Das Großkapital kann einen Regierungsvertreter manchmal wie einen Bären am Nasenring durch die wirtschaftspolitische Arena führen. So erging es der deutschen Bun-deskanzlerin, die Anfang November 2009 vor beiden Kammern des amerikanischen Par-laments auftreten durfte. Am gleichen Tag aber entschied der Verwaltungsrat von General Motors, den in Aussicht gestellten milliardenschweren Verkauf von Opel an den österrei-chisch-kanadischen Investor und Zulieferer Magna und die russische Sberbank abzulehnen, der monatelang die Vorzugsentscheidung der Kanzlerin und ihrer Regierung sowie der gesamten Belegschaft der Opelwerke war. Da konnte auch die Konsultation von Präsident *Obama* nichts mehr ändern. Die Drohung von Betriebsschließungen war wieder auf dem Tisch. Die Aktion zeigt deutlich genug, wo der Hammer hängt und wieviel sich das große Geld um die Demokratie schert.

Die Schweizer Banken waren Anfang 2009 alarmiert durch den Druck des US-Senats und der US-Steuerbehörde auf die Großbank UBS und die Finanzmarktaufsicht der Schweiz, offenbar verdächtige amerikanische Kunden zur Deklaration zu verpflichten. Es ging um das Allerheiligste der Geldgroßmacht, das Bankgeheimnis. Die gesamten Geldan-lagen in der Schweiz werden auf 4 Bill. sfr beziffert, 60 Prozent gehören ausländischen Anlegern. Im Februar 2009 hat dann die Finanzmarktaufsicht der Schweiz gewissermaßen zähneknirschend die Kontodaten von 300 US-Bürgern an die US-Behörden weitergeleitet. Die Schweizer Regierung wollte offenbar vermeiden, auf die schwarze Liste für Steueroa-sen zu kommen, die von den G-20-Staaten angeblich beschlossen werden sollte. Außerdem musste die UBS an die USA 780 Mio. $ Strafe bezahlen.

Wehe, wenn sie losgelassen, wachsend ohne Widerstand ...

In den neunziger Jahren kam es mit dem Zusammenbruch der Sowjetunion und dem Übergang zur Marktwirtschaft in den osteuropäischen Planwirtschaften zur weltweiten forcierten Anwendung des marktradikalen Wirtschaftskonzepts und einer entsprechenden Schocktherapie in Russland mit verheerenden Folgen. Marktwirtschaft war damals besonders en vogue bei den einheimischen Ökonomen der Transformationsländer, die schon bald die Segnungen des Marktfundamentalismus der westlichen Berater erfahren mussten. Den größten Erfolg nachhaltiger Ruinierung einer großen Volkswirtschaft in Russland hatte die sofortige Freigabe der Preise, während einige der wichtigsten Preise für Bodenschätze niedrig gehalten wurden. Der Rubel wurde schlagartig konvertibilisiert. Wer Erdöl nun zum niedrigen Rubelpreis aufkaufen und im Westen für Dollars verkaufen konnte wurde in kurzer Frist milliardenschwerer Oligarch. Erfüllungsgehilfen dieser Wirtschaftspolitik der damaligen G-7- Länder mit Einverständnis von OECD und EU, die sich 1990 auch Washington Consensus nannte, waren die Weltbank und der Internationale Währungsfonds IWF, wie der Nobelpreisträger Wirtschaftswissenschaften 2001 *Joseph Stiglitz* feststellte. Er war selbst eine zeitlang Insider als Chefökonom der Weltbank, konnte aber den politisch fixierten Kurs dieser großen Institutionen als solcher nicht bestimmen. Der Washington Consensus geht zurück auf ein background paper für die Bush-Regierung Ende 1989. Es entwickelte einen neoliberalen Paradigmenwechsel im Sinne *Milton Friedmans* für freie Marktwirtschaft und die „unsichtbare Hand" des Preismechanismus und der Konkurrenz. Dazu gehören Fiskaldisziplin, Umorientierung der öffentlichen Haushalte, Steuerreform, Deregulierung, Abbau staatlicher Einflussnahme, restriktive Kreditpolitik und Liberalisierung der Zinsraten, kompetitiver Wechselkurs, enge Korrelation zwischen Geldmenge und Geldwert, Privatisierung, freier Außenhandel und internationaler Kapitalverkehr, Ausbau von Eigentumsrechten im Informatiksektor.. In den folgenden Jahren nahmen transnationale Konzerne, Großbanken und Investmentfirmen den Staaten vielfach das Regieren aus der Hand und führten ihre eigenen Spielregeln ein.

Der schnelle Absturz der ostdeutschen Industrie im Umfang von über zwei Drittel ihres Potenzials in den Jahren 1990/92 war spektakulärer und nachhaltiger als der Abschwung in Russland und allen anderen osteuropäischen Ländern. Er wurde zusammen mit der plötzlichen, in keiner abgefederten Weise eingeführten DM, die damals 4,40 Mark der DDR entsprach, auch gegen den Rat des Bundesbankpräsidenten vom Bundeskanzler *Helmut Kohl* ausgelöst. Eine solche Rosskur hätte auch die Schweiz nicht ausgehalten, wurde damals bitter gewitzelt. Vor allem wurde der Zusammenbruch organisiert von einer Institution mit dem euphemistischen Namen Treuhandanstalt und 3000 Mitarbeitern, die direkt dem Staatssekretär *Horst Köhler* beim Finanzministerium unterstand, dem späteren Generaldirektor des IWF von 2000 bis 2004 und Bundespräsidenten von 2005 bis 2010. Die volkseigenen Betriebe wurden privatisiert, wobei die westdeutschen Käufer die Betriebe meist für eine symbolische DM bekamen und obendrein Verlustausgleiche und Fördergelder einstrichen. Auch Industriebetriebe mit sehr guten Exportleistungen wie Werkzeugmaschinenbau Marzahn wurden von der westdeutschen Konkurrenz systematisch zugrunde gerichtet. „Jeder bekam, was er wollte" sagte *Hans Richter,* bis Ende 1992 Leiter der Rechtsabteilung der Treuhand. Von 1991 bis 1993 wurden 30 266 volkseigene Betriebe „veräußert". Im Ergebnis der Privatisierungen entfiel die Hälfte der Arbeitsplätze, mehr als vier Millionen, nur noch 1,3 Millionen blieben zunächst erhalten. Die Arbeitslosenquote ist in Ostdeutschland mit 16,5 Prozent heute noch am größten. 2,23 Millionen Menschen wanderten seit 1990 aus ihrer Heimat ab. In den alten Bundesländern stieg im Ergebnis dieser Generalenteignung die Zahl der Millionäre von 1990 bis 1992 um 40 Prozent. Der Zusammenbruch des europäischen Staatssozialismus wurde zu einem Triumph des Neoliberalismus auf allen wirtschaftlichen Feldern und im globalen Maßstab.

Das marktradikale Programm des IWF

Es wurde ein breites Portefeuille von Maßnahmen entwickelt, dessen Realisierung die Bedingungen für die Megakrise des beginnenden 21. Jahrhunderts schuf. Die erste Gruppe von Maßnahmen betrifft die Kapitalmarktliberalisierung, die nach einer Untersuchung von 100 Wirtschaftskrisen seit 1975 in verschiedenen Ländern durch *Stiglitz* der wichtigste Auslösefaktor war. Sie führte zu Wellen der Spekulation, zur Abschottung des Bankensystems von der politischen Einflussnahme und zur Kapitalflucht, die vor allem die Entwicklungsländer schwer traf. Die Milliarden Dollar des Internationalen Währungsfond IWF, mit denen Staaten unterstützt wurden, machten dort die Spekulation rentabel. Ein Teil der Spekulanten verlor, andere machten Gewinne, insgesamt aber strichen sie eine Summe ein, die dem entsprach, was der betreffende Staat verlor. Wenn der Staat Banken mit faulen Krediten aus der Affaire hilft, ist das wie eine Gratisversicherung, die den Anreiz zu solidem Geschäftsverhalten verringert. Auch in der Krise wird die neoliberale Politik weitergeführt, so heißt es im Lissabonner Vertrag: Artikel 56 verbietet „alle Beschränkungen des Kapitalverkehrs zwischen den Mitgliedsstaaten und dritten Ländern."

Zur Kapitalmarktliberalisierung gehört die Aufblähung des Kreditwesens durch immer neue sogenannte Finanzinnovationen und immer neue Finanzakteure oder Finanzinvestoren. Bei *Marx* liest man dazu, dass sich das zinstragende Kapital vervielfacht „durch die verschiedne Weise, worin dasselbe Kapital oder auch nur dieselbe Schuldforderung in verschiednen Händen unter verschiednen Formen erscheint. Der größte Teil dieses >Geldkapitals< ist rein fiktiv." (Bd. III, S. 514) Seit 1990 sind die globalen Kapitalflüsse bis 2006 um 14,2 Prozent p. a., das Weltfinanzvermögen um 8,9 Prozent p. a. und das nominale BIP um 5,2 Prozent p. a. gestiegen. Das Kredit- und Schuldensystem wurde in forciertem Tempo auf alle Bereiche der Gesellschaft bis zu den privaten Haushalten und den Kindern ausgedehnt. Die Kreditkarte wurde 1950 in den USA mit Diners Club eingeführt. Für die Haltung einer Kreditkarte muss man in den USA jährlich mehr als 1000 $ Zinsen und Gebühren bezahlen. Acht von zehn Amerikanern besitzen mindestens eine Kreditkarte. Viele Bürger besitzen mehrere Kreditkarten verschiedener Anbieter. Sie haben eine hohe Verschuldungsbereitschaft. Im Durchschnitt hat jeder Haushalt 11 000 Dollar Kreditkartenschulden. Die Zinsen, die von den Kreditkartenfirmen verlangt werden, liegen bei sechs bis 29,99 Prozent. Der jährliche US-Konsumentenkredit mit Karten hat ein Volumen von 10 Billionen $, die Gesamtverschuldung der US-Haushalte soll bei 956 Mrd. $ liegen. Nach der „Wealth creation theory" des Neoliberalismus hat die Wirtschaftspolitik die Aufgabe, den Marktwert von Vermögenstiteln ständig zu erhöhen und auch mental eine Eigentümergesellschaft zu schaffen.

Die zweite Gruppe von Maßnahmen bezieht sich auf die restriktive Geldpolitik, die Sparprogramme, die der IWF Entwicklungsländern auferlegte. Sie führte in den lateinamerikanischen Ländern schon in den achtziger Jahren zu hoher Arbeitslosigkeit und zu sozialen Unruhen. Auch die Empfehlung billigen Geldes durch gleichzeitig hohe Zins- und Inflationsraten erwies sich als kontraproduktiv. Eine dritte Gruppe ist die Handelspolitik. Die rasche Außenhandelsliberalisierung führte oft zu unsozialen Folgen. Der Ausbeutung der Entwicklungsländer wurde kein Riegel vorgeschoben. Kurz nach der Unabhängigkeit im Jahre 1996 zahlte das südafrikanische Diamantenkartell dem Staat Botswana 20 Millionen Dollar für Schürfrechte, die ihm pro Jahr 60 Millionen Dollar Gewinn einbrachten. Als vierte Gruppe erscheint die Privatisierung, die Umwandlung staatlicher oder kommunaler Unternehmen in Privateigentum sowie verschiedene Formen der Enteignung kleiner Real- und Geldvermögen. Wenn man dort privatisiert, wo es keine funktionierende Wettbewerbsordnung gibt, führt das zu Monopolen. Private Unternehmen nehmen keine Rücksicht auf soziale Kosten der Erwerbslosigkeit. In Russland wurden Milliarden Rubel privat angeeignet. Für Unternehmungsprivatisierung wurden Anteilscheine an Belegschaftsangehörige ausgegeben, die im Druck der plötzlichen Inflation kaum Geld hatten und diese Anteile wurden schnell von korrupten Spitzenkräften des alten Regimes erworben, die dann die Unternehmen aufkauften. Das ist das gleiche Muster, nach dem fast vier Jahrhunderte vorher der große Ökonom *William Petty* (1623-1687) superreich wurde, der als Generalarzt der englischen Eroberungsarmee in Irland die Bodenscheine der Soldaten und Offiziere aufkaufte, die diese als Sold erhalten hatten.

In Russland waren die Folgen der Marktöffnung nach den Empfehlungen der amerikanischen Berater katastrophal. Im Zeitraum von 1990 bis 1999 sank die Industrieproduktion um 60 Prozent und das Bruttoinlandsprodukt um 54 Prozent. Es entstanden eine mächtige Klasse von Oligarchen und viele Geschäftsbanken. Der IWF hatte Russland einen Kredit gewährt, der dem Land erlaubte, seine Oligarchen mit Dollars zu versorgen, die sie außer Landes schafften. Die Armut der russischen Bevölkerung wuchs von unter 2 Prozent 1989 auf 23,8 Prozent 1998 bei einer Armutsdefinition von 2 Dollar Einkommen pro Tag. Die Ungleichheit der Einkommen, gemessen mit dem Gini-Koeffizienten, war in Russland 1998 doppelt so hoch wie in Japan und 50 Prozent höher als in Großbritannien. Das Land war fast ein Jahrhundert nach der Oktoberrevolution ausgeplündert worden.

Propheten des Marktgleichgewichts und monetaristischen Aberglaubens
Eine letzte vielleicht wirksamste Gruppe von Maßnahmen bezieht sich auf das, was man als Wirtschaftsideologie oder Gesamtheit der neoliberalen oder neoklassischen Glaubensartikel bezeichnen kann. Privatisieren, liberalisieren, deregulieren, Arbeitsmarkt flexibilisieren ist die Botschaft der Chicago School of Economics, deren Begründer *Friedman, Hayek, Stigler, Solow* und andere alle den Nobelpreis erhielten. Zugunsten der Wirtschaftsmathematik wurde auf die kritische sozialökonomische Vernunft verzichtet. Die Mathematik als Königin der Wissenschaften garantiert den Ritterschlag des Nobelpreises besser als die kritische qualitative Vernunft. Es ist Predigen des braven Gottvertrauens in die unsichtbare Hand des Marktes, die sowieso alles richtet oder in die soziale Wunderwirkung des Wirtschaftswachstums per se. In Wirklichkeit ist das Gleichgewicht in der Marktwirtschaft selbst ein Zufall und die Störungen verschiedener Art und Größenordnung sind „naturwüchsige" Normalität. Aber die neoliberalen Konjunkturforscher verwenden ökonomisch-mathematische Modelle für ihre Vorhersagen, nach denen die Märkte bei kleinen zyklischen Schwankungen stets dem Gleichgewicht zustreben. Der Markt wird wie ein unabänderliches Naturphänomen betrachtet. Die Naturalisierung historischspezifischer Gesellschaftsformen führt dazu, Marktzusammenhänge mit mechanischmathematischen Modellen zu erfassen. Die Theorie vom Pareto-Gleichgewicht, also einem vollständigen Konkurrenzgleichgewicht, nach *Vilfredo Pareto* (1848-1923), wurde von *Kenneth Boulding* (geb. 1910) als das Märchen vom Schneewittchen mit den sieben Marginalbedingungen bezeichnet. In den Modellen des Konjunkturzyklus kommen große, außergewöhnliche Krisen nicht vor. Entsprechend ungeeignet sind dann die Ergebnisse im Vergleich zur Wirklichkeit. Der Markt wird ferner von ihnen als das effizienteste Mittel der Allokation von Ressourcen betrachtet, was heute allein schon wegen der wachsenden Umweltprobleme nicht stimmt. Der Finanzmarkt produziert platzende Spekulationsblasen, gefolgt von Kapitaldestruktion, Arbeitsplatzvernichtung und Kapitalisierung der Verluste. Zu den partiellen Ereignisse der Finanzmarktkrise gehören Bankrotte von Investoren, Bankencrashs, Insolvenzen von Versicherungen, Börseneinbrüche, extreme Preisfluktuationen auf den Valutametallmärkten, starke Währungsabwertungen, sprunghafte Erhöhung der leitzinsen, Zahlungsunfähigkeit von staatlichen Haushalten. Es gibt keine perfekten Finanzmärkte.

Der europäische Freiheitsapostel des Individualismus *Friedrich August von Hayek* (1899-1992) lehnte staatliche Tätigkeiten wie Sozialversicherung, Bildungswesen, Kartellamt etc. als administrativen Despotismus ab, weil sie die Entscheidungsfreiheit des Menschen beeinträchtigen. Die tatsächlichen Zwänge der Wirtschaft wie Monopolmärkte,

Preismanipulation zum Schaden der Verbraucher, Lohnwillkür und andere umging er dabei tunlichst. In seiner Jugend folgte er noch begeistert den planwirtschaftlichen Vorstellungen von *Walter Rathenau* (1867-1922). Später konvertierte er zur staatskritischen Wirtschaftsphilosophie des *Ludwig von Mises* (1881-1973). In seinem Werk „Die überschätzte Vernunft" pries *Hayek* die Religion als entscheidend für die menschliche Evolution, weil ihre Selektion nicht durch rationale Argumente erfolge, sondern durch Glaube und Umweltanpassung. Zur unsichtbaren Hand des Marktes, die angeblich eine optimale Ressourcen-Allokation garantiert, meinte *Keynes,* dass diese Doktrin offenbar eine Denkvorlage lieferte, die den Interessen vieler Wirtschaftsakteure diente. In der Realität wird sie im Krisenzyklus deutlich genug widerlegt, während führende deutsche Verantwortungsträger unbeeindruckt Hayeks Ideen als hochaktuell bezeichnen.

Im Jahre 1993 haben *Myron Scholes* von der Stanford Uni und *Fischer Black* von Goldman Sachs eine mathematische Zauberformel (B-S-Formel) der Preisbestimmung von Finanzoptionen entwickelt. Dazu gehört der Kurs der Aktie S, der vereinbarte künftige Preis, zu dem die Option realisiert werden kann X, das Fälligkeitsdatum T, die risikofreie Rendite in der Gesamtwirtschaft r und als wichtigste Größe die Volatilität der Aktie, das heißt die wahrscheinlichen Kursschwankungen zwischen Kauf- und Fälligkeitsdatum σ. Ihre Grundannahmen waren, dass Aktienmärkte per se effizient sind und nicht im einzelnen vorhersehbar, während die Aktienrenditen der Glockenkurve der Normalverteilung folgen. Je mehr Marktteilnehmer mit der B-S-Formel arbeiten, desto effektiver werden die Finanzmärkte nach ihrer Meinung. *Keynes* dagegen hat einmal bemerkt, dass der Markt in der Krise länger irrational reagiert als man solvent bleiben kann. Im Juni 1994 hat *Scholes* mit *Robert Merton* von der Harvard Uni eine Firma für langfristige Kapitalverwaltung LTCM gegründet, die zunächst sehr erfolgreich mit der neuen Formel am Finanzmarkt operierte. Im Oktober 1997 erhielten beide den Nobelpreis für Wirtschaftswissenschaften für ihre wirtschaftsmathematische Superleistung. Aber fünf Monate später brach LTCM zunächst langsam und Ende August 1998 um 44 Prozent zusammen, was einem Gesamtverlust von 1,8 Mrd.$ entsprach. Enttäuscht und gedemütigt wandten sich die beiden Wirtschaftsmathematiker an den Intuitionisten *George Soros,* der ihnen auch nicht mehr helfen konnte. Dieser Großspekulant setzte auf Reflexivität der Erwartungen. Zum Marktgeschehen gehören die derzeitige Lage und die absehbare Entwicklung aufgrund der Gewinnerwartungen der Investoren. Aber im Verlauf des Marktgeschehens ändern sich die Präferenzen der Investoren und das wirkt sich rückkoppelnd wieder auf das Marktgeschehen aus. Vor allem hatte er die Fähigkeit, die wirtschaftlichen Folgen politischer Großereignisse und die Signale ökonomischer Grunddaten intuitiv richtig zu interpretieren wie der oben erwähnte Schweizer Bankier *Felix Somary* 1928 vor der großen Krise.

Marktfundamentalismus bedeutet, dass alles geschäftliche Handeln verkürzt wird auf die aktuelle Erzielung einer höchstmöglichen und schnellen Rendite. *George Soros* meinte, dass er eine wesentlich größere Bedrohung für die Gesellschaft als jede andere totalitäre Ideologie sei. Eine Trickle-Down-Theorie besagt, dass das wirtschaftliche Wachstum den Armen hilft, weil die Nutzeffekte dieses Wachstums schließlich zu den Armen durchsickern. Der Nobelpreisträger der Wirtschaftswissenschaften 1979 *Arthur Lewis* (Großbrittanien) behauptete, Ungleichheit sei gut für Entwicklung und Wirtschaftswachstum, da die Reichen mehr sparen als die Armen und Kapitalakkumulation der Schlüssel zum Wachstum ist. Ein weiterer Nobelpreisträger der Wirtschaftswissenschaften 1971 *Simon Kuznets* (USA) postulierte, dass sich die Ungleichheit zuerst erhöht, aber dann kehre sich der Trend automatisch um. Vielleicht sind dann die meisten Armen verhungert. Lt. UN lag das Einkommensverhältnis zwischen 20 Prozent der Weltbevölkerung auf der reichen Seite zu den 20 Prozent auf der armen Seite 1960 bei 30 zu 1, 1970 bei 32 zu 1, 1980 bei 45 zu 1 und 1990 bei 60 zu 1. Es wächst also beschleunigt mit dem Sieg des Neoliberalismus.

Bezeichnend ist, dass nun der Nobelpreis selbst ein Opfer der neoliberalen Konterrevolution geworden ist. Im Jahre 2004 entschloss sich die Nobelstiftung dazu, die Ordnungsregeln für die Geldanlagen auf Bereiche mit höheren Zinsen und damit höheren Risiken wie zum Beispiel Hedgefonds auszuweiten. Anfang Dezember 2008 wurde bekannt, dass in Zukunft wahrscheinlich nicht mehr gewährleistet ist, dass die vollen Preissummen ausbezahlt werden können. Der Finanzmarkt wurde seit den neunziger Jahren wie ein Spielcasino betrieben. Der Entscheidungshorizont der Finanzleute lag bei maximal einem Quartal. Es wurden möglichst komplizierte gutklingende „Finanzprodukte" ins Geschäft gebracht und Risiken an Leute verkauft, denen die notwendigen Informationen darüber fehlten. So kam es zum Eigentor der Nobelstiftung. Die schwedische Wissenschaftsakademie hat nun bei der Vergabe der Nobelpreise für Wirtschaftswisssenschaften offenbar ihre Schlüsse aus der Krise gezogen und 2008 den Neoliberalismus-Kritiker *Paul Krugman* und 2009 die zwei US-amerikanischen Vertreter der Institutionenökonomie *E. Williamson* und als erste Frau *Elinor Ostrom* ausgewählt. Die Institutionenökonomie, die sich nicht mit Gleichgewichtsmodellen des Marktes befasst, geht auf *Thorstein Veblen* zurück. In seinem Hauptwerk von 1899 „Theory of the Leisure Class" wandte er sich gegen die orthodoxe wissenschaftliche Rechtfertigung des Geldkults und des Sozialdarwinismus. Er zeigte, dass die Evolution gesellschaftlicher Strukturen ein historischer Selektionsprozess von Institutionen ist. Das hatte *Marx* bereits ausführlich in seinem Brief an *P. W. Annenkow* in Paris im Dezember 1846 (MEW 27, S. 453) entwickelt, er verwendet dort den Terminus Institutionen und an anderen Stellen auch „Rechts- und Willensverhältnisse". *Veblen* teilte jedoch nicht den Marxschen Optimismus über die zukünftige Befreiung der armen Bevölkerungsklassen und verwies auf den ungebremsten und nicht bremsbaren Bereicherungsprozess der reichen Klassen.

Nachholende bundesdeutsche Reaganomics

Die deutsche Variante der Wirtschaftspolitik von *Thatcher, Reagan* und *Blair* entstand unter dem Kanzler der sogenannten Neuen Mitte *G. Schröder* und der rot-grünen Koalition mit dem Schröder-Blair-Papier, der Agenda 2010, den Hartz I- bis IV-Verordnungen, Deregulierungen, Privatisierungen und der sogenannten Flexibilisierung des Arbeitsmarkts. Die herrschenden Kreise setzen ihre Wirtschaftspolitik auch zuweilen gern mit sozialdemokratischen Politikern durch, seitdem sich diese 1959 mit dem Godesberger Programm vom Sozialismus verabschiedet hatten. Das Schröder-Blair-Papier von 1999 war ein Programm für „wirtschaftsfreundlichere" (gemeint ist kapitalfreundlichere) Ausrichtung. Es wurde fast wörtlich von der FDP übernommen und als Antrag im Bundestag eingebracht. Eine der Maßnahmen war die völlige Steuerbefreiung für Entäußerungsgewinne von Kapitalbeteiligungen, um die Deutschland-AG besser für den Weltfinanzmarkt zu öffnen. Im Jahr 2002 kam ein Einbruch der deutschen Wirtschaft nach dem Platzen der Dot-Com-Blase und das Steigen der Zahl der registrierten Arbeitslosen auf über vier Millionen. Die Antwort der Schröderregierung war die Hartz-Reform, eine Nachahmung der amerikanischen Sozialhilfe, die 1988 umfrisiert wurde zur angeblich besseren Eingliederungshilfe in den Arbeitsmarkt.

Die Agenda 2010 verkündete im Jahre 2003 den Umbau des Sozialstaates, insbesondere gravierende Leistungskürzungen. Dazu gehörten die Ausweitung der befristeten Arbeitsverhältnisse und der Leiharbeit, die Verschärfung der Zumutbarkeitsregeln, die Aussetzung der jährlichen Rentenerhöhungen, Erhöhung der Gesundheitskosten und Entlastung hoher und höchster Einkommen. Der Anteil der Arbeitseinkommen am BIP stieg von 1960 mit 82,9 % bis 1980 auf 89,4 %, ein Kriterium für die soziale Marktwirtschaft. Nach Beginn der neoliberalen Politik fiel diese Messgröße bis zum Jahr 2000 auf 62, 2 % bei sinkenden Reallöhnen. Die Gewinnquote am Volkseinkommen stieg in der gleichen Zeit von 27,8 Prozent auf 35,4 Prozent. Die Gewinne aus Unternehmen und Vermögen wuchsen von

2000 bis 2008 um 60 % bzw. 245 Mrd. €, während die Arbeitnehmereinkommen um 11,5 % und das BIP um 26 % wuchsen. 2000 hat die rotgrüne Bundesregierung die Körperschaftssteuerreform durchgezogen und durch die Steuerfreiheit beim Verkauf von Kapitalgesellschaften den Spekulanten und Heuschrecken Tor und Tür geöffnet. Aus dem US-M&S-Desaster wurde nicht gelernt. Die deutsche Exportindustrie brummte, nicht zuletzt da der Euro auf dem Rekordtief von 0,86 $ stand. Die EZB musste den Leitzins um 0,25 % auf 4,25 % erhöhen, um den Euro zu stützen. Die großen Privatvermögen konnten ein Plus von einer Billion € registrieren, das sich aus den Steuergeschenken und dem verlangsamten Lohnwachstum speiste. 826 000 deutschen Millionären, darunter 83 Milliardären brachte es ein zusätzliches Nettoeinkommen von über 100 000 € pro Kopf. Die EZB verstärkte auch später weiter die soziale Ungleichheit. Bei höheren Löhnen und steigender Nachfrage sowie wachsenden Preisen bremst die EZB mit höheren Zinsen die Konjunktur. Wenn stattdessen im Überschwang der Spekulation die Preise für Immobilien, Aktien, Anleihen und Unternehmen steigen, lässt die EZB diesem Spiel seinen Lauf.

Ab 2003 förderte die Regierung Kreditverkäufe durch Steuervergünstigungen. Rot-Grün unter *Schröder* hat grünes Licht gegeben für die Liberalisierung der Finanzmärkte, Steuerfreiheit für Gewinne aus dem Verkauf von Industriebeteiligungen, Zulassung der verderblichen Hedgefonds und Steuerkulanz für Gewinne der Finanzinvestoren, die als Vermögensverwalter deklariert wurden. Kapitalbeteiligungsfonds wurden für breite Bevölkerungsschichten geöffnet. Die sozialen Sicherungssysteme wurden teilprivatisiert und den Interessen des Finanzkapitals ausgeliefert. Der Spitzensteuersatz wurde von 53 auf 42 Prozent abgesenkt, die Körperschaftsteuer von 40 auf 25 Prozent reduziert. Die Arbeitsverhältnisse wurden systematisch entriegelt durch das Beschäftigungsförderungsgesetz, das Leiharbeits-, Zeitarbeits- und Befristungsgesetz sowie durch Hartz IV. 2009 subventionierte der Staat die offiziell genehmigte Lohndrückerei der Arbeitgeber mit 10,9 Mrd. €. Nach einer neuen Studie des DIW besitzen nun im Ergebnis dieser Politik 1 Prozent der Bevölkerung 23 Prozent und 10 Prozent der Bevölkerung 61,1 Prozent des Vermögens. Eine Vermögenssteuer lehnt aber das Deutsche Institut für Wirtschaftsforschung DIW ab, weil man damit die sogenannten Leistungsträger treffe. Eine solche Betrachtungsweise ignoriert die Tatsache, dass die großen und sehr großen Geldvermögen gerade nicht leistungsabhängig mit den Zinsen wachsen, was schon *Adam Smith* wusste. Hinzu kommt, dass in der Wirklichkeit der arbeitsteiligen Wirtschaft und Gesellschaft das Leistungsergebnis Resultat kollektiver Anstrengungen ist.

Die Große Koalition beschloss im Jahre 2005, die Verbriefung (securitization) von Krediten zu handelbaren Wertpapieren auszubauen. In einer Verbriefungtransaktion überträgt der Verkäufer (Originator) bestimmte Vermögenspositionen an einen Käufer. Der Käufer refinanziert diesen Kauf durch Emission von Wertpapieren auf dem Kapitalmarkt. Anders ausgedrückt, die Bank verpackt illiquide Forderungen in ein Wertpapier, das am Markt verkauft wird. Es ist das Gegenteil des klassischen Bankgeschäfts, das heißt eine Storno-Buchung des Bankgeschäfts. Die Bank ist nur der Zwischenhändler zwischen dem Kreditnehmer (Liquiditätskäufer) und dem institutionellen Investor (Liquiditätsproduzent). Es beginnt ein Versteckspiel mit den Schulden fremder Leute, in dem sich am Ende keiner mehr auskennt. Verbriefung von Forderungen war ein sehr wirksamer Anreiz, das Kreditvolumen auszudehnen. Die Politiker spielten mit diesen neuen Instrumenten, deren Wesen sie nicht durchschauten oder nicht durchschauen wollten. Schon 2005 saßen die deutschen Banken auf fragwürdigen Krediten über 300 Mrd. € fest, was aber erst mit der Krise 2008 publik wurde. *Ackermann,* der Chef der Deutschen Bank nutzte die Gunst der Stunde und verkaufte Verbriefungen in Größenordnungen und spekulierte auf den Kursverfall. Viele seiner Transaktionen liefen über Schattenbanken in Irland und anderen Aufsichts-Oasen.

Bereits seit 1985 hatten die US-Banken ihr traditionelles Banken-Geschäftsmodell der Pflege von Kundeneinlagen und des Nutzens von Zinsdifferenzen verändert. Es war ein

Übergang von „originate to hold" (Agieren durch Halten von Wertpapieren) zu „originate to distribute" (Agieren durch Weiterverkäufe). Die FED hat 2008 den Anteil der traditionellen Anleihen am Kapital der zehn größten Banken nur noch mit 51 Prozent angegeben. Die US-Banken erreichten schon 2000 eine Gesamtrendite von 14 Prozent, während die Banken in der EU nur eine von 9 Prozent aufwiesen. Das neue Modell mit Derivaten und Verbriefungen wurde in Europa seit 1990 langsam, seit 2000 aber galoppierend übernommen. Am meisten blies die Deutsche Bank DB das Halali zur Jagd auf hohe Renditen. Sie wurde schon in den achtziger Jahren umorganisiert in eine Investmentbank angelsächsischen Typs mit angegliederter Privatkundenabteilung. Die DB hatte 1990 einen Anteil von 78 Prozent der Einkünfte aus dem traditionellen Geschäft, der bis 2000 auf 55 Prozent, bis 2008 aber auf 11 Prozent zurückging. Im Krisenjahr hatten die Derivate einen Anteil von 54 Prozent der Aktiva der DB und die Kundeneinlagen nur noch 18 Prozent erreicht. Die relativen Verluste betrugen 41 Prozent der Aktiva. Ähnliche Relationen gelten für andere europäische Großbanken.

Die Lobby der Konzerne im Bundestag setzte die Senkung der Steuern auf Gewinne und die Flexibilisierung des Arbeitsmarkts durch. Die höheren Gewinne wurden weniger in neue Jobs, bessere Energieeffizienz oder Rücklagen investiert, sie flossen in Beteiligungen und höhere Dividenden für die Aktionäre. Damit wurden die lukrativen Finanzmärkte kräftig bedient ohne ausreichenden Hinblick auf die möglichen Risiken. Bereits 1992 lag der Anteil der bloßen Vermögenseinkommen an den Unternehmenseinkommen in Deutschland bei 50 Prozent gegenüber 7 Prozent im Jahre 1960, das zeigt den geringeren Stellenwert der Realwirtschaft im finanzdominierten Kapitalismus. Staatseigentum wurde denunziert und abgewertet, man wundert sich über das kurze Gedächtnis der bundesdeutschen Politiker. In der unter *Ludwig Erhard* gestalteten Marktwirtschaft gab es staatliches Eigentum von Großunternehmen wie Volkswagen, Preussag, Veba oder Lufthansa, das dem Staat viele Vorteile bot.

Schwindelpapiere und neue Profitquellen

Die ersten Darlehensverkäufe gab es in den 1970er Jahren in den USA, um marode Kreditinstitute und Bausparkassen vor dem Ruin zu retten. Diese System wurde in den folgenden Jahren weiterentwickelt. In den USA betrug der Bestand an verbrieften Forderungen (ABS Asset backed securities) im Jahre 1980 100 Mrd. $ und im Jahre 2007 11 200 Mrd. $, das entspricht einem jährlichen Wachstum von 9,4 Prozent. 27,2 Prozent des Bestandes von 2007 sind Hypotheken ohne Sicherheitsgarantien. Im Dezember 1997 war in der US-Investmentbank *J. P. Morgan* die Verbriefung von Zahlungsausfällen erfunden worden, die sogenannten Bistro-Papiere (Broad Index Secured Trust Offering) aus der Bündelung von Credit Default Swaps CDS (Faulkreditaustauschpapiere). Ursprünglich waren es Versicherungen, dabei versichert sich ein Sicherungsnehmer bei einem Versicherungsgeber gegen den Zahlungsausfall eines Referenzschuldners. Sie wurden aber wegen der Möglichkeit des Weiterverkaufs zu gefährlichen Kreditausfall-Tauschgeschäften, die in den Bilanzen der Kreditgeber nicht mehr auftauchten. Der Tausch von Krediten gegen CDS blühte und schließlich auch der Tausch von CDS-Chargen gegen andere CDS-Chargen in galoppierendem Tempo. Die Ansprüche aus diesen Schwindelpapieren betrugen im Januar 2009 etwa 62 Billionen $ weltweit. Es entstand ein Perpetuum mobile der Geldvermehrung, das als Dominostein-Kette eines Tages zusammenpurzeln kann.

1999 wurde das Glas-Steagall-Gesetz des New Deal auf Betreiben des Finanzministers *Lawrence Summers* unter Präsident *Clinton* durch den Druck der Finanzlobby auf den Kongress aufgehoben. Damit konnten Geschäftsbanken und Sparkassen voll in den Derivatehandel einsteigen und Zweckgesellschaften (Special Purpose Vehicles SPV) oder Schattenbanken außerhalb ihrer Bilanzen und unbehelligt von der Finanzaufsicht gründen, in denen faule Papiere zwischengeparkt werden konnten. In der Immobilienkrise bündelten die Banken die Kredite von hochverzinslichen, mit Hypotheken auf Privatimmobilien besicherten Wertpapiere oder Residential Mortgage-Backed Securities RMBS. Die Phantasie der Finanzakrobaten ist kaum zu überbieten. Vielleicht wurde sie durch die vergleichbare Outsourcing-Manie der Realwirtschaft angeregt oder vice versa.

In den Jahrzehnten von den 20er bis zu den 70er Jahren war die staatssozialistische Welt ein Gegenmittel gegen den Sozialabbau in den westlichen Ländern. Zu den Bedingungen der neoliberalen Offensive der letzten Jahrzehnte gehört die deutliche Verschiebung des wirtschaftspolitischen Kräfteverhältnisses zwischen Kapital und Arbeit in vielen Ländern zugunsten des Ersteren, die weltweit durch die Schwächen und folgende Kapitulation des europäischen Staatssozialismus verstärkt wurde. Das ermöglichte eine niedagewesene hyperbolische Kurve des Weltkapitalismus nach oben mit einer neuen großen Palette von Methoden der arbeitsprozessbezogenen Mehrwertauspressung und einem stets wachsenden Arsenal von neuen und verbesserten finanz- und wirtschaftsorganisatorischen oder institutionellen Profitquellen. Die verstärkte kapitalistische Mehrwertaneignung wird teilweise begünstigt durch die passive Haltung der im Ergebnis höherer Arbeitslosigkeit eingeschüchterten Beschäftigten. Ihre verschiedenen Formen sind Lohnsenkungen, Verlängerung der Arbeitszeiten, prekäre Arbeitsverhältnisse, Arbeitsplatzabbau plus Mehrbelastung der verbleibenden Arbeitskräfte, verschärftes Zeitregime, Verhinderungen oder Behinderungen von Interessenvertretung der Beschäftigten, Zeitarbeitsverhältnisse, Abbau sozialer Sicherheitsstandards, Druck auf den Arbeitsmarkt durch dessen Internationalisierung u. a. m. Hinzukommt die Selbstbescheidung der Gewerkschaften auf Lohn- und Arbeitsrecht, ihr Verzicht auf verstärkte politische Einflussnahme und stärkere Internationalisierung.

Die neuen oder verbesserten wirtschaftsorganisatorischen Profitquellen sind das Shareholder-Value-Prinzip des Managements, die nicht börsennotierten Private Equity Firmen für den Handel mit und das Ausschlachten von Unternehmen, Fusionen, Übernahmen, Investitionen und Auslagerung in andere Länder, Bevorzugung der profitabelsten Branchen wie Waffenproduktion und Waffenexport sowie militärischen Interventionismus, Ausbeutung billiger Rohstoffquellen in den Entwicklungsländern, unfaire Handelskonditionen, Privatisierungsprojekte öffentlicher Einrichtungen etc. Das waren die neuen Erwirtschaftungsmaßstäbe, die schließlich in die Krise führten. In den 80er Jahren wurden in den USA die Corporate Raider (Firmenplünderer) wie *Ivan Boesky* und *Jerome Kohlberg* superreich. Eine ähnliche Welle lief ab 1991 in Ostdeutschland, vermittelt durch die Treuhand. Zu den neuen und verbesserten finanzorganisatorischen Profitquellen gehören eine Vielzahl von sogenannten Finanzinnovationen, neue Arten der Spekulation, Mischung von fiktiven Finanzwerten wie Derivate oder Hedgefonds mit Wertpapieren realwirtschaftlichen Hintergrunds, massenhafte Verbriefung verschiedenfachster Zahlungsverpflichtungen oder Zahlungsversprechen mit immer neuen Konditionen, Einflussnahme auf politische Rahmenbedingungen über Lobbyisten u. a. m.

Das fiktive Finanzkapital der Derivate etc. bringt ebenso fiktive Profite, die drei Eigenschaften besitzen. Erstens können sie mit relativ geringen Kosten auf rationelle Weise durch spekulativen Handel mit Wertpapieren erlangt werden. Daher auch das Tempo ihres Zuwachses. Zweitens ist ihr Zusammenhang mit der Welt der realen Wertschöpfung gering oder gleich Null. Das rasante Wachstum der fiktiven Wertpapiere hat einen parasitären Charakter, der aber völlig systemkonform zur Sachlogik des maßlosen Kapitals ist. Drittens führt die Blasenbildung schließlich zu dem Punkt, wo der Marktwert der Papiere zusammenfällt und sie vom Investor nicht in realwirtschaftliche Anlagen verwandelt werden können. Mit dieser Kapitalvernichtung ist der Rubikon zur Krise überschritten und objektiv bestätigt, dass es keinen realen Profit ohne reale Wertschöpfung gibt. Das signalisieren die volkswirtschaftlichen Messgrößen mit der realen Wertschöpfung. Wenn zum Beispiel das Wachstum des Bruttosozialprodukts BSP zurückgeht, entsteht eine strukturelle Überakkumulation und die Verwertung des überschüssigen Kapitals wird immer schwieriger.

Bei der Analyse der Dynamik der Profite muss man einen weiteren Zusammenhang beachten, der *Marx* vertraut war. (MEW 25, S. 233). Im Ergebnis des schnellen Kapitalwachstums bei relativer Abnahme des variablen Kapitals (Lohnsumme) und tendenziell sinkender Profitrate durch Überakkumulation ergibt sich dennoch eine absolute Zunahme des Profits und des variablen Kapitals. Wenn die Wachstumsrate des Kapitals größer ist als der Absolutwert der negativen Wachstumsrate der Profitrate, wird die Masse des Profits steigen. Das ist eine Beziehung, die in der Periode der neoliberalen Offensive, der Deregulierung und des Neuen Marktes aktiv genutzt wurde zum Aufbau gewaltiger Fremdkapitalressourcen, die sich schließlich als Kartenhäuser erwiesen und mit ihrem Zusammenfall die Krise einläuteten.

Die neue Lange Welle und der neoliberale Dammbruch
Anfang der 90er Jahre entfaltete sich die neue Lange Welle der Informations- und Kommunikationstechnologie ICT, deren Geburtsstunde der erste Mikroprozessor der 70er Jahre war. Die Basisinnovationen einer solchen Umwälzung verändern mit ihrer Vernetzung das technologische System der Produktion und führen zu einem deutlichen Wachstumsschub für die Wirtschaft. Sie erfordern und ermöglichen eine weitreichende Erneuerung der institutionellen Verfasstheit einer Gesellschaft, die Umwälzung ihres Wertespektrums und die Gabelung ihres Entwicklungspfads. Es ist aber offen, in welche soziale Richtung der neue Zug letztlich abfährt. In der fünften technologisch-ökonomischen Revolution seit dem 19. Jahrhundert wuchs das Volumen der ICT-Industrie von 1990 bis zum Ende des Jahrhunderts weltweit um 8,9 Prozent p. a. und damit setzte sie sich an die Spitze aller Industriezweige und des Zuwachses des Welt-Bruttoinlandsprodukts. Ihre technologische Vernetzung umfasste Mikroelektronik, Informationsverarbeitung, Software, Kommunikationstechnik, Unterhaltungselektronik, flexible Automatisierung, Mess-, Steuer- und Regeltechnik, Militärtechnik, Sicherheitstechnik und Medizintechnik. Für die sozialökonomische Verfasstheit der Gesellschaft ergaben sich ebenfalls Herausforderungen, denen das europäische planbürokratische System nicht gewachsen war. Dessen Zusammenbruch wurde zum weltweiten Dammbruch des kapitalistischen Wohlfahrtsstaats-Konzepts zugunsten der Flutwelle des Neoliberalismus in sieben Richtungen.

Erstens die Intensivierung und Beschleunigung des Systems der weltweiten Finanztransaktionen als Grundlage für die einzigartige Ausdehnung des Finanzkapitals im gleichen oder höheren Tempo als die ICT-Industrie. Zweitens die Entfaltung des globalen Standortwettbewerbs auf Kosten sozialer Einschnitte insbesondere der Beschäftigung. Drittens massenhafter Personalabbau, wachsende Arbeitsintenstät, prekäre Arbeitsverhältnisse, Gesundheitsfolgen von Umweltschäden und daraus sich ergebende steigende Profitraten und Belastung der öffentlichen Haushalte und der Sozialsysteme. Viertens der Übergang zur ultimativen monetären Logik in allen Gesellschaftsfragen und der frontale Angriff auf die weltweit noch vorhandenen Reste der Subsistenzwirtschaft unter der Losung der „Valorisierung". Fünftens niedrigstes oder Null-Wachstum der Ressourcenproduktivität und damit stetig steigende Umweltbelastung durch enormes Wachstum der Abschreibungssummen in der Industrie und dadurch der Erhöhung der Gewinne nach Steuern. Sechstens die nachweisbare Beschädigung der kulturellen Grundwerte und Konventionen des menschlichen Zusammenlebens (Vertrauen, Toleranz, Hilfsbereitschaft, Friedfertigkeit, Mäßigung, Kollektivität und Kooperativität, Einsatzbereitschaft, Kompetenz). Der entropische Sektor der Gesellschaft, die Kosten für Kriminalität, Mord, Droge, Korruption, Militärausgaben, innere Sicherheit werden global auf 10 Billionen Dollar geschätzt. Siebentens Informationsüberflutung bei einem Mangel an nützlichem Wissen, Verfall der Professionalität und Vernichtung erworbener Qualifikationen.

Finanzkapital im globalen freien Flug

In der Periode der informationstechnischen Umwälzung kam es zu einer gravierenden, sich beschleunigenden weltweiten Veränderung im Verhältnis von Realkapital und Finanzkapital. Das Produktionskapital, Sachkapital oder Realkapital ist im Geldausdruck die Summe der Aktiva aller produzierender Unternehmen, also der Wert aller materiellen und immateriellen Güter, die der Gewinnerwirtschaftung dienen, und der auf der linken Seite ihrer Bilanzen steht. Das Finanzkapital ist dagegen die Summe der kapitalisierten Gewinnerwartungen der Geldkapitaleigentümer einschließlich der kapitalisierten Erwartungen von Gewinnerwartungen, wenn man die modernen Formen des Finanzkapitals (Optionen, Futures und andere Derivate) berücksichtigt. Futures sind Terminkontrakte auf Zeitpunkt und Preis bzw. bzw. Wetten auf die künftige Entwicklung eines Preises von Anleihen(Zinssätzen), Aktien, Rohstoffen, Agrarprodukten oder Devisen.

Die unmittelbaren Renditeerwartungen der Unternehmen der Realwirtschaft sind ein Teil der realen Wertschöpfung bzw. ihrer Ausichten. Die Kurserwartungen für die Aktien sind gewissermaßen eine erste Ableitung. Die zweite Ableitung sind die Kurserwartungen der Broker für fremde Wertpapiere. Dritte Ableitung sind die Kurserwartungen von Derivaten und vierte Ableitung die Kurserwartungen von strukturierten Finanzpapieren. Mit jeder Stufe wird der Erfolg riskanter. Einerseits hängt das Finanzkapital in seiner Gesamtheit ab von der Existenz einer realen Profiterwirtschaftungssphäre, ist besonders über das Aktienkapital eng mit dieser verflochten und in diesem Sinne nicht imaginär, andererseits hat es sich in der Computer- und Internetwelt wie ein Phönix aus der Asche von den Grenzen des Raumes, Ortes, der Zeit und der Umstände befreit. Die riesige jährliche Masse des neuen Mehrwerts der weltweiten Realwirtschaft ist die Trampolin für die Equilibristik des Finanzkapitals. Realkapital und Finanzkapital haben ökonomisch unterschiedliche und politisch gleiche Interessen. Das entfesselte Finanzkapital ist zum Weltenherrscher geworden und damit zur Antriebsmaschine der ökologischen, sozialen und kulturellen Zerstörung. Die wirklichen Quellen des Reichtums, die menschliche Arbeit und die Natur, werden durch den Fetisch des geldheckenden Geldes vollständig vernebelt, der sich im bornierten Werbespruch der Banken „Wir lassen Ihr Geld für Sie arbeiten" gipfelt.

Die moderne Kommunikationstechnologie ermöglichte eine enorme Beschleunigung der finanziellen Transaktionen und Entscheidungen. Die Maschine des Finanzkapitals reagiert heute in Minuten- und Stundenschnelle, der reale Produktionsprozess in Tagen oder Monaten, die Ausbildung von Arbeitskräften in Monaten oder Jahren und die Erschließung neuer Ressourcen in Jahren und Jahrzehnten. Alle diese Prozesse hängen ab von der Geldvermehrung. Auch die Wachstumseuphorie als Patentrezept der marktradikalen Wirtschaftspolitik wird angeführt durch das Finanzkapital. Im angelsächsischen Raum spricht man seit geraumer Zeit von Financialisation of Capitalism. Die Differenz zwischen der hohen Finanzkapitalrendite und der niedrigeren Realkapitalrendite FKR – RKR war der Antrieb für bevorzugte Finanzinvestitionen anstelle von Realinvestitionen. Auch Otto Normalverdiener wurde animiert, die Ersparnisse in die neuen Wertpapiere zu stecken. In den 90er Jahren konnte man auf den Aktienmärkten eine Durchschnittsrendite von 20 Prozent erzielen.

In den vergangenen Jahrzehnten ist das Volumen des Geldkapitals weltweit viel schneller gewachsen als das des Realkapitals. Die Wohlfeilheit von Geldkapital leistete der Spekulation mit ihren Schneeballsystemen Vorschub und vice versa. Gleiches gilt für das Verhältnis des Wachstums des Volumens der Finanztransaktionen und des Bruttoinlandsprodukts BIP. Für die Relation des realen Wirtschaftswachstums $\Delta BIP/BIP$ in Prozent zum Bankkredit-Zins BKZ in Prozent gilt als Faustformel $\Delta BIP/BIP \approx 1,4\ BKZ$ oder weniger. Soll die deutsche Realwirtschaft zum Beispiel 2010 um 2 Prozent wachsen, braucht sie dazu ein günstiges Kreditangebot zu einem BKZ von 2 / 1,4 = 1,43 Prozent oder weniger, was unter den Bedingungen einer verbreiteten Kreditklemme nicht zu erreichen ist. Ein anderer Zusammenhang ergibt sich für den durchschnittlichen Geldmarktzins GMZ in Prozent. Zwischen der Rendite des Realkapitals RKR in Prozent und dem GMZ, dem Wachstum des Bruttoinlandsprodukts BIP in Prozent und des Volumens der Finanztransaktionen FTV gibt es veränderliche Beziehungen. Die Höhe des Geldmarktzinses wird bestimmt im Konkurrenzkampf des Geldkapitals und des Realkapitals. Durch die Spekulation ergeben sich höhere durchschnittliche Nominalwerte des Geldmarktzinses im Vergleich zur Realskapitalrendite in Prozent: GMZ > RKR. Die Realkapitalrendite ist fallend bei Überproduktion und reduzierter Nachfrage, in Wertrevolutionen bei Rohstoffen und Energie sowie bei wachsenden Umweltkosten. Dagegen gilt RKR > GMZ für erfolgreiche Unternehem in Gebieten der schnellen Ausbreitung von ertragreichen Innovationen. Geldkapital ist zinstragend und dieser Zins erscheint als allgemeine Profitrate des gesamten Kapitals. In Wirklichkeit ist dieser Zins eine Durchschnittsrate aus den ständig wechselnden Marktraten der verschiedenen Formen des Geldkapitals inklusive seiner fiktiven Arten weitab von realer Wertschöpfung.

Mit neuen Instrumenten des Finanzkapitals zur Megafinanzblase

Die drei großen Flaggschiffe des Finanzkapitals sind Versicherungen, Pensionsfonds und Investmentfonds, die im Jahre 2007 insgesamt 80 Billionen Dollar verwalteten. Mit der Einführung von Derivaten und sogenannten Finanzinnovationen emanzipierte sich der Kredit mit Beginn der neunziger Jahre praktisch von den altgedienten bewährten Regeln des Geschäfts und der Geschäftsmoral. Die Schichten dieses neuen Finanzmarkts („Financial Engineering") reichen von den relativ zahmen Optionen bis zum sehr problematischen Finanz-Hedging, den Geschäften zur Absicherung von Zins- und Wechselkursrisiken im Devisen-, Edelmetall- und Wertpapierhandel. Wertpapiere oder Effekten sind Geldanweisungen oder Wechsel (Schuldscheine) und Papiere, die den Ertrag repräsentieren wie festverzinsliche (Staatsschuldscheine, Obligationen), Aktien und Derivate. Bei einer Kaufoption (Call) erwirbt der Käufer das Recht, eine Aktie innerhalb eines bestimmten Zeitraums zu einem bestimmten Preis zu erwerben. Entsprechend gibt es auch die Verkaufsoption (Put). Eine risikoreiche Form sind die über Hypothekenwerte abgesicherten hybriden Wertpapiere (Mortgage backed securities MBS), die den Käufer zum Gläubiger eines Kreditnehmers, zum Beispiel eines amerikanischen Häuslebauers machen. Bereits 1997 führten die Umsätze von Derivaten weltweit zu Verlusten der Wertpapierhändler von 2,65 Billionen Dollar. Der Umfang der außerbörslichen Freiverkehrs-Derivate (OTC Over the Counter) weltweit wird von der Bank für internationalen Zahlungsausgleich BIZ im Dezember 2007 auf astronomische 596 Billionen $ geschätzt, dem Zwölffachen der gesamten Weltwirtschaftsleistung, wobei der Marktwert der OTC nur 14,5 Billionen $ betrug.

Die Derivate, die in der Ära von FED-Chef *Alan Greenspan* 1987 bis 2006 vor allem seit Ende der 90er Jahre mit extrem niedrigen Zinsen 2002 bis 2004 geschaffen wurden, nannte der Milliardär *Warren Buffett*, ein Kritiker des Finanzcasinos, finanzielle Massenvernichtungswaffen. Sein erfolgreiches Prinzip war immer, nur in Dinge zu investieren, die er versteht. Schon die Bezeichnung (von lat. derivatio – Ableitung) ist irreführend, weil sie nicht wirklich aus realer Wertschöpfung abgeleitet sind, sondern letztlich aus dem Hokuspokus der Finanzjongleure. Heute gibt es eine kaum noch überschaubare Anzahl von sogenannten strukturierten Finanzprodukten SFP. Das sind Kombinationen von zwei oder mehreren Finanzinstrumenten, von denen mindestens eines ein Derivat sein muss. Die SFP werden börslich und außerbörslich gehandelt. Die Schweiz hat sogar eine jährliche SFP-Messe, auf der die Trommel für den Verkauf dieser Papiere gerührt wird. Jedes SFP hat sein besonderes Risikoprofil, das sich aus der Mischung seiner Bestandteile ergibt. SFP mit sogenanntem Kapitalschutz bestehen aus einer festverzinslichen Anlage und einer Option.

Kapitalgeschützte Anlagen sind nur so sicher wie die Bank, die sie herausgibt, das wurde vielen Kleinanlegern erst nach der Bankenpleite klar. Die Banken refinanzieren sich, indem sie ihre schwachen Kredite mit Finanz-Hightechprodukten umpacken lassen, damit sie nicht mehr als faul erscheinen. Die seit Urzeiten einfache Transaktion Kreditausgabe gegen Zinsen plus Sicherheiten wurde ersetzt durch ein nicht mehr durchschaubares Geflecht des Financial Engineering. Das Zauberwort der Besicherung hieß Hypothek und erwies sich mit Zinserhöhung und Preisverfall der Immobilien als Ruf des Pleitegeiers. Unverkäufliche SFP-Wertpapiere haben zu drastischen Abschreibungen in den Banken geführt mit entsprechender Reduzierung des Eigenkapitals. Der Internationale Währungsfonds IWF hat das im März 2009 beziffert auf weltweit 2,2 Billionen $. Zur gleichen Zeit hat die Asiatische Entwicklungsbank ADB die bisherige Wertvernichtung durch die Weltfinanzkrise auf 50 Billionen $ geschätzt.

In Indien wuchsen die Investitionen in die riskanten Private-Equity-Fonds seit 2002 bis 2008 von 2 auf 17 Mrd. $. Die Private Equity Firmen (Wagnisfinanzierungs-Gesellschaften) kaufen kreditgestützt gesunde mittelgroße Unternehmen auf oder solche, die in finanziellen Schwierigkeiten stecken und verkaufen sie wieder mit hohem Gewinn nach einem radikalen Umbau mit Entlassungen und Lohnkürzungen. In den USA wurde in der Zeit des Präsidenten *Bill Clinton* (1993-2000) mit seinem Finanzminister *Robert Rubin* das neoklassische Modell weiter fortgeführt, es hieß später Rubinomics und bedeutete ausgeglichenen Haushalt, Freihandel und vor allem Deregulierung der Finanzmärkte. In der Zeit der *Clinton*-Administration behauptete der IWF, die Inflation würde in den USA steigen, wenn die Arbeitslosigkeit unter 6 Prozent fällt. Tatsächlich fiel die Arbeitslosigkeit auf 4 Prozent und die Inflation blieb aus. Der IWF gab auch den falschen Rat der Erhöhung des Diskontsatzes.

Das Volumen des Weltfinanzkapitals übersteigt heute das weltweite Realkapital um das – zigfache, es sucht auf dem ganzen Erdball nach günstigen Expansionsmöglichkeiten mit überdurchschnittlichen Renditen. Auf den Finanzplätzen der Welt zirkulieren täglich lt. Weltbankstatistik etwa eine Billion Dollar, die ihre monetäre oder juristische Identität wechseln. Davon sind nur 13 Prozent mit der Realwirtschaft verbundenes Kapital wie eine Investition oder eine Bezahlung für Waren und 87 Prozent sind Spekulationskapital. Setzt man das Volumen des Weltbruttoinlandsprodukts BIP gleich 1, so wuchs das Transaktionsvolumen von 1991 bis 2007 in den Derivat- und Kassamärkten von 17 bis 73, bei den Aktien von 5 bis 43, den OTC-Derivaten von 5 bis 22, den Börsenderivaten (Futures und Options) von 5 auf 43. In Kassamärkten werden im Gegensatz zu den Termingeschäften Abschlüsse an der Börse getätigt, die sofort oder ganz kurzfristig erfüllt werden müssen. Bereits im Jahr 1994 betrug der Welthandel 7200 Mrd. Dollar, das Volumen der internationalen Bankgeschäfte lag bei 7500 Mrd. Dollar, der im Bereich der OECD gehandelten Wertpapiere bei 21500 Mrd. Dollar, der börsenamtlich notierten Derivate bei 8000 Mrd. Dollar, bei Over-the Counter-Geschäften schätzungsweise 7000 Mrd. Dollar. Im Jahre 2007 schätzte man den Tagesumsatz der Devisenspekulation auf 2,5 Billionen Dollar, von dem nur fünf Prozent durch Handelsgeschäfte und Produktionswirtschaft verursacht sind. Nach einer anderen Schätzung kamen im Jahre 2008 auf 250 bis 300 Dollar Devisen- und Finanztransaktionen ein Dollar realer Warenverkehr. Das private Finanzvermögen der Welt expandierte von 12 auf 196 Billionen $ in den Jahren 1980 bis 2007, während das Bruttosozialprodukt BSP sich nur von 10 auf 50 Billionen $ erhöhte. Im Jahre 1990 erreichte das Welt-BSP 20 Billionen $ (3800 $ pro Kopf) bei etwa 2 Billionen Arbeitsstunden mit einem Energieaufwand von 1400 kg Öleinheiten pro Kopf. Das Welt-BSP von 2009 wird mit 54,5 Billionen $ geschätzt, während das Welt-Derivatevolumen auf 863 Billionen $ beziffert wird. Davon sind 69 Billionen SWAPS, die als die gefährlichsten Derivate gelten.

Seit 1991 baute sich zunächst allmählich und nach 2004 beschleunigt eine Megafinanz-blase im globalen Maßstab auf, die mit dem symbolhaften Crash von Lehman Brothers zu platzen begann. Ein solcher financial megabubble entsteht, wenn die Akkumulation von Geldkapital sich in ihrer Größenordnung und in ihrem Zufluss weit von der realwirtschaft-lichen Kapitalverwertung entfernt hat. Sie entwickelte sich zu einer Plethora des weltwei-ten fiktiven Geldkapitals mit den abenteuerlichen Mitteln der Spekulation, des Kredit-schwindels (credit bubble), der Aktienmanipulation, der Spielsysteme etc. Auch viele Un-ternehmen und Haushalte in den USA und Europa glaubten fest an die möglichen fiktiven Vermögenssteigerungen durch die neuen Finanztitel als Mittel für mehr Konsum oder Pro-duktion. Dieser Prozess führte letztlich zur krisenhaften Entwertung des Geldvermögens in einer Kette von Bankrotten und des Handels mit Staatsschulden. Partielle Blasen sind die Begleitmusik zur Vorbereitung, Entfaltung und zum Platzen der Megafinanzblase. Dazu gehören Kreditblasen, Hypotheken- und Immobilienblasen, Spekulationsblasen, Staats-schuldenblasen, Konsumblasen, Aktienblasen, Rohstoffblasen etc. Ein Beispiel ist auch die Dotcom-Blase, wachsend durch Euphorie und übertriebene Erwartungen hinsichtlich der künftigen Renditen von neuen Technologieunternehmen; sie platzte 2002. Die Immobi-lienblase der USA wuchs 2006 bis 2007 durch einen massiven Zufluss billigen ausländi-schen Kapitals aufgrund von Rekordexporten der Industrieländer, hohen Finanzguthaben durch eine älterwerdende Bevölkerung und unregulierten Finanzmärkten. Das Volumen der Hypotheken der USA erreichte Anfang 2008 etwa 90 Prozent des Bruttoinlandspro-dukts BIP und keiner der verantwortlichen US-Wirtschaftspolitiker erkannte vor der her-einbrechenden Krise, dass es bei einer solchen Blase notwendig ist, Dampf abzulassen. *Alan Greenspan*, der Chef der FED argumentierte, dass diese Prozesse mit den neuen Fi-nanzinnovationen durch Risikoteilung beherrschbar sind.

Der Ablauf einer Finanzblase ist ein komplexer und komplizierter Prozess. Es gibt Wechselwirkungen zwischen der Marktsituation, ihrer Veränderungstendenz, dem routi-nemäßigen Denken und Verhalten der Marktteilnehmer sowie ihren Erwartungen und nicht zuletzt den außergewöhnlichen oder einmaligen positiven oder negativen Ereignissen des Umfelds. Das menschliche Verhalten schwankt zwischen Euphorie und Pessimismus, meist lernt man wenig aus der Geschichte. Es beginnt zunächst mit der Veränderung der realwirtschaftlichen und finanziellen Marktsituation durch neue Geschäftschancen oder Nutzung von Insiderinformationen. Dann folgen wachsende Renditen und Kurse in den neuen Gebieten für die Investoren im Vergleich mit dem durchschnittlichen Kurs-Gewinn-Verhältnis KGV von 18,6. Das bewirkt einen Zufluss von weiteren soliden Investoren, oft aber auch Beutelschneidern. Je nach der Informationslage kann es dann dazu kommen, dass Zweifler ihre Anlageentscheidungen korrigieren und sich die neue Lage herumspricht. Mit dem Fall der Kurse ergibt sich eine Vielzahl kleiner Insolvenzen und zuletzt oft eine Panik, die das Platzen der Blase verursacht.

Die Relation des international angelegten Kapitals zum BSP, das 1980 noch 70 bis 80 Prozent betrug, war 15 Jahre später in den Industrieländern auf 325 Prozent und in den Entwicklungsländern auf 150 Prozent gestiegen. Die schreiende soziale Ungerechtigkeit in einer Welt der wachsenden Armut zeigt sich im jährlichen Wachstum des Finanzvermö-gens der Dollarmilliardäre von 19,2 auf 40,7 Billionen Dollar in den Jahren 1997 bis 2007, also um 7,8 Prozent p. a. nach dem „World Wealth Report". In den siebziger Jahren hatten die deutschen Unternehmen noch sechzig Prozent ihres Nettoeinkommens in ihre Betriebe gesteckt, um sie zu modernisieren und zu erweitern. Dieser Anteil ist später auf etwa 25 Prozent gesunken, 75 Prozent werden als Börsenkapital verwertet. Die Unternehmen, die an der Börse notiert sind, müssen ihr Verhalten nach den Ansprüchen der Aktionäre aus-richten, für höhere Gewinne und Wertsteigerung der Aktie sorgen.

Der Höhenflug des Finanzkapitals wurde vorbereitet in den neunziger Jahren des zwan-zigsten Jahrhunderts, als in den Industrieländern der Zinssatz über die Wachstumsrate der

Produktion stieg. Damit wurde es für die Unternehmen lukrativ, die erwirtschafteten Erträge profitabler im Finanzsektor zu investieren als in der Realwirtschaft. In den USA betrug der Anteil der Profite der Finanzunternehmen am gesamten Unternehmensgewinn (nach Steuern) im Jahre 1982 5 Prozent und 2007 41 Prozent. Das Verhältnis des Finanzkapitals zur gesamten Wertschöpfung gleich 100 betrug in den USA 1960 85 und im Jahre 2005 228. Im gleichen Zeitraum ging das Verhältnis des Realkapitals zur Wertschöpfung von 255 zurück auf 220. Der neoliberale Schwenk der Wirtschaftspolitik als Antwort auf die Tendenz fallender Profitraten des Realkapitals in den 70er Jahren war erfolgreich im Stutzen und Abbau der Sozialsysteme zugunsten des Großkapitals mit Umverteilung von unten nach oben, Privatisierung der Alterssicherheitssysteme und Liberalisierung der Finanzmärkte. Mit der Abschaffung der bisherigen Kontrollklauseln des internationalen Kapitalverkehrs wurde der freie Flug des Finanzkapitals komplett. Statistiken zeigen von 1990 bis 2008 einen engen Zusammenhang zwischen dem Index der Kapitalmobilität und dem Anteil der Länder mit Bankenkrisen im Dreijahresdurchschnitt. Im Durchschnitt von 13 Ländern folgte auf eine Bankenkrise in drei Jahren ein Wachstum der kumulativen Staatsverschuldung um 86 Prozent, darunter in Japan um 40 Prozent und Spanien um 115 Prozent. Die Dauer der Bankenkrise ist auch mit einem Rückgang des BIP-Wachstums pro Kopf verbunden, nach statistischen Untersuchungen von 14 Ländern 1929 bis 2001 pro Jahr 5 bis 7 Prozent.

Als sich Überproduktion und globale Konkurrenz verstärkten, kam es wieder zur deutlichen Abschwächung des Wachstums der Realwirtschaft. Der Ausweg war diesmal die Flucht in das Schneeball-, Pyramiden-, Ponzi- oder Kettenbriefsystem des Finanzcasinos. Es ist Finanzierung von Spekulation mit Schulden. Man leiht sich zu dem Geld, das man hat, noch mehr Geld und investiert es in Anlagen, die eine etwas höhere Rendite erbringen als der Zins, den man braven Anlegern zahlt. Das Spiel- und Wettcasino für die neue Massengilde der Millionäre ist lukrativer als Investitionen in die Branchen der Realwirtschaft mit ihren wegen Überproduktion fallenden Profitraten. Es beginnt die Herrschaft des finanzdominierten Staatskapitalismus als eine neue Phase nach der des staatsmonopolistischen Kapitalismus im 20. Jahrhundert.

Die von den Neoliberalen kultivierte Antistaatsagitation hat sich selbst ad absurdum geführt, betrachtet man heute die Größenordnung der weltweiten staatlichen Rettungspakete und Beteiligungsmaßnahmen für das hochverschuldete Bankenkapital. Der britische Staat hat Vorzugsanteile im Wert von 25 Mrd. £ (Pfund Sterling) an acht großen Banken gekauft und Eigenkapitalvorschriften erlassen. Es hat sich herausgestellt, dass der Finanzmarkt im freien Spiel der Kräfte weder innovativ im positiven Sinne des Wortes noch effizient ist, wohl aber höchst instabil. Die Privatisierung der Finanzblasengewinne ist mit der Sozialisierung der Verluste verbunden. Beim Staat wuchs seit den neunziger Jahren das Defizit infolge wachsender Sozialausgaben im Ergebnis steigender Arbeitslosigkeit bei gleichzeitig wachsendem Schuldendienst für die Kreditaufnahme. Ein weiterer Faktor waren besonders in den USA die Rüstungs- und Kriegsführungsausgaben. Der finanzdominierte Staatskapitalismus bedeutet, dass der Staatshaushalt immer mehr zu einem öffentlichen Sektor der kapitalistischen Wirtschaft selbst wird. Die jetzige Krise mit ihren gigantischen Ankurbelungsprogrammen zeigt das deutlich genug. Staat, Hochfinanz und Wirtschaft verschmelzen personell und funktionell. Der Staat pflegt, rettet und stützt die Banken, er bietet die Rechtsgarantien, stellt das nationale Geld zur Verfügung und beaufsichtigt das Kreditwesen mehr schlecht als recht. Wie soll er das auch, wenn in den Finanzmärkten und Banken die erwarteten Zahlungen auf Kredite, Dividendenansprüche und Derivatkontrakte zu aktuellen, morgen schon wieder anderslautenden Marktwerten hochgerechnet, gehandelt und in den Bilanzen als Guthaben verbucht werden. Die Forderung nach stärkerer Eigenkapitalbildung ist für die Banker gleichbedeutend mit Rendtensenkung und daher kaum wirksam. Die früher von den Neoliberalen geschmähte Wirtschaftsbürokratie des Staates hat längst ihr Pendant in den Konzernen, Unternehmensverbänden und Gewerkschaften gefunden. Es ist mit ihren dienstbaren, weithin auf gleiche Linie geschaltenen Medien eine machtausübende gesellschaftliche Schicht ohne wirkliche demokratische Kontrolle entstanden.

Das bereits notierte Shareholder-Value-Prinzip ist eine totale Absage an die frühere Form der europäischen Unternehmensleitung, die die langfristige innere technisch-wirtschaftliche und soziale Logik ihres Produktionsprozesses respektierte, förderte und nicht nur auf kurzfristige Ertragseffekte setzte. Dominanz der Kurzfristrendite und des Interesses an der Erhöhung der Marktpreise von Vermögenswerten ist ein gefährlicher Irrweg. Der Entscheidungshorizont liegt nur noch bei einem Quartal, die mittel- und langfristige Planung wird abgewertet. Bei der Entscheidungsfindung dominiert der Quartalsbericht und die Meinung 27jähriger Finanzanalysten. Das angelsächsische System dominiert immer mehr. Es hat generell kürzere Zeithorizonte. Dazu gehört übrigens auch die Einführung kürzerer Abschlüsse mit Bachelor und Master anstelle unseres traditionellen Diploms. Die Rendite des Finanzkapitals wird erhöht durch das Shareholder-Management und die damit wachsenden Börsenwerte und Dividenden. Das ist verflochten mit den Netzwirkungen des Casinos, der ungebremsten Spekulation, die in bedeutende Wertzuwächse und auch in riesige Verluste mündet. Mit dem wachsenden Quotienten Finanzrendite zu Realrendite erhöhen sich Zinsniveau und Masse des Schuldendienstes. Auch öffentliche Haushalte, Sozialversicherungssysteme und ihre Verschuldung sind mit diesem System eng verbunden.

Kurzfristiges Wirtschaftsdenken ist auch kontraökologisch. Zusammen mit der zunehmenden Privatisierung öffentlicher sozialer und kultureller Bereiche, dem florierenden Handel mit Unternehmensübernahmen oder Schließungen ohne Rücksicht auf die Belegschaften, dem Ersatz des soliden Hausbankensystems durch das verzweigte, unübersichtliche und flüchtige Transactional Banking und dem zunehmenden Verlust ethischer Grundsätze ehrlicher Geschäftsführung entstand eine Ideologie der ultimativen monetaristischen Logik oder Ultra-Plusmacherei, die immer mehr das gesellschaftliche und individuelle Denken und Handeln beherrscht. Porsche fuhr mehr Finanzgewinn als Umsatz ein. Gleichzeitig wird die Verfügung über das Realkapital immer mehr vom Finanzkapital wahrgenommen. In den USA war der Anteil der Profite der Finanzunternehmen an den gesamten Unternehmensgewinnen nach Steuern 1982 weniger als 5 Prozent und 2007 bereits 41 Prozent. Die heutige Krise zeigt nun in aller Deutlichkeit, dass das Finanzkapital auch in Größenordnungen zerstörerisch auf die reale Sphäre wirken kann. Die immanente Logik des Finanzkapitals und der Konkurrenz führte dazu, dass Riesenkredite für immer faulere Geschäfte gewährt wurden um kurzfristiger Profite willen. Früher gab es in Europa für die Unternehmen traditionelle Beziehungen zur Hausbank, hohe Wertschöpfungstiefe, langjährige Loyalität, stabile Vertrauensbeziehungen zu Lieferanten und Abnehmern als Erfolgsfaktoren. Mit Basel II, der Gesamtheit der Eigenkapitalvorschriften des Baslers Ausschusses für Bankenaufsicht werden die bisherigen langjährigen Vertrauensbeziehungen zu Banken durch ein formal standardisiertes Rating ersetzt.

Finanzhasardeure der Realwirtschaft

Der Verwertung von Eigentumstiteln wird die produktive und innovative Aktivität der Volkswirtschaft geopfert. Ein Muster dafür ist WorldCom, das als kleines Unternehmen der Informations- und Kommunikationstechnologie 1983 von *Bernie Ebbers* gegründet wurde. Es erlebte einen fulminanten Aufstieg mit einer Expansion durch 75 aufeinanderfolgende Übernahmen weiterer Unternehmen, einer Marktkapitalisierung von 192 Milliarden Dollar 1999 (3 Mrd. Aktien zu je 64 Dollar) und einem weltweiten Marktanteil von 50 Prozent. Die MCI (Worldcom Inc.) übernahm in diesem Jahr für 115 Mrd. $ den großen Telekommunikationskonzern Sprint Corp. Westwood, bis dato die teuerste Übernahme der Wirtschaftsgeschichte. Die Aktie hatte im Spätsommer 2000 noch einen Kurs von 30 Dollar. Die nicht endende Reihe der Übernahmen war eine Art Schneeballsystem, Pyramidenspiel oder Ponzi-Schema nach dem italo-amerikanischen Betrüger *Charles Ponzi* (1882-1949). Die amerikanische Kartellbehörde Federal Trade Commision FTC sagt dazu „Von Peter borgen, um Paul zu bezahlen". Es ist ein Investitionsschema, bei dem die Renditen für Investoren aus dem Geld der immer neuen Anlagen gieriger Investoren bezahlt werden, bis schließlich die Blase platzt. *Ebbers* erhielt zwischen 1996 und 2000 fast eine Million Anteile an neuemittierten Anteilen im Wert von 11 Mio. Dollar. Im Juni 2002 notierte die Aktie nur noch mit 9 Cent, die Milliarden hatten sich in Luft aufgelöst. Die Ursache für den Zusammenbruch war das Ignorieren des entstandenen Überangebots der Branche in der Euphorie und Illusionsbildung, die der Kapitalmarkt mit seinen Kapriolen hervorruft. Ferner wurde im November 2002 durch die Ermittlungen der Börsenaufsichtsbehörde der Bilanzbetrug von neun Milliarden Dollar seit 1999 schließlich ruchbar. Die Wirtschaftsprüfungsgesellschaft *Arthur Andersen* war mit Blindheit geschlagen. Sie entdeckte nicht, dass WorldCom Investitionen im Umfang von 3,8 Mrd. $ als Ausgaben ausgewiesen hatte. Betriebliche Ausgaben müssen mit den Einnahmen saldiert werden, während Investitionen über Jahre abgeschrieben werden. Dadurch konnte das Unternehmen zwei Jahre lang einen Gewinn statt eines Verlusts melden. Gleichzeitig wurden übertriebene Rückstellungen als Erträge gebucht und dieser Schwindel umfasste 3,3 Mrd. $. Bilanzierungsskandale gab es bei vielen Unternehmen wie Enron, AOL-Time Warner, Intel, Yahoo, Tyco, Lucent, Adelphia, Qwest, Andersen (!) und Global Crossing.

Ein zweites Beispiel ist das von *Kenneth Lay* gegründete und geleitete viertgrößte Unternehmen der USA Enron, das ein Viertel des amerikanischen Erdgasgeschäfts kontrollierte und Beteiligungen in sechs Ländern Süd- und Mittelamerikas erwarb. Sein Kurs stieg in drei Jahren bis Ende 2000 von etwa 19 auf über 90 Dollar. Das Enron-System erwies sich als raffinierter Schwindel, der auf Marktmanipulation und Bilanzfälschung beruhte. Die Angaben über Aktiva und Gewinne für die Öffentlichkeit waren gewaltig übertrieben. Am 16. Oktober 2001 gab Enron für das III. Quartal einen Verlust von 618 Mio. $ und eine Verringerung des Eigenkapitals um 1,2 Mrd. $ bekannt. Ende 2001 kosteten die Enronaktien gerade noch 30 Cent.

Nicht nur WorldCom, der überwiegende Teil der Unternehmen der Informations- und Kommunikationstechnologie der USA geriet in dieser Zeit in die Überschuldungskrise und die Summe der Verluste erreichte die astronomische Größenordnung von 2 Billionen Dollar (10^{12} $). Es war die Zeit der New-Economy-Blase und der Hightech-Spekulation auf dem Rücken der informationstechnologischen Revolution in der Zeit von *Bill Clinton* (1993-2001) mit steilem Anstieg der Aktienkurse der relevanten Unternehmen. *Marx* nannte solche Prozesse im Zusammenhang mit technischen und anderen Umwälzungen oder Innovationen Wertrevolutionen, die in irgendeiner Form überwältigt und ausgeglichen werden. „Erleidet der gesellschaftliche Kapitalwert eine Wertrevolution, so kann es vorkommen, dass sein individuelles Kapital ihr erliegt und untergeht, weil es die Bedingungen dieser Wertbewegung nicht erfüllen kann. Je akuter und häufiger die Wertrevolutionen werden, desto mehr macht sich die automatische, mit der Gewalt eines elementaren Naturprozesses wirkende Bewegung des verselbständigten Werts geltend gegenüber der Voraussicht und Berechnung des einzelnen Kapitalisten, desto mehr wird der Verlauf der normalen Produktion untertan der anormalen Spekulation, desto größer wird die Gefahr für die Existenz der Einzelkapitale." (MEW 24, S. 109)

Informatikblase bis zum Platzen

Beim Platzen der New-Economy-Blase ab 2000 und dem Börsencrash bei Technologiewerten verschwanden 7 Billionen $ auf Nimmerwiedersehen. Unternehmen werden dann von Liquidatoren ausgeschlachtet durch den Salto vom Aktienkurs oder Marktwert gleich Null bis zum guten Gewinn aus dem Verkauf vorhandener Produktionsmittel aus der Konkursmasse zum Reproduktionswert. Ein solcher Salto für eine ganze Industrie war die plötzliche Einführung der DM für die ostdeutsche Industrie. Beim Verkauf von VEB durch die Treuhand 1990/91 zum Symbolwert 1 DM wurde davon ausgegangen, dass der Marktwert Null ist, weil schlagartig die Lohnstückkosten viel zu hoch waren, die Nachfrage wegen des übermächtigen Angebots der westdeutschen Konkurrenz zusammengebrochen war und die zu erwartenden Gewinne daher gleich Null waren. Von 1991 bis 1994 wurde so aus dem Betriebsvermögen der DDR von 600 Mrd. DM ein Schuldenstand von 270 Mrd. DM gemacht, der auf den Bundeshaushalt übertragen wurde. 85 Prozent der Betriebe gingen in westdeutsche Hände, 10 Prozent in ausländische und 5 Prozent in ostdeutsche.

In der sogenannten Cyberspace-Wirtschaft ist das Verhältnis von Aktienkapital (Marktwert) zu Sachkapital (Buchwert) immer höher gestiegen. So hatte schon 1996 die IBM eine Relation von 4,26 zu 1 (70,7:16,6 Mrd.$), während Microsoft auf 91,9 zu 1 (85,8:0,93 Mrd. $) kam. Vor einigen Jahrzehnten hat *James Tobin*, Nobelpreisträger der Wirtschaftswissenschaften 1981 versucht, aus dieser Q-Ratio einen Bewertungsmaßstab für Aktien zu entwickeln, da er zu hohe Werte für risikoreich hielt. Interessant ist auch das Verhältnis des Börsenwerts von Informatik zur traditionellen Industrie. Börsenwert oder Marktkapitalisierung ist das Produkt aus aktuellem Aktienkurs und Anzahl der Aktien. Realer ist allerdings der Gesamtumsatz. Der Suchmaschinenbetreiber Yahoo, im April 1995 gegründet, hatte im Jahre 2000 mit 2300 Beschäftigten einen Börsenwert von 79 Mrd. €, während der Autokonzern DaimlerChrysler mit 467 900 Beschäftigten nur 57 Mrd. € hatte. Das gibt ein Marktwertverhältnis pro Beschäftigten der Informatikindustrie zur Autoindustrie von 281 zu 1.

Ab 1995 kam es zum Boom, zur sogenannten Dotcom–Internetfirmen-Gründungswelle. Dot ist der für Trennung der Internetadressen obligatorische Punkt und com ist die Abkürzung für commercial. Finanzinvestoren witterten das große Geschäft und schossen diesen Unternehmen Wagniskapital in niedagewesenem Umfang vor. Beim Börsengang der Deutschen Telekom am NEMAX (Neuer Markt Index) gab es eine solche Spekulationseuphorie, dass das Platzierungsvolumen von 100 Mio. T-Aktien auf 600 Mio. aufgestockt wurde. Das Volumen der Emission lag bei 2,5 Mrd. € am 17. April 2000. Die hiesige Variante der US-Börse Nasdaq war im März 1997 gegründet worden mit einem Stand von 506 Punkten, sie erreichte am 10.März 2000 8559 Punkte und fiel auf 353 Punkte mit der Schließung im Juni 2003. Die Dotcom-Blase am NEMAX betraf 264 Unternehmen mit einer Marktkapitalisierung von 30 Mrd. €. Sie entstand aus übertriebenen Gewinnerwartungen der neuen Technologieunternehmen. Die Erhöhung des Leitzinses der FED auf 5,5 Prozent konnte das Platzen der Blase der auf Pump finanzierten Internetfirmen im Jahre 2000 nicht verhindern. Es war ein Muster für den Entstehungsprozess von Finanzblasen und betraf solche Unternehmen wie Yahoo!, Amazon.com, priceline.com, eBay, deren Börsenbewertungen um das Vielfache höher lagen als die von Siemens, DaimlerChrysler oder Coca-Cola. Nach günstigen wirtschaftlichen Veränderungen oder Innovationen kommt es zu höheren Profiterwartungen, die schnell eine breite Klientel von Wertpapierkäufern anlocken. So entsteht die Blase, verstärkt durch leichte Kreditbereitstellung. Danach entdecken Insider und gute Spürnasen, dass ein Umschlag durch enttäuschte Gewinnerwartungen wahrscheinlich bevorsteht. Mit fallenden Kursen durch starke Verkäufe kommt es zum Platzen der Blase.

Gewinnerwartungen im Bereich des Finanzkapitals stützen sich auf verschiedene Quellen. Qualitativ sind es strategische Vorstellungen aufgrund der Einschätzung wirtschaftlicher Folgen politischer und anderer Großereignisse oder der auf Erfahrungen beruhenden intuitiven Bewertung vorhandener ökonomischer Konstellationen und ihrer Tendenz. Die quantitative Seite sind berechnete Risikowerte, Standardabweichungen der Rendite und Durchschnittserwartungen aus seriösen Umfragen. Das Zusammenspiel qualitativer und quantitativer, intuitiver und mathematisch-statistischer Informationen wird verstärkt oder abgeschwächt durch die Finanzpresse, die Veröffentlichung manipulierter Daten durch

Interessenträger, zum Beispiel der Angleichung der Ertragswerte von Unternehmen an Analystenwerte. Ferner muss man rechnen mit dem Nachahmungstrieb, der Präferenz für gute Nachrichten, der Neigung zur besonderen Akzeptanz von numerischen Informationen und dem Gewohnheitsdenken als einer Art Verankerung. Auf dieser Vielfalt beruht die vom Zeitpunkt der Prognose an sich entwickelnde tatsächliche Tendenz, die auf ihrem späteren Weg wiederum auf neue oder ergänzende Umstände wie zum Beispiel veränderte Präferenzen von Investoren trifft. Demgegenüber geht die wirtschaftsmathematische Theorie effizienter Kapitalmärkte davon aus, dass die Schwankungen der Renditen und der Aktienkurse rein zufällig sind. Man spricht vom Random Walk (Zufallsgang), wobei jeder Schritt unabhängig vom vorhergehenden erfolgt. Es gibt so eine einfache Lösung mit Hilfe der Gauß-Verteilung, die anwendbar, jedoch kein Universalschlüssel ist.

Praktiken der Spekulation

Eine Form der Abkopplung der Finanzwirtschaft von der Realwirtschaft sind die Praktiken der Spekulation. Seit Ende der achtziger Jahre entwickelte sich schnell das Investmentgeschäft im globalen Rahmen. Viele Banken schufen eigene Investmentbereiche. Kontrollmechanismen waren abgebaut worden. 1999 wurde in den USA nach dem illegalen Zusammenschluss von Travelers und Citicorp zu Citigroup der Glas-Steagall-Act von 1933 abgeschafft, der eine klare Trennung von Geschäfts- und Investmentbanken vorgeschrieben hatte. Das war ein Freifahrtschein für die massive Zunahme von Spekulation. Im Jahre 2001 hat die US-Notenbank unter Leitung von *Alan Greenspan* den Zinssatz auf 1 Prozent gesenkt, um der Wirtschaft nach dem 11. September, dem Platzen der Internetblase und des sogenannten Neuen Marktes wieder aufzuhelfen. So kam es zu einer Geldschwemme. Geld war leicht zu bekommen und die großen Geldvermögen suchten sich neue Anlagen.

Häuserbau und Hypothekenbeschaffung auf Spekulation in London, die *Marx* beschreibt (MEW 24, S. 236 f), sind eine vortreffliche Folie dessen, was sich 150 Jahre später in den USA ereignete. Die günstige Situation animierte viele Millionen Familien mit geringem Einkommen, Hausbau oder Hauskauf mit billigem Hypothekenkredit zu finanzieren. Es galt der Slogan „Dein Haus ist deine Bank". In den Folgejahren wurde der Zinssatz schrittweise bis 2004 auf 4,5 Prozent erhöht, die Politik des billigen Geldes ging vorbei und eine Vielzahl der Kreditnehmer war nicht mehr in der Lage, für den Schuldendienst aufzukommen. Früher war ein Immobilienkredit unkompliziert: 30 Jahre Laufzeit, fester Zinssatz, 20 % des Hauspreises mussten die künftigen Hausbesitzer vorher ansparen. Nun wurden locker Subprimekredite oder zweitrangige Kredite gewährt, verschleiernd als „nichttraditionelle Kredite" bezeichnet. Die Bank leiht 80% des Kaufpreises zu Zinsen von 8 %, was später aufgrund der Marktentwicklung steigt. Sie kann auch den Kreditvertrag weiterverkaufen. Im Verlaufe dieser Entwicklung war 2006 der durchschnittliche Subprimekunde mit 95 % des Kaufpreises beim Kreditgeber verschuldet. In diesem Jahr hatte der Ökonomieprofessor *Nouriel Rubini* von der New York University bereits das bevorstehende Platzen der Immobilienblase vorhergesagt und vor einer Kernschmelze des Finanzsystems gewarnt. Fast 500 Milliarden Dollar an Hypotheken wurden faul, wie es im Fachjargon heißt. Als auch noch die Immobilienwerte absackten wurden aus Hausbesitzern Obdachlose. Die Immobilienpreise wuchsen von Januar 2000 gleich 100 auf 208 im Juli 2006, dann begann die Talfahrt bis 143 im Januar 2009. Die Banken hatten teilweise ihre Forderungen in hochkomplexe Wertpapiere umgewandelt und weltweit an Hedgefonds oder große ausländische Banken verkauft. So hielt zum Beispiel die Deutsche Bank DB 82 Prozent ihrer Vermögenswerte im Ausland.

Hedging (Einhegung) entstand im 19. Jahrhundert aus Terminkontrakten zwischen Farmer und Getreidehändler zum Zeitpunkt der Aussaat, wobei Letzterer verpflichtet wird, nach der Ernte einen bestimmten Preis zu zahlen. Je nach der Marktsituation kann der Farmer dann profitieren oder verlieren. Erst 1874 entstand die Chicagoer Terminbörse mit standardisierten handelbaren Papieren. Der erste Hedgefonds wurde 1940 geschaffen. In den 70er Jahren des 20. Jahrhunderts wurde die Methode auf Währungsgeschäfte und Zinsgeschäfte ausgedehnt und 1982 auch auf den Aktienmarkt. Finanz-Hedging sind Geschäfte zur Absicherung von Zins- und Wechselkursrisiken im Devisen-, Edelmetall- und Wertpapierhandel. Der Hedger überträgt diese Risiken auf einen Kontrahenten, der entweder das Risiko aus spekulativen Motiven übernimmt oder ein entgegengesetztes Risiko abzusichern versucht. 1990 gab es 610 solcher Fonds, die 38 Mrd. $ verwalteten und 18 Prozent Rendite boten, im Jahre 2000 3873 mit 490 Mrd. $ und 2008 war ihre Anzahl auf mehr als 10 000 mit 2,65 Billionen $ gestiegen. Die Rendite war auf 7,5 Prozent gesunken. Hedgefonds und Private Equity Fonds repräsentieren also weltweit ein riesiges Kapital, sie konnten vor allem in den USA durch Spenden an Parteien sehr viel politische Macht an sich ziehen. Sie unterliegen nicht normalen Eigenkapitalvorschriften. In Deutschland wurden Hedgefonds am 7. 11. 2003 vom Bundestag zum öffentlichen Betrieb mit dem neuen Investmentgesetz (InvG9) ab 1. Januar 2004 zugelassen. Im Amtsdeutsch nennt es sich „Sondervermögen mit zusätzlichen Risiken". Dadurch verringerten sich die Steuereinnahmen um 2,9 Mrd. €, ein schönes Schnäppchen für die Spekulanten. Hedgefonds mit Sitz in einer Steueroase befassen sich vorwiegend mit „Leerverkäufen".

Der ehemalige Chef der US-Technologie-Börse Nasdaq *Bernard Madoff* (geb. 1938) baute mit zwei Dutzend Hedgefonds seiner Finanzfirma Investment Securities LLC (BMIS) ein 65 Milliarden Dollar schweres und nun zusammengebrochenes Schneeballsystem auf, dessen angeblich soliden Gewinne in Wirklichkeit aus beständig eingeworbenen Neuanlagen stammten. 1960 hatte er in New York eine Investmentbank gegründet, deren Kundenzahl schließlich bis auf etwa 3000 stieg. Gleichzeitig führten zwei Bekannte von *Madoff* eine Vermögensberatungsfirma, die exklusiv mit seinen Fonds arbeitete. Die schon 1934 im Rahmen des New Deal gegründete US-Börsenaufsicht SEC mit dem Vorsitzenden *Christopher Cox* schloss die Firma 1992, weil die beiden nicht als Vermögensberater ordentlich registriert waren. Als die SEC erfuhr, dass der hochangesehene B. M. dahintersteht, ermittelte sie nicht weiter, auch nicht nach Hinweisen im Jahre 1999 über die Machenschaften von *Madoff*. Im Jahre 2008 hatten bereits ein Drittel aller Fondsmanager in Genf bei ihm investiert. Vom Betrug Madoffs, der im Sommer 2009 quasi symbolisch zu 150 Jahren Haft verurteilt wurde, waren auch die auf Vermögensverwaltung spezialisierte Schweizer Privatbank Union Bancaire Privée UBP, die spanische Bank Santander, die britischen Großbanken HSBC und Royal Bank of Scotland, drei französische Großbanken und auch auch 20 deutsche Anleger betroffen. Das Gerichtsurteil suggeriert, dass hier ein supergieriger Bösewicht die Katastrophe organisiert hat, ohne das System zu charakterisieren, das den Freiraum der Bereicherung ermöglichte. Oft werden Systembeziehungen versimpelt durch individualistische Muster. Die amerikanischen Regeln der Rechnungslegung sind flexibel und manipulierbar, sie wurden immer mehr auch den Europäern mit den International Accounting Standards übergestülpt. Madoffs gibt es weltweit, in Deutschland hat *Helmut Kiener* aus Aschaffenburg 13 Jahre lang ein Vertriebssystem am deutschen Geldanlagemarkt mit 800 Maklern aufgebaut und 8400 Kunden sowie 500 Mio. € bei deutschen Privatanlegern angeworben. Der Mini-Madoff versicherte, dass sein „K1 Allocation System" eine perfekte Gewinnmaschine sei. Seine Firma war auf den britischen Jungferninseln (!) registriert. Im November 2009 brach sein Ponzisystem zusammen und er sitzt seitdem in Untersuchungshaft.

Die SEC hat die Aufgabe, die Investmentbanken der Wall Street zu überwachen. Da es eine ständige Rotation von Mitarbeitern zwischen der Wall Street und der SEC gab, kam es schließlich in der Praxis zu dem falschen Arbeitsmotto: Kontrolle ist gut, Vertrauen ist besser. Vor allem wurde immer mehr Personal der SEC eingespart. Die Zahl der Mitarbeiter in der Abteilung Risikomanagement wurde von 100 bis am Ende auf einen einzigen reduziert. Am 7. Oktober 2008 wurden in der Vollstreckungsabteilung 146 Arbeitsplätze gestrichen. Verantwortlich für die Personalkürzungen war das Office of Management and Budget. Dieses Office strich die Zahl der Aufsichtsbeamten genau in der Phase zusammen, in der Goldman Sachs unter seinem damaligen Chef *Henry Paulson,* dem späteren Finanzminister in großem Stil das Geschäft mit Verbriefungen an der Wall Street betrieb. Mit den Derivaten und Hedgefonds wurde der real existierende Kapitalismus zum Spielcasino. Die Finanzmärkte waren in einem spekulativen Fieber gefangen. In Deutschland ist die Abhängigkeit vom Zocken bei etwa 80 000 Spielsüchtigen als Krankheit anerkannt. Das risikoreiche Zocken in den Chefetagen der Banken ist dagegen als normales Geschäftsgebaren salonfähig.

Die Großbanken mutierten von Dienern der Realwirtschaft zu Finanzalchemisten. Allein das Haus J. P. Morgan hatte 2005 schon 398 Mrd. $ Hedgefonds kontrolliert. Es hat im Frühjahr 2008 alle Bear-Stern Aktien für 2 $ je Stück gekauft und im September die Sparkasse Washington Mutual für 1,6 Mrd. $ anstelle des ehemaligen Börsenwerts von 176 Mrd. $. Hedgefonds waren zu einem imperialen Machtmittel geworden. Das Volumen der Branche schmolz 2008 von 1550 Mrd. $ auf 1250 Mrd. $. Von den 9000 Anbietern werden etwa ein Drittel aufgeben. Die Schweizer Großbank UBS hatte zum Beispiel 124 Mrd. $ in Hedgefonds angelegt und wollte ihre Gelder zurückziehen. Im Oktober 2008 hat sie faule Papiere im Volumen von 60 Mrd. $ in eine von der Notenbank kontrollierte Zweckgesellschaft (!) ausgegliedert und dafür vom Staat eine Kapitalspritze von 68 Mrd. sfr erhalten. Die UBS hat insgesamt 90 Mrd. $ im US-Hypothekenmarkt verspielt, mehr als jede amerikanische Bank und doppelt so viel wie ihr Eigenkapital. Auch hier muss der Steuerzahler für die Fehlspekulationen der Finanzmanager büßen. Das Minus der Bank im Jahr 2008 betrug 20,9 Mrd. sfr. Der Chef der UBS hatte bis 2007 ein Jahresgehalt von 25 Mio. sfr und sein Abgang wurde mit Boni vergoldet.

Die Boni der Vorstände liegen beim Zwei- bis Vierfachen des Jahresgehalts. Im Krisenjahr 2008 hat die UBS Boni im Volumen von 2,3 Mrd. € ausgeschüttet und die ebenfalls krisengeschüttelte Bank of Scotland 1 Mrd. £. Das Management ist die Exekutive des Kapitals bzw. der Kapitaleigentümer. Die in den Medien obwaltende heuchlerische moralische Verurteilung der extraordinären Supergehälter plus Boni ist ebenso wie die „Leistungsträger"-Rechtfertigung ein Betrug am arbeitenden Menschen. Die obersten Finanzbosse mit ihren Superbonis zeigen keinerlei Einsicht in die Unverhältnismäßigkeit ihres Salairs, die von der Öffentlichkeit als grenzenlose Gier dieser „Masters of the Universe" bezeichnet werden. *Markus Granziol,* der langjährige Chef der UBS-Schrottinvestbank erklärt die mehr als üppigen Boni als Resultat des ganz normalen „competitiven Messens" unter ihresgleichen. Es sei also nicht bloße spontane Gier, sondern wohlüberlegter Wettstreit. Der Wettbewerb ist eben ein Glaubensartikel der Neoliberalen vor, während und nach der Krise. Die eigentlichen Sozialschmarotzer sind solche Bankleute wie *Lloyd Blankfein* von Goldman Sachs, der 2007 Gehalts- und Bonuszahlungen plus Aktienprämien als Einkommen von 69 Mio. $ erhielt, das ist das 2875fache des jährlichen Einkommens des Durchschnittsamerikaners. Das Großkapital hat große Happen für seine Antreiber, Macher und Drahtzieher. In einer demokratisch organisierten Wirtschaft würden die Manager bestellt, kontrolliert und vertraglich vergütet von Gremien der Beschäftigten und Verbraucher, wobei die Kapitaleigentümer nur einen definierten nicht mehrheitlichen Stimmenanteil haben. Das Verhalten der Finanzdirektoren hat *Karl Marx* 1856 am Beispiel der Royal British Bank präzise und heute noch gültig ausführlich beschrieben. Es sei nur ein Satz zitiert: „Es gab zwei Gruppen von Direktoren: die einen begnügten sich damit, ihr Gehalt von 10 000 Dollar jährlich dafür einzustreichen, dass sie nichts von den Angelegenheiten der Bank wussten und ihr Gewissen rein hielten, die anderen waren versessen auf die tatsächliche Leitung der Bank, doch nur, um ihre ersten Kunden oder besser gesagt, Räuber zu sein." (MEW 12, S. 50). Das heutige Gehalt hat nicht vier sondern sieben Zehnerpotenzen.

Auch der Aktienhandel gehört zum Finanzcasino. Das Tempo der Börsenkapitalisierung lag in den USA seit 1990 mit jährlich 20,3 Prozent an der Spitze aller großen Industrieländer. Das hatte nichts mit dem realen Wirtschaftswachstum zu tun, es war Ausdruck der Aufblähung von Einkommen durch Finanzgewinne, der Inflation der Reichen. Die enge Verbandelung zwischen Insider-Börsenhandel und Hedgefonds wurde im Oktober 2009 mit der Festnahme des Hedgefondschefs und Milliardärs *Raj Rajaratnam* offenbar. Er soll über Aktiengeschäfte rund 20 Mio. $ ergaunert haben, der berüchtigte *Ivan Boesky* aus den achtziger Jahren lässt grüßen. Top-Manager von großen IT-Konzernen wie IBM, INTEL und Google&Co gaben geheime Informationen über ihre Firmen an die Fondsmanager. Wenn die Kurse nach Bekanntgabe neuer Quartalszahlen stiegen, verdienten die Fonds kräftig mit. Das Spekulationskapital wurde zum Pendant des IT-Kapitals.

Die Spekulation wurde auch angeheizt mit der Portfoliotheorie des US-Ökonomen *Harry Markowitz,* nach der man die Assets (Vermögenswerte) auf verschiedene Klassen streuen sollte, um mit dem Mix das Risiko zu verringern. Bei den Fonds gibt es verstärkt Mischfonds aus Immobilienaktienfonds, Derivatefonds, Aktienfonds, Rentenfonds, Geldmarktfonds und andere. Es zeigte sich, dass dies nicht vor hohen Verlusten schützt, weil die Korrelation zwischen der Bewegung der verschiedenen Assetarten oft nicht so niedrig ist wie in der Methode angenommen. Häufig gibt es im Markt unerwartete Ausreißer und gleichlaufende Prozesse.

Ende 2009 war der Weltfinanzmarkt in der Krise von wirksamer Re-Regulierung weit entfernt. Es bauen sich neue Blasen bei Aktien, Rohstoffen, Gold und Währungen auf. Vor allem die Valuta sind Tummelplatz der Spekulanten. Sie leihen sich in „Currency Carry Trade" Kapital in Währungsgebieten mit niedrigen Zinsen und investieren es anschließend in solchen mit höherem Zins. Im Ergebnis können sie den Kredit bedienen und dazu noch Gewinn einstreichen. Wenn die Valuta in Währungsgebieten mit höherem Zins dann auch noch im Kurs steigen, kommt ein Extraprofit hinzu. Seitdem die Zentralbanken in Washington und London die Leitzinsen quasi auf Null gesenkt haben, ist das hier geliehene Geld die Trampolin für ertragreiches Casino. Das Geld der Notenbanken bereitet die nächste Finanzblase vor. Seit Anfang des Jahres brachte die Spekulation mit Rohstoffen 12 Prozent Rendite, die mit Euro-Unternehmensanleihen über 15 Prozent und mit dem Währungskorb der G-10-Staaten 20 Prozent. Früher oder später wird diese Blase platzen, wenn zum Beispiel der Dollar von seiner Talfahrt auf Hausse umschaltet. Insgesamt kam es im 21. Jahrhundert bisher zu drei Aufblähungen des Spekulationskapitals: Im Jahr 2000 das Dot-Com-Debakel, 2007 die US-Immobilienblase und 2010 die Rettungspakete und Stabilisierungsprogramme mit weltweit 5 Billionen $.

Weltmacht Hedgefonds
Im Jahre 2005 erfassten die Hedgefonds in New York und London fast die Hälfte aller Wertpapiergeschäfte. Mitte 2007 agierten 36 Prozent der Hedgefonds über die Wall Street, 21 Prozent über die Londoner Börse und weniger als 3 Prozent über EU – Finanzplätze. *Ingolf Bossenz* hat im Dezember 2008 darauf hingewiesen, dass es bei der globalen Krise in hohem Maße um imperiale Machtspiele geht, die von von der Finanzaristokratie der USA und Großbritanniens ausgehen. Hintergrund und Quellen dieser politisch motivierten Transaktionen und Desinformationen bleiben der Öffentlichkeit verborgen. Das Hedgefonds-Desaster hat sich wie eine Lawine ab September 2008 weltweit ausgebreitet. Die kleine öffentlich-rechtliche Sachsen-Landesbank LB hat zum Beispiel bei einer Bilanzsumme von 68 Milliarden Euro außerbilanziell 25 Milliarden Euro in schlechte Papiere investiert. Schon im August 2004 hatten Wirtschaftsprüfer im Auftrag der 2002 gegründeten Bundesanstalt für Finanzdienstleistungen BaFin festgestellt, dass der Verwaltungsrat der Bank den Überblick verloren habe, ohne dass dies zu Konsequenzen führte. Die Bank arbeitete mit US-Schrottpapieren, indem der Vorstand in der Steueroase Dublin zwei

Conduits (engl. Abdeckrohr!) gründete. Das sind Zweckgesellschaften, die nicht in der Bilanz der LB geführt werden und daher auch nicht von der Bankenaufsicht erfassbar sind. Für die Verluste dieser Bank und auch der Mittelstandsbank IKB, die 2007 ruchbar wurden, musste die öffentliche Hand und damit der Steuerzahler aufkommen. Die deutsche Regierung und damit das Finanzministerium waren daran interessiert, den Finanzplatz Deutschland zu stärken und die Entwicklung neuer „Finanzprodukte" zu fördern. Dabei war eine kritische Bankenaufsicht hinderlich.

Schon in den neunziger Jahren war ein Schattenbankensystem mit den Investmentbanken im Zentrum entstanden. Spekulative Papiere wurden in riesigem Ausmaß und zu schnell wachsenden Preisen per Mausklick am Computer von Bank zu Bank und von Land zu Land ohne Kontrolle und ohne Risikoabsicherung der Beteiligten hin- und hergeschoben. Die Käufer verließen sich auf das Versprechen hoher Renditen, die Bonitätsbewertung privater Ratingsagenturen wie Standard&Poor's (S&P), Fitch oder Moody's, die ihren Machern großzügig vergütet wurden und die scheinbare Sicherheit von Derivaten, die bei Kreditausfall angeblich einspringen würden, in Wirklichkeit aber selbst wacklig waren. In der Bundesrepublik hat die Wirtschaftspolitik das falsche Finanzspiel noch 2005 angekurbelt. Die Bayern LB beschloss die Ausweitung ihres Derivategeschäfts. Im Programm der Großen Koalition wurde eine weitere Erleichterung von innovativen Wertpapiergeschäften versprochen.

Seit 2007 investierten die großen Pensions-, Hedge- und Investmentfonds auf der Suche nach langfristigen, für sie sicheren und hohen Renditen spekulativ in Rohstoffindizes. Damit stiegen die Roh- und Brennstoffpreise in abrupter Weise. Während der Erdölpreis im Jahr 2002 140 $ und August 2007 70 $ je Barrel betrug, war er 2008 bereits auf die Rekordmarke 760 $ gestiegen mit anschließendem abruptem Fall auf 300 $ je Barrel. Einen steilen Preisanstieg in diesen Jahren erlebten Reis, Weizen, Mais, Soja, Kaffee, Kakao und andere Rohstoffe. Mais war an der Chicagoer Börse zeitweise um 33, Weizen um 64 und Reis um 63 Prozent teurer geworden. Die globale Nahrungsmittelkrise ließ die Zahl der Hungernden in der Welt um 75 Millionen zunehmen. 47 000 Menschen sterben jeden Tag an Hunger. Ende 2008 fallen die Börsenpreise wieder wegen des niedrigen Ölpreises und des Abzugs spekulativen Kapitals aus den Rohstoffmärkten. Neben dem Erdöl sind 2009 die Preise für wichtige Industrierohstoffe drastisch gefallen, eine Katastrophe für die Wirtschaft krisengeschüttelter Entwicklungsländer. In der Eurozone beträgt die Teuerungsrate nur noch 1 Prozent. Aber immer noch ist das Preisniveau für Lebensmittel viel zu hoch, zum Beispiel bei Getreide in Senegal um 85 und in Burkina Faso um 65 Prozent. Inflation droht auch in Zukunft in den Industriestaaten, wenn die Konjunktur wieder anspringt.

Man ist an *Bertolt Brecht* erinnert, der 1928 schrieb: „Für ein bestimmtes Theaterstück brauchte ich als Hintergrund die Weizenbörse Chicagos. Ich dachte, durch einige Umfragen bei Spezialisten und Praktikern mir rasch die nötigen Kenntnisse verschaffen zu können. Die Sache kam anders. Niemand, weder einige bekannte Wirtschaftsschriftsteller noch Geschäftsleute – einem Makler, der an der Chicagoer Börse sein Leben lang gearbeitet hatte, reiste ich von Berlin bis nach Wien nach -, niemand konnte mir die Vorgänge an der Weizenbörse hinreichend erklären. Ich gewann den Eindruck, dass diese Vorgänge schlicht unerklärlich, das heißt von der Vernunft nicht erfassbar, und das heißt wieder einfach unvernünftig waren. Die Art, wie das Getreide der Welt verteilt wurde, war schlechthin unbegreiflich. Von jedem Standpunkt aus außer demjenigen einer Handvoll Spekulanten war dieser Getreidemarkt ein einziger Sumpf." (Brecht S. 40) Es ist ein System, das aus unzähligen widerspruchsvollen instrumentellen Teilrationalitäten besteht, die letztlich zu einer für Millionen Menschen verhängnisvollen Gesamtlogik führen. „Ohne Warnung öffnet sich der Vulkan und verwüstet die Gegend", schreibt *Brecht* an anderer Stelle zu dem gleichen Thema.

Eine der übelsten Arten der Hedgefonds sind die privaten Vulturefunds (Geierfonds) PVF, die mit den Schulden der armen Länder der dritten Welt spekulieren. Geierfonds kaufen Industrieländern die Schuldtitel ab, die diese gegenüber afrikanischen Ländern haben. Wegen der Schuldenerlasse der Ersten für die Dritte Welt können diese Fonds die Schuldscheine immer billiger bekommen und haben diese Witterung schon sehr früh aufgenommen. Anschließend präsentieren die PVF den afrikanischen Staaten die Forderung zum vollen Betrag plus Zinsen. Bei Weigerung schalten sie ein internationales Gericht ein. Ein Beispiel dafür ist der Fall Sambia, eines der ärmsten Länder der Erde. *Michael Sheehan* (USA) ist Chef des PVF Debt Advisory International, der auf den Virgin Islands in der Karibik registriert ist. Der Fonds beglich die seit 1979 entstandenen Schulden Sambias gegenüber Rumänien. Damals liehen sich die Sambianer 15 Millionen Dollar und kauften damit rumänische Traktoren. 1999 bot Rumänien eine Reduzierung der Schulden auf 3 Millionen Dollar an, wenn Sambia sofort zahlt. Sambia war außerstande zu zahlen und der PVF zahlte. *Sheehan* bot dem Präsidenten Sambias 2 Millionen Dollar für einen Deal an, den dieser akzeptierte. Die Übernahme von Schulden durch Dritte erfordert nämlich nach dem Wirtschaftsrecht die Zustimmung aller Beteiligten. Anschließend machte er gegenüber der Regierung Sambias eine Forderung von 40 Millionen Dollar auf. Schließlich entschied ein Londoner Gericht, dass Sambia 20 Millionen Dollar zahlen muss.

Der Terminus Globalisierung kam in Gebrauch in den achtziger Jahren im Zusammenhang mit dem Buch „Globalization of Technology" von 1979, das mir der ehemalige Kollege am International Institute for Applied Systems Analysis IIASA in Laxenburg Prof. *Jesse Ausubel* von der Rockefeller University New York 1984 schickte. Der Titel klang neu und zunächst harmlos. Er findet sich noch nicht im ökonomischen Standardwerk von *Paul A. Samuelson* von 1979. Später wird er zum durch die Massenmedien euphemistisch getarnten Kampfbegriff der neoliberalen Kohorten befördert. Zugleich kam es zur vollen Nutzung der neuen informationstechnischen Infrastruktur im Internetzeitalter. Zum Programm der kapitalistischen Globalisierung gehört neben der Expansion des liberalisierten Finanzmarkts mit den hochriskanten „Finanzprodukten" das Regime der Weltbank und des IWF, die nur dann Mittel bereitstellten, wenn sich Länder zu einer marktradikalen Wirtschaftspolitik und restriktiven Geldpolitik mit hohen Zinsen und zu rigorosen Sparprogrammen verpflichten. Es wurde eine Bühne für das weltweit vernetzte Casino eines hyperbolisch wachsenden Weltspekulationskapitals geschaffen. Das Freihandelsprinzip wird durchgesetzt ohne Rücksicht auf die Interessen armer Länder, die durch die Terms of Trade benachteiligt werden. Weltweit kam es zum Durchsetzen des Wegfalls nationaler Regulierungen, die dem Schutz der Wirtschaft dieser Länder dienten. Standortwettbewerb bedeutet, dass es zuerst um Maximalprofit sichernde Ortswahl durch niedrigste Löhne und Steuern sowie Subventionen, hohe Produktivität und Agglomerationsvorteile geht, nicht um die sozialen Bedingungen für die Mehrheit der Menschen. Die Welt ist eine freie Operationsbasis für transnationale Unternehmen. Ökologische, kulturelle und soziale Standards schaden dem Standort. Der Regierungsbeauftragte für den Aufbau Ost *Klaus von Dohnanyi* entschied sich in den 90er Jahren für Ungarn als Standort anstelle von Thüringen für ein neues Motorenwerk für Audi. Er begründete das mit der profitfreundlichen Steuerfreiheit in Ungarn, denn er hätte sich sonst der Untreue gegenüber den Audi Aktionären schuldig gemacht. Die Loyalität zum Profit hat Vorrang gegenüber sozialstaatlichen Auflagen. Ein Schelm, der Arges bei einer solchen Argumentation denkt. Wie sinnvoller wäre gegen den schon eingefressenen Glaubenskanon des Neoliberalismus die Globalisierung von Menschenrechten, Sozialrechten, Gewerkschaftsrechten, Umweltschutz und Demokratie.

Die Verluste der Weltfinanzbranche bis Juni 2009, das heißt bilanzierte Wertberichtigungen und Kreditausfälle werden von der Nachrichtenagentur Bloomberg auf 1471 Mrd. $ beziffert. Der IWF rechnet mit einer Gesamtprognose von 4000 Mrd. $ in der Krise. Die Agentur hat für die USA 975, Europa 452, Asien 44 Mrd. $ ausgewiesen, ferner für die

Bank of America 113, die UBS Schweiz 53, die HSBC Großbritanniens 42, die Deutsche Bank 19 Mrd. $. Inzwischen gab es für die Verlustbanken Eigenkapitalerhöhungen aus Übernahme von arabischen und ostasiatischen Staatsfonds von 1236 Mrd. $. Heute ist das Finanzkapital aber nach wie vor im globalen freien Flug, ungehindert von Regulierungen, es dominiert immer mehr den Kreislauf des Realkapitals über Preis- und Profitzuwächse und zerstört die sozialen Gleichgewichte. In mehreren Ländern kam es bereits zu sozialen Unruhen mit Gewaltexzessen. Bisher gibt es auch in den renommierten Wissenschaftsein-richtungen der führenden Industrieländer keine soliden Untersuchungen der Verflechtung der Regelkreise des Finanzkapitals, der Staatsfonds, des Realkapitals, der Produktion, der Wertschöpfung, des Sozialen und des Naturressourcenverbrauchs ausgehend von den neu-en gefährlichen strategischen Tendenzen. Es ist sehr schade, dass sich der junge befähigte wissenschaftliche Nachwuchs nicht mit dieser Aufgabe befasst.

Universelle Wechselwirkung der Krisenfaktoren statt Monokausalität

Der in dieser Studie verwendete Begriff Megakrise ergibt sich aus den seit 2008 deutlich absehbaren Determinanten und Wirkungsebenen der gegenwärtigen Krise. In der Matrix der aktuellen Krise stehen den Determinanten der Krisenwirkung (Prozesse, Strukturen, Regulierung, Ideologien und Verhalten der Akteure, Verflechtung) mehrere Wirkungsebenen gegenüber: Ökonomische Basis, Finanzkapital, Realkapital, Staatshaushalt, Wertschöpfung, Umweltsituation, Technologien, Rohstoff- und Energieversorgung, Ernährung, soziale Verhältnisse, Kultur, Wissenschaft und Bildung sowie politische Kräfteverhältnisse. Der Kern ist die Wirtschafts- und Finanzkrise, von dessen „Schmelze" in den Medien zu lesen war. Billionen Dollar Verluste der Finanzmärkte und absoluter Rückgang der Weltindustrieproduktion sind Merkmale der schwersten Krise seit den 30er Jahren des vorigen Jahrhunderts. Sie wird auch als Jahrhundertkrise bezeichnet, in der viele Spekulationsblasen oder eine ganz große platzen. Die Megakrise ist auch eine Etappe in der langen strukturellen Krise des Kapitalismus seit der Aufhebung der Golddeckung des US-Dollars 1971. *Paul A. Samuelson* (1915-2009) hatte 1980 in seinem Standardwerk „Economics" noch behauptet, dass es große Depressionen wie in den dreißiger Jahren nicht mehr gibt und Rezessionen seien kurzfristiger und seltener geworden. Tatsächlich gab es im 19. Jahrhundert seit 1825 8 Wirtschaftskrisen in einem Zyklus von 9 bis 11 Jahren und im 20. Jahrhundert waren es 16 Krisen, deren Zyklus nach 1965 nur noch 5 bis 6 Jahre betrug. Der Verlauf einer Krise kann mit verschiedenen Indikatoren von Produktion, Handel und Finanzen gemessen werden, die teilweise auch gegenläufig sind und damit viel Raum für Interpretationen und Prognosen des weiteren Verlaufs bieten. Mitten im Abschwung kann es ein Zwischenhoch geben wie in den USA 1931. So kann es auch vorkommen, dass es in der Wirtschaft bergab geht und die Börse nach oben weist.

Gemeinsame und verschiedene Merkmale der Weltkrisen

In den vergangenen 160 Jahren gab es auf der Welt vier große multinationale Krisen 1857-1859, 1873-1896, 1929-1940 und 2008-? Die vierte aktuelle Krise ist die erste globale, also weltumfassende Krise. Es gibt mindestens sechs Identitäten dieser Krisen. Erstens waren ihr Ausgangspunkt immer die USA. Sie begannen mit Stürzen des Geldkapitals (Börse, Immobilienkredite).Wachsende geographische Ausdehnung, steigender Umfang der Kapitalvernichtung, Rückschlag auf die Produktion, den Handel und die Arbeitsplätze und Verschärfung der wirtschaftlichen und sozialen Situation in den Ländern der Dritten Welt sind die weiteren Merkmale. Andererseits gibt es historische Unterschiede. Dazu gehört das Kräfteverhältnis zwischen Kapital und Arbeit, das Pro oder Kontra des Protektionismus, die Richtung der ausgeübten inflationären oder deflationären Geldpolitik, Art und Grad der Staatshilfen, Stärke des Einflusses international koordinierter Maßnahmen und Zusammenhang mit Kriegen und Bürgerkriegen bzw. mit ihrer Vorbereitung. Zur Zeit der dritten Krise gab es bereits die Sowjetunion mit schneller wirtschaftlicher Entwicklung. 1929 kam es erst zu einem Börsenkrach, dann zum realwirtschaftlichen Einbruch und zur Bankenkrise. Dagegen standen am Beginn der vierten Krise von 2008 vor allem Bankeninsolvenzen mit darauffolgender Wirtschaftskrise. Sie wurde ausgelöst durch eine konsequent neoliberale Wirtschaftspolitik. Heute gibt es im Unterschied zu 1929 Computer und Internet, die freilich auch zur noch abenteuerlich schnelleren Blasenbildung beigetragen haben. Computersysteme an der Börse bearbeiten heute mit festen algorythmischen Routinen 60 Prozent des Börsenhandels, fünf Jahre zuvor waren es noch 28 Prozent. Damit kommt es zu Fehlergebnissen in der Kursbestimmung, weil die menschliche Kontrolle fehlt.

Aus dem Blickwinkel des US-Kapitals sind die Perioden des Heranwachsens der Jahrhundertkrisen 1913 bis 1929 und 1979 bis 2008 immer lukrativer geworden. Man kann es messen mit dem Prozentsatz des Volkseinkommens, das auf die reichen 0,01 % der Bevölkerung der USA entfällt. Es betrug 1913 das 280fache (2,8/0,01), 1929 das 500fache und 1979 das 90fache sowie 2008 das 600fache. Zwischen 1929 und 1979 lag ein Halbjahrhundert des New Deal und eines sozialen Ausgleichs. Vergleichen wir die jetzige Krise zwischen 2007 und 2009, so zeigt sich, dass der Einbruch der Industrieproduktion, des Welthandels und der Börsenkurse schärfer war als zwischen 1929 und 1932. In der heutigen Krise wuchs die Geldversorgung schneller, zugleich aber auch das Staatsdefizit.

Die Wechsellagen der Wirtschaft sind Formen der kapitalistischen Entwicklung. Jeder neue Zustand kann aus dem vorherigen abgeleitet werden, außerdem ist er immer eingebunden in die gesellschaftliche Gesamtentwicklung. Aber tiefgreifende Krisen können in ihrem Verlauf und ihren Folgen nicht sicher prognostiziert werden. Das zeigte sich diesmal wieder in den ständigen Korrekturen der Wachstumsraten nach unten durch die deutschen Wirtschaftsinstitute. Wirtschaftskrisen sind Prozesse, die das ökonomische Wachstum aufhalten und Wendepunkte. Es gibt außerdem nichtökonomische externe Faktoren wie politische Umwälzungen, Kriege und andere, die Krisen hervorrufen und beeinflussen können. Ein Beispiel ist die nun zwanzigjährige Depression der ostdeutschen Wirtschaft im Ergebnis der juristischen und ökonomischen Annexion des Landes durch die Bundesrepublik. Ihr durchschnittliches Wachstum betrug 3,7 Prozent, während zum Beispiel Polen 7,1 Prozent realisierte. Die Komplexität der Wirtschaftskreisläufe, ihrer Verflechtung und sozialen Einbettung kann zu verschiedenen Zeiten zu den verschiedensten Störungen in den Knotenpunkten führen. Daher gibt es bisher keine schlüssige Theorie und schon gar kein ökonomisch-mathematisches Modell der Ursachen und des Ablaufs der Krisen. *Hilferding* erklärte Wirtschaftskrisen lediglich aus Zirkulationsstörungen oder Fehlern in der Preisgestaltung. Der praktische Keynesianismus sieht im Nachfragedefizit die grundlegende Ursache der Krise, die man durch Nachfrageschöpfung überwinden könne.

Marx kam dagegen zu dem Schluss: „Der letzte Grund aller wirklichen Krisen bleibt immer die Armut und Konsumtionsbeschränkung der Massen gegenüber dem Trieb der kapitalistischen Produktion, die Produktivkräfte so zu entwickeln, als ob nur die absolute Konsumtionsfähigkeit der Gesellschaft ihre Grenze bilde." (Bd.III, S. 528) Die Betonung liegt auf dem letzten Grund, da Marxens Kapitalanalyse viele weitere, vom guten oder bösen Willen und vom moralischen Versagen der Finanzleute unabhängige Bedingungen des Krisenzyklus einschließt. Er war vor allem nach dem Zeugnis von *Joseph A. Schumpeter* (1883-1950) der erste Ökonom, den das Verständnis der wirtschaftlichen Evolution als eines besonderen, durch das Wirtschaftssystem selbst bedingten historischen Prozesses auszeichnete. (Theorie S. 14) Der Grundwiderspruch des Kapitalismus zwischen der gesellschaftlichen Produktion und der privaten Aneignung wird vermittelt durch konkrete ökonomische und soziale Widersprüche.

Die Megakrise ist eine Finanz- und Wirtschaftskrise besonderer Art, weil sie zugleich eine Krise der Regulierungsweise ist. Die erste Regulierungskrise, die als weltweite Wirtschaftskrise den Boom der Gründerjahre beendete, erfolgte 1873 bis 1879 mit dem folgenden Übergang vom Kapitalismus der freien Konkurrenz zu einer neuen gesellschaftlichen Betriebsweise, zum Monopolkapitalismus mit Industriekartellen, Trusts, schnellem Wachstum von Aktiengesellschaften und der Verschmelzung von Bank- und Industriekapital. Sie entstand ferner am Ende des beschleunigten Wachstums einer technischen Revolution, des Eisenbahnbaus seit 1835. Der institutionelle Zyklus von etwa 50 Jahren hängt offenbar mit dem langen Zyklus allgemeiner Wirkfaktoren oder Basisinnovationen zusammen. Die zweite Regulierungskrise ereignete sich ein halbes Jahrhundert später mit der Weltwirtschaftskrise von 1931 bis 1932 und dem Übergang zum staatsmonopolistischen Kapitalismus. Ihr technischer Hintergrund war die Basisinnovation Elektromotor, die elektrotechnische Revolution. Institutionell ging es um Staatsregulation mit dem New Deal, um die Krise zu überwinden. Die dritte Regulierungskrise kam 1979 im Ergebnis des Wachstumseinbruchs der Arbeitsproduktivität und der Profite sowie der Verlangsamung des Umschlags des Realkapitals. Das Stichwort dafür ist Reaganovics, die Ablehnung der sozialstaatlichen Regulation von Investitionen, Wachstum und Beschäftigung durch volle Nutzung des neoliberalen Instrumentariums mit ultimativer monetaristischer Logik. Es war zugleich die Periode der drei Basisinnovationen Fließband, Auto, Einzweckautomat oder des Fordismus und der logistischen Revolution von der Schiene zur Straße. In jeder der ersten drei Regulierungskrisen kam es zu einer Veränderung des Kräfteverhältnisses von Kapital und Arbeit sowie der Machtrelation zwischen Großkapital und Regierung. Die Megakrise seit 2008 ist die nunmehr vierte Regulierungskrise als Ergebnis der Deregulierung des Kapitalmarkts, abenteuerlicher sogenannter Finanzinnovationen und des Sozialabbaus. Ihre technische Basis ist die informationstechnische Revolution seit der Basisinnovation des Mikroprozessors ab 1970. Eine grundsätzliche institutionelle Änderung durch die herrschende Politik zur Überwindung der fatalen Krisensituation ist nicht abzusehen.

Ferner muss man beachten, dass jede Regulierung das Zusammenspiel von Wirtschaftsordnung, Staatsordnung und Rechtsordnung beeinflusst. *Walter Eucken* hat das schon 1952 als Interdependenz der Ordnungen bezeichnet. Er sah übrigens den „archimedischen Punkt" des wirtschaftlichen Handelns nicht im Geld, sondern in den Plänen der Wirtschaftssubjekte. Im Prozess des großen Takeovers DDR wurden diese Zusammenhänge extrem deutlich. Im historischen Ablauf überwogen von 1989 bis Mitte 1990 die politischen Turbulenzen, sie wurden im Ergebnis der schlagartigen DM-Einführung durch wirtschaftliche Turbulenzen abgelöst, die ab Mitte 1991 (Ereignisse in Hoyerswerda) wieder umschlugen in politische Turbulenzen. Das war zugleich verbunden mit der historisch einmalig schnellen und totalen Überstülpung des westdeutschen Rechtssystems, die von dem Rechtswissenschaftler *Erich Buchholz* analysiert wurde.

Krisencharakteristik bei Marx und Keynes
Zu den oft gegenläufigen Faktoren des Krisenzyklus rechnete *Marx* Neuinvestitionen, Fortführungsinvestitionen, den Vorrat an nutzbaren technologischen Innovationen (den Terminus verwendete er in der von ihm ergänzten französischen Ausgabe des „Kapital" Band I), Schwankungen der Ersatzinvestitionen wegen der unterschiedlichen Lebensdauer des fixen Kapitals, Rohstoffengpässe und Rohstoffüberschüsse, Disproportion von Verarbeitungsindustrie und extraktiver Industrie, Wirkung des Arbeitskräftemangels und des Arbeitskräfteüberschusses auf die Profitrate, Preisbewegung und Kaufkraft, steigende und fallende Kreditnachfrage, Kapazität des Bankensystems und Zinsbewegung, Verhältnis der Durchschnittsrate des Profits der Realwirtschaft und der Zinsrate der Geldanlagen, spekulative Überproduktion und spekulativer Waren- und Geldhandel, Unterbrechung normalen Zahlungsverkehrs, relative Prosperität der Arbeiterklasse als Sturmvogel der Krise, zurückgehende Profitraten bei Erweiterung der Produktion und des Kapitals, das Wechselspiel von Verwertung und Entwertung des Kapitals, das Verhältnis von Rate der Kapitalakkumulation und Lohnrate, massenpsychologische Fehlreaktionen, Relation zwischen der unbezahlten, in Kapital verwandelten Arbeit bzw. des Mehrwerts und der Bewegung des Zusatzkapitals erforderlichen zuschüssigen Arbeit, Welthandelsschwankungen und institutionelle Veränderungen wie die englische Fabrikgesetzgebung. Manche Faktoren zeitigen entgegengesetzte Ergebnisse je nach Bedingungen. So wirkt der Preisverfall der Wertpapiere in der Krise als kräftiges Mittel der Zentralisation des Geldvermögens. Die durch Investitionen bewirkte Erhöhung der Produktion führt nicht in gleichem Maße zu mehr Beschäftigung, da zugleich die Arbeitsproduktivität wächst.

Das Vehikel der Evolution in der Wirtschaft ist die Innovation im Sinne von komplexer Veränderung der Produktivkräfte. Am Beispiel der Stahlerzeugung (Puddeleisen) demonstriert *Marx* den Weg von der Erfindung zur wirtschaftlichen Ausbreitung, die krisenhafte Verwandlung des Wachstumsschubs in eine Wachstumsschranke und Vorbereitung einer neuen technisch-organisatorischen Umwälzung. "Dampf, Elektrizität und Spinnmaschine" hält er für "Revolutionäre von viel gefährlicherem Charakter als selbst die Bürger *Barbès*, *Raspail* und *Blanqui*". (MEW 12, S. 3). Als Neuerungsarten nennt er bessere Arbeitsmethoden, verbesserte Maschinen, neue Erfindung von motive power, chemische Fabrikgeheimnisse, neue Verfahren und Produktionsmethoden, Wechsel der Arbeit, neue Stoffe, neue Produktionsmittel, neue Regulierungen (am Beispiel der Fabrikgesetzgebung), neue Betriebsweise, neue Kontraktformen, neue Formen der Arbeitsteilung, neue Produktionszweige, neue Arbeitsfelder, neue Felder für die Anlage von Ausrüstungskapital, neue Zubereitungen der Naturgegenstände, neue Reize der Waren, Schaffung neuer Gebrauchswerte und neuer Bedürfnisse, neue Motive, neue Qualitäten, Kräfte und Vorstellungen des Menschen, neue Verkehrsformen (Austauschformen) und neue Sprache. Er geht damit viel weiter als die später von *Schumpeter* gelieferte Systematik der Innovationen aus der Sicht des kapitalistischen Unternehmens. Alle genannten Krisenfaktoren unterliegen dem Grundgesetz des kapitalistischen Systems, der Erzielung des Maximalprofits in der Konkurrenz der Unternehmen.

Marx stellte fest, dass das von den Banken verliehene Geld, das zinstragende Kapital, die „Mutter aller verrückten Formen ist, so dass zum Beispiel Schulden in der Vorstellung des Bankiers als Waren erscheinen können." (Bd. III, S. 509). Er meinte, dass mit der Entwicklung der Produktivkraft der Arbeit und der Produktion auf immer höherer Stufenleiter: „…1. die Märkte sich ausdehnen und vom Produktionsort entfernen, 2. daher die Kredite sich verlängern müssen, und also 3. das spekulative Element mehr und mehr die Transaktionen beherrschen muss." (A.a.O. S. 525). Auch bloßer Schwindel sei bei Wertpapieren nicht ausgeschlossen. Es ist eine bemerkenswerte Vorhersage der Zukunft des Finanzmarktes und der Ursachen der wachsenden Spekulation, die wiederum den Umsatz der Finanztitel antreibt. Kredit ist Vorwegnahme künftiger Profite, also Spekulation mit der zukünftigen oft unsicheren Wertschöpfung. Er basiert auf der Chance, die sprachlich vom lateinischen cadere oder fallen (des Würfels bei einer Wette) stammt. In der Spekulationswelt gibt es aber keine Chancengleichheit, sondern das „du musst steigen oder fallen …".

Bei all dem muss man beachten, dass die ökonomischen Analysen von *Marx* immer eingebunden sind in die sozialhistorische Realität seiner Zeit. Es sind die Menschen und ihre sozialen Gruppen und Klassen, nicht die blinden Marktkräfte, die die Wirtschafts- und Sozialgeschichte gestalten. Er hat mit seiner Kapital-Analyse die vornehmlich stationären Theorien von *Adam Smith, Davis Ricardo, John Stuart Mill* und später auch *John M. Keynes* weit hinter sich gelassen, indem er „die einzig wirkliche evolutionäre Wirtschaftstheorie hervorbrachte". (Schumpeter, Geschichte I S. 548). In der 1981 erschienenen „Theorie des institutionellen Wandels" des Nobelpreisträgers der Wirtschaftswissenschaften 1993 *Douglass C. North* heißt es: „Unter den vorhandenen Theorien des säkulären Wandels überzeugt das Marxsche Gedankengebäude am meisten, weil es alle Elemente enthält, die das neoklassische Modell weglässt: Institutionen, Eigentumsrechte, Staat und Ideologie. Marxens Betonung der entscheidenden Bedeutung von Eigentumsrechten für eine effiziente Wirtschaftsordnung und der Spannung, die sich zwischen einer gegebenen Konstellation von Eigentumsrechten und dem Produktivpotential einer neuen Technologie aufbaut, ist von größter Wichtigkeit." (S. 63). Die historische Fundierung und empirische Dichte der Marxschen Kapitalanalyse ist einmalig, damit kann sich das Hauptwerk von *Keynes* nicht messen. Das hat auch der amerikanische Ökonomiehistoriker *Seligman* so gesehen.

Keynes unterstellt wie *Marx* nicht, dass der Kapitalismus das wirtschaftliche Gleichgewicht automatisch schaffen kann. Aber er glaubt an die Möglichkeit kontinuierlichen ökonomischen Wachstums mit geringen Fluktuationen und interessiert sich daher für die Bestimmung von quantitativen Gleichgewichtskonstellationen der Volkswirtschaft und für die Sicherung der Vollbeschäftigung. Er hat solche makroökonomischen Aggregate wie Einkommen, Sparfonds, Investitionen und Verbrauch und solche Stellgrößen wie den Multiplikator und Erwartungskategorien wie Profiterwartungen, künftiger Output, Grenzertragsfähigkeit des Kapitals, zu erwartende Preise und Währungsdaten untersucht. *Keynes* bezog den Zeitablauf in seine Theorie mit empirischen unternehmerischen Erwartungen ein und nicht Wahrscheinlichkeiten der mathematisch-statistischen Theorie. Sein volkswirtschaftliches Herangehen in der Theorie und in seiner bemerkenswerten wirtschaftspolitischen Beratertätigkeit hebt sich deutlich ab von dem heute üblichen bornierten betriebswirtschaftlichen Blick der Neoliberalen. Umso bizarrer ist seine Profittheorie.

Gewinn ist nach *Keynes* die Differenz von Geldkapitalbildung und Produktionskapitalbildung und Verlust ist die umgekehrte Größe. So wird der tatsächliche Gewinn (Mehrwert) vernebelt. Was würde er wohl heute sagen zu den sich aus seiner Rechnung ergebenden astronomischen Profiten des finanzdominierten Kapitalismus und zum Ausmaß der Spekulation. In der Nachfolge von *Keynes* haben *Roy F. Harrod, Evsey D. Domar* und *Nicholas Kaldor* die volkswirtschaftliche Wachstumstheorie weiterentwickelt. In den vierziger Jahren entstand auch die volkswirtschaftliche Gesamtrechnung in der Statistik der kapitalistischen Länder. Vorläufer dieser Arbeiten waren seit den zwanziger Jahren die sowjetischen volkswirtschaftlichen Planungsmodelle, für die *Grigori A. Feldman* von 1927 bis 1931 bedeutende Beiträge lieferte und der spätere Nobelpreisträger *Wassilij Leontjew* schon als Student seine Anregungen für die gesamtwirtschaftliche Verflechtungsbilanzierung erhielt.

Im 19. Jahrhundert entstanden die Wirtschaftskrisen etwa alle 9 bis 11 Jahre und *Marx* vermutete, dass diese Einzelperiode etwa der damaligen Zeitspanne der Erneuerung des fixen Kapitals, der Maschinen und Ausrüstungen entspricht. (Bd. II S. 180). In der französischen Ausgabe des ersten Bandes des „Kapital" 1873 sagte er voraus, dass sich die Einzelperioden des Auf und Ab im Ablauf zunehmend verringern und hinauslaufen auf einen neuen Überzyklus mit jeweils einer allgemeinen Krise. (Bd. I S. 963). Dem entspricht in den USA etwa die Zeitspanne von 1929/31 bis 1974/75, in der die Einzelperioden nur noch 3 bis 6 Jahre dauerten. Im Jahre 1998 haben der belgische Mathematiker *Marcel Auslos* und der französische Mathematiker *Didier Sornette* am Beispiel des Standard & Poor's 500-Index und des Hongkong Börsenindex ein solches Überzyklus-Muster als logperiodische Funktion der Bewegung des Kapitalmarkts nachgewiesen. (*Ball, Ph.* S. 292). Dennoch kann man aus diesen empirisch-statistischen und mathematischen Übungen keinesfalls zukünftige Krisentermine oder gar ihre Stärke ablesen, wie beide Autoren richtig bemerken. Zyklische Krisen im Verlauf der Konjunktur sind eine Form des Entstehens und anschließend zeitweiligen Ausgleichs von wirtschaftlichen Ungleichgewichten unter dem gegebenen Regulationsregime. Als Strukturkrisen gelten dagegen Wirtschaftskrisen, in denen sich vorhandene Institutionen und die Regulierungsweise als umgestaltungsnotwendig erweisen.

Modellbastler im vermeintlich sicheren Versteck der Mathematik

Es hat sich gezeigt, dass die realen wirtschaftlichen Prozesse dem Idealbild mathematischer Modelle nicht entsprechen. Ökonomisch-mathematische Modelle wurden verfeinert und vergrößert in Nachahmung von Modellen der Newtonschen Physik in bezug auf ihre mathematische Komplexität. Im Unterschied von der Physik ist die Ökonomie aber eine Gesellschaftswissenschaft. Die physikalischen Gesetze wirken unabhängig von den historischen Determinanten Ort und Zeit, ökonomische Gesetze dagegen hängen in ihrer Wirkung ab von den regionalen und historischen Bedingungen, denn die Wirtschaft ist eingebettet in die Gesellschaft. Spielglück zu haben ist lange nicht so hart wie Wirtschaftsprognose, meint der US-Volkswirt *Paul Krugman,* Nobelpreisträger der Wirtschaftswissenschaften 2008, der nicht zur neoliberalen Gilde und auch nicht zu den Modellbastlern gehört. Der Grundfehler der Modelle liegt meist schon in den Ausgangsprinzipien und daher liefern sie keine brauchbaren Prognosen. Kein Ökonom sagte jemals mit mathematischen Modellen die großen Jahrhundertkrisen voraus. Der Statistiker und damals bedeutendste US-Ökonom

Irving Fisher (1847-1947) von der Yale-Universität prognostizierte noch kurz vor dem großen Börsenkrach vom Oktober 1929, dass die amerikanische Wirtschaft ein künftig permanent hohes Niveau erreicht habe.

„Konjunkturzyklus" ist ein Standarddogma der bürgerlichen Ökonomie, der Begriff verrät den Wunsch als Vater eines Gedankens von Ordnung im realen Chaos, einer Regularität im Wechsel von Boom und Kontraktion. Eine Grafik der jährlichen Wachstumsraten des Bruttoinlandsprodukts pro Kopf der Bevölkerung in den USA von 1877 bis 2000 zeigt aber ein völlig unregelmäßiges Zickzack von Schwankungen bis zu +17 und -24 Prozent. (Ball S. 232). Neuerdings wird versucht, mit Hilfe der Fibonaccizahlen Ordnung in das wilde Durcheinander zu bringen, eine Art Numerologie mit wissenschaftlichem Aplomb. Das erinnert an die höchst exakte und zugleich prinzipiell falsche Epizyklentheorie der Bewegung der Planeten. Die Pionierleistung von *Marx* war die Aufdeckung der endogenen und evolutorischen Faktoren der Wirtschaftskrisen in ihrer Wechselwirkung.

Der Heilige Gral der Klopffechter der bürgerlichen Ökonomie ist dagegen das Marktgleichgewicht, das der französisch-schweizerische Ökonom *Léon Walras* (1834-1910) in seiner mathematischen Gleichgewichtstheorie als Glaubensartikel, aber nicht realwissenschaftlich begründete. Die Theorie setzt unendlich schnelle Anpassung der Preis an Mengenveränderungen, volle Information aller Marktakteure über Gütereigenschaften und Preise sowie vollkommene Konkurrenz mit einer Vielzahl von Anbietern und Nachfragern voraus, alles nicht real gegebene Bedingungen. Es ist eine individualistische Theorie ohne Verständnis der verschiedenen Ebenen Betriebswirtschaft, Branchenwirtschaft, Volkswirtschaft, Globalwirtschaft mit ihren spezifischen Gesetzen. *Keynes* bevorzugte für seine Zwecke hydrodynamische Ansätze zur Charakterisierung des Geldflusses, die seine Schüler versuchten, experimentell nachzubauen. Im Computerzeitalter erwiesen sie sich als untauglich. Im Jahre 1900 hat der französische Mathematiker und Physiker *Louis Bachelier* (1870-1945) gemeint, daß die Bewegung der Aktienkurse und der Wirtschaft zufälligen Charakter hat und verwendete für die Analyse die Normalverteilung. Es hat sich aber durch empirische Untersuchungen gezeigt, daß die tatsächliche Bewegung wesentlich vom Muster der *Gauß*schen Verteilung verschieden ist durch einen erheblichen Anteil großer Schwankungen auf der linken und rechten Seite der Glockenkurve. (*Ball* S. 241).

Die Wirtschaft funktioniert nicht mit einer normalen Wahrscheinlichkeitsverteilung voneinander unabhängiger Faktoren, sondern als besonderer probabilistischer Prozess, der mit strategischen Faktoren der Lenkung und der massenpsychologischen Reaktion auf ungewöhnliche reale Ereignisse verbunden ist. Wer den Instinkt besitzt oder die Intuition, plötzliche Großereignisse und ökonomische Grunddaten richtig in Bezug auf wirtschaftliche Folgen zu interpretieren, kann evtl. besser profitieren als ein Spieler am Roulette, wie das erwähnte Beispiel von *Felix Somary* zeigt. Der Wert eines börsennotierten Unternehmens wird nach dem Wert der künftig zu erwartenden Dividenden und Kurse bestimmt. Das ist eher ein Glaubensprodukt oder Vertrauensvorschuss. Ein gleicher Gedankensprung in der Hypothese des effizienten Marktes ist die Annahme, dass alle Beteiligten am Geschäft über die notwendige Information aller Grunddaten verfügen, nach den gleichen Regeln arbeiten und ihre Zielentscheidungen zwischendurch nicht ändern. Man ignoriert, dass die Menschen oft aus Gewohnheit, Instinkt, Nachahmung , Impuls, Angst oder Übermut entscheiden. Eine Krisentheorie, die auf Stimmungen wie Panik, Pessimismus oder Überschwang abstellt ist leer, sie erklärt nichts. Aber das Spiel mit vermeintlichen Erfolgsmeldungen hört in der Krise weder bei den Politikern noch bei den Finanzleuten auf. So lancierte der Verwahrer der hochverschuldeten Citigroup *Vikram Pandit* am 10. März 2009 die Nachricht, man habe 2009 wieder Gewinne gemacht und die Medien und die Börse reagierten prompt begeistert. Dabei ist nicht geprüft worden, ob der Gewinn nicht geschönt wurde mit „certain items" (Sonderposten) wie Restrukturierungskosten, Übernahmekosten, Gerichtskosten und andere.

Die Zukunft der Gewinne oder Verluste aus Aktien oder Fonds zu bestimmen gleicht oft dem Stochern im Nebel. Für die Trendvorhersage gibt es Effektenberater (Finanzanalysten) verschiedener methodischer Ausrichtung. Erstens jene Spezialisten, die Unternehmensdaten der Realwirtschaft analysieren. Zweitens die sogenannten Chartakrobaten, die Börsentrends auswerten. Drittens die Modellbastler, die mit ökonomisch-mathematischen Modellen operieren. Viertens die Esoteriker, die mit Astrologie und Kartenlesen die Zukunft weissagen. Den Analysten und Anlageberatern aller Couleur ist der feste Glaube an die Konditionierbarkeit des psychologischen Zukunftsglaubens zu eigen, der ihren Erfolg bestimmt. Es kommt nicht auf die Wahrheit an, sondern auf den Anschein der Wahrheit. Die oft einseitige psychologische und nicht objektiv systemische Ausdeutung der Wirtschaftsprozesse ist nicht ausrottbar, seit es die Massenmedien gibt, die Vertrauen oder Misstrauen von ganzen Bevölkerungsschichten manipulieren können.

Schon vor Jahren hat sich der US-Ökonom *Hyman P. Minsky* (1919-1996) mit den Prozessen des Platzens von Finanzblasen befasst und die neoliberale Theorie von effizienten Finanzmärkten abgelehnt. Die freien Kapitalmärkte führen dazu, dass die Akteure in guten Zeiten sukzessive immer höhere Risiken eingehen. Es ist Casinomentalität per se. Die Instabilität lauert im Rückblick auf die bisher lange ungebrochene Stabilität, ein dialektischer Zusammenhang. Marktteilnehmer verhalten sich wie der Autofahrer mit beschlagener Frontscheibe, der mit Hilfe des Rückspiegels fährt. Erfolg in der Vergangenheit und Gegenwart fördert die Bereitschaft zu immer größeren Wagnissen. Mehr noch, es entsteht eine Verstocktheit der Finanzhaie, die sogar starke Einbrüche ignorieren oder das Staatsgeld wieder für das Casino verwenden.

Wackliger Finanzmarkt bis zum Crash des Kreditsystems

Die Instabilität des Finanzmarkts zeigt sich daran, dass die Welt nach der Statistik der Weltbank seit 1980 insgesamt 166 Finanzkrisen in verschiedenen Ländern erlebte, von denen 119 in ihren Auswirkungen über den Finanzbereich hinausgingen. So wurde die Wirtschaftskrise der sogenannten Tigerstaaten in Südostasien ausgelöst durch die Freigabe der Thailändischen Währung Baht Anfang Juli 1987 und die anschließende Währungsspekulation. 1998 sank das BIP in Indonesien um 13,1 Prozent, in Südkorea um 6,7 Prozent und in Thailand um 8,0 Prozent. Die 95 Mrd. Stützdollar des IWF flossen in nicht geringem Maße in die Taschen vermögender Privatpersonen, die die Gelegenheit nutzten, ihr Geld zu einem nun besseren Wechselkurs in Dollars zu tauschen und schnell außer Landes zu schaffen. Die Finanzkrisen konnten nicht durch Geldpolitik überwunden werden. Die Mexikokrise begann 1994 mit dem Fall des Peso. Ende 1995 flüchteten 16,9 Mrd. $ Auslandskapital. Das war aber nur der Auslöser, die wirkliche Ursache war das enorme Handelsdefizit, die Überschwemmung mit amerikanischen Waren.

Ein Beispiel für die Interdependenz der Faktoren bei der Anbahnung einer Krise war das Jahr 2008. Auf dem Weltwirtschaftsgipfel in Davos im Januar äußerten sich bereits die Experten über das Kommen der Finanzkrise. Im Sommer verschärfte sich die Kreditkrise, die Banken liehen sich gegenseitig kein Geld mehr und der wichtigste Zinssatz der Weltwirtschaft, der LIBOR (Dollarzins für Interbankkredite in London) stieg drastisch an. Am 15. September 2008 ging Lehman Brothers pleite, die übrigens schon im August 2007 1200 Mitarbeiter entlassen musste, und das löste die weitreichende zweite Etappe der Finanzkrise, die schon vorher wetterleuchtete, aus. Es verfielen gleichzeitig Immobilienkredite, Aktienkurse, Rohstoffpreise und private Vermögenswerte. Hauptfaktor war das ertragreiche Spekulieren auf fallende Preise und Kurse. Das führte zur sinkenden Konsumnachfrage und verringerte Realinvestitionen. Später wurde das billige Geld der Notenbanken für weitere Spekulation oder für den Kauf von Staatspapieren mit hohen Zinsen verwendet. Seit Juli 2008 hatten sich bereits viele Daten der Realwirtschaft in den USA und in der Eurozone verschlechtert. Das hing zusammen mit der exorbitanten Erhöhung des Ölpreises, der bangen Erwartung höherer Leitzinsen und den sinkenden Realeinkommen durch hohe Inflationsraten, in den USA 3,4 und in der Eurozone 4,1 %. Es ist durchaus möglich, dass diese realen Schocks zusammen mit der überhitzten Spekulation die Signalwirkung der Lehmaninsolvenz verstärkten. Von da ab kam es zur Wechselwirkung sich gegenseitig verstärkender Finanzkapitalcrashs und Realkapitaldesasters. Die Abwicklung von Lehman durch eine Insolvenzfirma soll sich bis Ende 2010 vollziehen.

Es gibt keine einbahnige oder nur auf Lehman Brothers zurückführende Erklärung der entstandenen Krise. Die wachsende Überproduktion und Überakkumulation in Bereichen der Realwirtschaft führte schon seit den 90er Jahren zur Suche nach lukrativeren Anlagemöglichkeiten. Dieser Impuls wurde vom Finanzkapital genutzt, immer neue Instrumente der Spekulation bereitzustellen und auch direkt in den Wirtschaftskreislauf einzugreifen mit Maßnahmen der Verschlankung zugunsten höherer Renditen und Kurspflege, der feindlichen Übernahme von Konkurrenzunternehmen, ausländischer Investitionen, der Privatisierung und der Inanspruchnahme öffentlicher Förderungsgelder. Es wird in seinen Ansprüchen an sein wirtschaftliches und gesellschaftliches Umfeld immer unverschämter, wie das Verhalten der Staatshilfe fordernden Banken zeigt. Die monetäre Akkumulation hat sich von der realen Akkumulation immer weiter abgekoppelt. Früher hatte die Industrie Schwierigkeiten, Kredite für Innovationen und Investitionen zu erhalten. Jetzt ist es umgekehrt, riesigen Finanzblasen steht eine schrumpfende Masse rentabler Anlagemöglichkeiten gegenüber.

Zu den Faktoren der Überakkumulation in der Realwirtschaft seit den 90er Jahren gehörten die hohen Renditen der neuen Produkte der Informationstechnologie, die weitere Konzentration der Produktion, die Senkung oder Stagnation der Reallöhne bei beträchtlich steigender Arbeitsproduktivität, die niedrigen, Lieferländer strangulierenden Rohstoffpreise, die Konkurrenz und der Druck auf bessere Verwertung des Kapitals und Ausdehnung des Geschäfts sowie günstige Zins- und Währungskonditionen für den Reproduktionsprozess des Kapitals. Die Prozesse der enormen Marktausdehnung erscheinen dem Normalbürger wie ein von den Produzenten unabhängiges Naturgesetz, das scheinbar den marktradikalen Glaubensartikeln Recht gibt. Darauf folgt dann früher oder später ein böses Erwachen anlässlich der wachsenden Überproduktionshalden. Die Entwertung des vorhandenen Kapitals durch die Präferenz des neuen hält den Fall der kapitalbezogenen Profitrate auf, kann aber die Profitmasse beeinträchtigen und zu plötzlichen Stockungen oder Wirtschaftskrisen führen, wie es ab 1987 in der BRD und anderen Ländern geschah. Einbruch der Renditen durch Überproduktion verstärkt nicht nur den Rationalisierungsdruck in den Unternehmen, sondern auch die Neigung zu finanziellen Abenteuern mit der erzielten Profitmasse, die mit einem Extraprofit locken. Wenn die Störungen eingreifen in die große, verzweigte Kette der Zahlungsobligationen zu bestimmten Terminen, wird die Störung verstärkt und verschärft mit dem Crash des Kreditsystems den Wirtschaftsabschwung.

Renditeschwäche befördert Fusionen und Übernahmen

Der neoliberale Schwenk vor drei Jahrzehnten war die Antwort auf den Rückgang der Wachstumsraten der Arbeitsproduktivität und fallende Profitraten. Nun ist seit dem Beginn des 21. Jahrhunderts wieder eine solche Zeit der Renditeschwäche angebrochen. Dazu gehört die Tendenz der geringeren Eigenkapitalrenditen bei Banken und Unternehmen von 2000 bis 2002, als deren Gegengift das Hochhebeln der Rendite mit Hilfe von Fremdkapital betrachtet wurde. Die Geldschwemme in der risikogeladenen Kreditwirtschaft untergrub aber immer mehr die Hauptquelle der Bankenprofite, den Zins. Die Zinsspanne oder Zinsmarge, das Verhältnis von Zinsüberschuss zur Bilanzsumme, lag in Deutschland von 1980 bis 1991 bei 1,9 % und im Folgejahrzehnt bei 1,6 %, fiel aber von 2000 bis 2007 auf 1,5 %. Als Medizin gegen den Einbruch war das „same as every year" parat und das Kreditdoping mit fragwürdigen Papieren lief zunächst weiter, es produzierte eine Scheinblüte in der Realwirtschaft und Finanzsphäre. Im Oktober 2008 hatten die Banken der BRD ein Eigenkapital von 366 Mrd. € bei einer Bilanzsumme von 8030 Mrd. €, während der Branchenprimus Deutsche Bank ein Eigenkapital von 32,8 Mrd. € und eine Bilanzsumme von 2061 Mrd. € hatte, das heißt ein noch viel niedrigeres Verhältnis. Im Handwerkskasten des Kapitals gibt es aber neben dem vermeintlichen Zauberstab des Fremdkapitalhebels ein weiteres vermeintlich probates Mittel der Profitvorsorge.

Die Konzentration und Zentralisation des Kapitals ist ein Prozess, der sich in enger Verflechtung von Realwirtschafts- und Finanzsphäre vollzieht und besonders in Zeiten mit fallenden Profitraten der jeweiligen Branche beschleunigt. In den Jahren von 1996 bis 1999 kam es zu einer Reihe der Fusionen von Großkonzernen der Industrie weltweit wie zum Beispiel 1998 Daimler Benz und Chrysler zu DaimlerChrysler AG und Großbanken wie die drei führenden japanischen Banken zur größten Finanzgruppe der Welt im Jahre 1999 mit 2,4 Billionen DM. Es geht dabei um stärkere Marktbeherrschung durch Monopole und Oligopole, die Monopolrenten abschöpfen, aber auch um Spekulationschancen beim Firmenwert und beim Aktienkurs. Eine lange Reihe von zwölf solchen Elefantenhochzeiten gab es in der Pharmaindustrie beim Vorspiel und Beginn der Krise von 2006 bis zum März 2009, als der US-Konzern Merck und Co. den Konkurrenten Schering-Plough übernahm. Die großen Pharma-Unternehmen stehen unter Druck, weil Patente auf wichtige Medikamente auslaufen. Damit kommen immer mehr preiswerte Nachahmerpräparate, sogenannte Generika auf den Markt. In der Bankenwelt wurde die Fusionsbegeisterung am Ende zu einem Verlustsummenspiel bei den Übernahmen der Sächsischen Landesbank, der Dresdner Bank, der West-LB und anderer. In den USA und Großbritannien kam es zu ähnliche Prozessen. Man hatte sich viele Rationalisierungsreserven durch die Übernahme versprochen und entdeckte meist zu spät die zunächst kunstvoll verborgenen Bilanzlöcher. Multinationale Konzerne kontrollieren inzwischen die gesamte Wirtschaft. Sie haben exklusiven Zugang zu den Kapitalmärkten, sind intensiv finanzialisiert. Der Finanzmarkt dominiert durch Finanzialisierung den Handel, den Arbeitsmarkt, den Rohstoffmarkt, Energiemarkt etc.

Die Neoliberalen verketzern schon immer den Staat als unproduktiv und mit mangelndem Verantwortungsbewußtsein beim Umgang mit Geld. Der kürzlich verstorbene Bertelsmann-Chef *Reinhard Mohn* empfahl den Staat Bundesrepublik wie einen Konzern zu leiten, also als „Gesamtkapitalist" aufzutreten. Gerade die genannten negativen Eigenschaften werden, wie die Krise deutlich zeigt, in Konzernen und Großbanken kultiviert. Der neoliberale Staat ist nur eine spezifische Form des kapitalistischen Staates und sein Liberalismus ist eine Strategie zur Entfesselung des Weltmarkts und nicht umgekehrt.

Menetekel der Megakrise

Die langfristige Bewegung des legendären Dow Jones Industrial (Dow Jones Industrial Average DJIA) in den USA ist ein markanter Indikator für die Entwicklung des Vertrauens in die Erträge des Realkapitals. Er wurde erfunden von *Charles Dow* und *Edward Jones* und ist weltberühmt wie kein anderes Börsenbarometer. Der Index umfasst die 30 umsatzstärksten US-amerikanischen Aktienwerte (Industrie, Handel, Finanzdienstleistungen), die sogenannten Blue Chips und wird seit 1896 börsentäglich vom Medienhaus Dow Jones berechnet. Sein durchschnittliches Wachstum der Jahre von 1896 bis 1980 betrug 3,9 Prozent p. a. Von der Zeit der Reaganomics 1980 bis 1995 stieg das jährliche Wachstum auf beachtliche 10,4 Prozent, während das US-Inlandsprodukt nur um 5,9 Prozent p. a. wuchs. Von 1995 bis 2000 sprang das jährliche Wachstum auf den phantastischen Wert von 31,6 Prozent. Das ist das Muster einer hyperbolischen Funktion, wie sie in der Natur die plötzliche Massenvermehrung bestimmter Krankheitskeime oder der Heuschrecken (!) beschreibt. In diesem Fall werden die Verdoppelungszeiten im Unterschied zum exponentiellen Wachstum immer kürzer. Niemand bremste die Finanzleute, im Gegenteil, es galt das „Weiter so!", das schon *Walter Benjamin* (1892-1940) in anderen Zeiten als die eigentliche Katastrophe bezeichnete. Die Quittung für das überhitzte, hochspekulative Wachstum kam für den Dow Jones im Jahre 1999, als sich die New Economy-Blase aufblähte, die bereits am Beispiel des Zusammenbruchs von WorldCom geschildert wurde.

Das Anheizen der Spekulation war nicht das Ergebnis der normalen Ausbreitungsphase einer technologischen Revolution, sondern der Liberalisierung des Kapitalverkehrs, der Deregulierungspolitik und des Shareholder-Konzepts in der Realwirtschaft. Das weltweite Bruttoinlandsprodukt hatte von 1990 bis 1999 einen Steigerungsfaktor von 1,4. Der entsprechende Faktor des Weltfinanzmarkts lag bei 25,2 für den außerbörslichen Handel, 17,8 für die Bestände an Derivaten, 9,7 für die Zinsswaps, 7,7 für die Zinsoptions, 5,9 für den Aktienhandel der Börse und 5,5 für die Zinsfutures. Das war der Anfang des Marsches in die Megablase. Von 1999 an bewegte sich der Kurs des Dow Jones auf einem erschlappten Zickzack von 12 000 bis 6900 Punkten im März 2009, also um minus 5,4 Prozent pro Jahr. Im Krisenjahr 2008 verlor er 34 Prozent, das schlechteste Ergebnis seit 1931. Bis 19. Juni 2009 erholte er sich auf 8572 und bis 23. April 2010 sogar auf 11304, was sich als Strohfeuer erweisen kann. Der zweite Börsenindex der Wall Street, der Standards & Poor 500 hat 2008 vierzig Prozent eingebüßt. Der Nasdaq verlor 41 Prozent. In Deutschland gab es für den Börsenindex DAX in Frankfurt eine Prognose für 2008 von 7 Prozent Wachstum auf 8641 Zähler, erreicht wurde zum Jahresende ein Verlust von 40 Prozent oder auf 4700 Zähler. Erst 2009 erreichte er wieder die psychologische Marke 6000, die zum Jahresende erneut wackelte. In Japan verlor der Nikkei-Index 42 Prozent im Jahr.

Seit Anfang der neunziger Jahre kam es auf dem Kreditmarkt zum beschleunigten Erscheinen immer neuer komplizierter, schwer zu durchschauender Vermögenstitel unter der euphorisch klingenden Bezeichnung Finanzinnovationen. Die interessenborniertem Finanzanalysten durchschauen meist selbst nicht ihre Produkte und haben weder Überblick noch Durchblick auf dem Finanzmarkt. Hinzu kam die Erosion der Standards der Schuldenhaftung. Das Finanzkapital wuchs schneller als das Realkapital, das Volumen der Geldvermögen nach einer Studie von McKinsey von weltweit 99 Billionen $ im Jahre 2002 bis auf 167 Billionen $ 2006 (Aktien 60, Unternehmensanleihen 40, Bankeinlagen 40, Staatsanleihen 27 Billionen $), also um 14 Prozent p. a. Die außerbörslichen Derivate werden laut Vierteljahresbericht der Bank für internationalen Zahlungsausgleich BIZ auf 200 Billionen $ im Jahre 2003 , 300 Billionen im Jahre 2005 und 600 Billionen $ im Jahre 2007 beziffert. Das ist eine Beschleunigung des Wachstums von 22,4 Prozent p. a. (2003-2005) auf 41,4 Prozent p. a. (2005-2007). Wie wenig die Gefahr der bevorstehenden Krise von den führenden Kreisen der EU erkannt wurde, zeigt die Anfang 2007 unter der Bezeichnung „Basel II" eingeführte sogenannte Reform des Bankensystems. Sie wurde dafür damals hochgelobt, dass sie die staatliche Bankenaufsicht zurückdrängt, den Banken mehr „Eigenverantwortung" gibt und der Markttendenz mehr vertraut als rechtlichen Vorschriften. Die Botschaft des hyperbolischen, ergo überhitzten Tempos als Menetekel wurde bald weitaus konkreter. Man kann auch sagen, die extremste Blase platzt zuerst, ihre Wachstumsbeschleunigung birgt die Warnung. Zeichen des herannahenden Booms sind rapid ansteigende Preise wegen der schnell steigenden Nachfrage, beginnender Mangel an Arbeitskräften, schnelles Wachstum der Profite, Zurückbleiben der Reallöhne, flotter Wertpapiermarkt, Ausdehnung des Kredits. Der Boom ist eben gerade nicht ein Merkmal des normalen Gleichgewichts, wie die Neoliberalen behaupten, er führt zu einem Aufschwung der Spekulation. Der Reichtum, den die Lohnarbeiter produzieren, wird nicht dazu benutzt, die Lebensverhältnisse der Bevölkerung zu verbessern, sondern im „Geldcasino" verjubelt. In Deutschland flossen 2006 neun Zehntel des zusätzlichen Mittelaufkommens der Realwirtschaft in die Geldvermögensbildung und nur ein Zehntel in den Ausbau von Sachvermögen. In Österreich wuchsen von 1960 bis 2000 die Geldvermögen um 8,4 Prozent jährlich, das Sozialprodukt um 4,6 Prozent und die Nettolöhne und –gehälter um 1,6 Prozent. Das Land verzeichnet 70 000 Euro-Millionäre.

Immobilienblase in den USA und Europa

In der Mitte des ersten Jahrzehnts des neuen Jahrhunderts kam es in den USA zu den ersten Schritten in Richtung auf eine Krise der Subprime-Kredite, das heißt der zweitrangigen, schlecht besicherten Kredite des Immobilienmarktes. Die Kreditbedingungen und – kontrollen wurden in der Ära der Deregulierung immer mehr verändert. Nach der Krise am Neuen Markt und den Terroranschlägen des 11. September 2001 hatte die FED den Leitzins auf ein Prozent herabgesetzt, weit unter der Inflationsrate. Angesichts dieser niedrigen Zinsen und günstiger Geldangebote haben breite Teile des Mittelstands in den Eigenheimbau investiert und Hypotheken zur weiteren Finanzierung ihres Konsums übernommen. Es ging nicht mehr bloß um das traute Heim, der kleine Mann sah sich veranlasst, mit der Immobilie steigenden Wertes als Prestigeobjekt zu spekulieren. Er versuchte, es den großen Machern gleichzutun. Kredite im Immobiliensektor sind Wetten auf die Zukunft, Erwartungen auf Zinsentwicklung und Preisveränderung der Bauobjekte. In den USA liegt die durchschnittliche Wohnfläche bei 207 m^2, in Deutschland zum Vergleich bei 84 m^2. Bald gab es Kreditverträge mit steigenden Zinsen ab dem zweiten oder dritten Jahr. Die vergebenen Kredite verkaufte die Bank an eine von ihr gegründete Zweckgesellschaft, die die Immobilienkredite unterschiedlicher Bonität in Finanzpakete bündelte, die ohne sachdienliche (im schönenden Fachjargon asymmetrische) Information als neue handelbare Wertpapiere an andere ggf. ausländische Interessenten verkauft wurden. Sie werden als Collaterized Debt Obligations CDO bezeichnet. Sie sind sehr komplex, kaum transparent und zusammengesetzt aus Papieren mit unterschiedlichem Risiko. Es gibt CDO, CDOs von CDOs usw. Das Risiko wird umdeklariert zur Geldhandelsware, das ist die „geniale" Grundidee dieses fundamentalen Kundenbetrugs.

Die Bonitäten wurden von Ratingagenturen beurteilt, die daran viel verdienten, obgleich sie oft die Risiken gegenüber ihren Auftraggebern, den Banken geschickt bagatellisierten, indem sie viel zu oft die höchste Bewertung des „triple A" vergaben. So wurde von den Banken der Bock zum Gärtner gemacht. Die Finanzexperten benutzten das listige Argument, dass die Mischung von guten und riskanten Papieren eine vorteilhafte Neutralisierung durch Risikostreuung bewirkt, so wie ein scharfes Gift bei Verdünnung oft gute Wirkung zeitigt. Praktiken der Bilanzfrisur wie bei WorldCom waren weit verbreitet. Das Geld für die Transaktionen beschaffte sich die Zweckgesellschaft aus Anleihen mit günstigeren Konditionen und schöpfte Gewinn aus der Zinsdifferenz. In der Folge stiegen der Leitzins und die Hypothekenzinsen und immer mehr Häuslebauer konnten den Schuldendienst nicht mehr bedienen. Hinzu kam, dass gleichzeitig die Marktpreise der neugebauten Häuser zunächst stiegen, ab Oktober 2005 stagnierten und dann ab Februar 2007 plötzlich verfielen, häufig bis unter den Hypothekenwert. Das war bereits der Anfang der sogenannten Subprimekrise.

Der Case-Shiller-Häuserpreisindex der USA stieg (jeweils März) von 1987 gleich 100 stetig auf 710 im Jahre 2000, fiel dann auf 405 im Jahre 2002 und stieg wieder auf 805 im Jahre 2007 mit anschließendem Fall. Im März 2009 hatten 8 Millionen Hausbesitzer höhere Schulden auf ihr Haus als das Haus noch Marktwert hatte. Der Kapitalanteil der privaten Haushalte war auf unter 50 Prozent gesunken, das heißt die Mehrheit des Wohneigentums gehörte den Banken. Von 2004 bis 2007 hat sich die Vergabe der minderwertigen Hypothekenkredite verdreifacht. Sie wurden Mitte 2007 auf 2 Billionen $ beziffert, das ist die Hälfte des gesamten hypothekengesicherten Wertpapierhandels der USA. Die Banken finanzierten den Hausbau mit bis zu 120 Prozent des Hauspreises. Sie verkauften dann ihre Hypothekenpakete an ausländische Banken und Fonds, konnten sich damit refinanzieren und das Geschäft weiter forcieren. Als die Kunden ihre Hypotheken nicht mehr bedienen konnten und die Häuserpreise einbrachen wurden die US- Banken und die ausländischen Banken mit ihren faulen Hypothekenpaketen illiquide. Im Juli 2008 standen 4,6 Millionen Häuser zum Verkauf. Bis Ende 2008 mussten 1,4 Millionen Häuser auf Grund von Zwangsvollstreckungen geräumt werden. Die Immobilienblase war geplatzt.Es gab viele Zwangsversteigerungen und wegen der extrem niedrigen Preise machten die Spekulanten wieder ihre Spielchen auch im Jahre 2009.

Die Globalisierung der Finanzmärkte führte dazu, dass die US-Subprime-Krise schnell übersprang auf die Banken in Großbritannien, Irland und Deutschland, die Realwirtschaft in China sowie die Wechselkurse und Börsen in den Schwellenländern. Auch in Spanien ist 2008 der Verkauf von Immobilien noch einmal um 30 bis 40 Prozent eingebrochen. In diesem Land stiegen die Schulden der börsennotierten Immobilien- und Baufirmen von 2003 mit 24,5 Mrd. € bis 2007 mit 138,9 Mrd. €. Russland erreichte die Immobilienkrise 2008 bei einer Inflationsrate von 14 Prozent. Kredite waren nur zu einem effektiven Jahreszins von 15 Prozent und im Dezember bereits 25 Prozent zu bekommen. Der Wert des Rubels ist im Sinkflug, im Dezember verlor er 10 Prozent in drei Wochen. Am 22. Dezember 2008 entsprach 1 $ 39,84 Rubel. Der Rubel ist an einen Korb gekoppelt, der zu 55 % aus Dollar und 45 % aus Euro besteht. An der Moskauer Börse ist der RTS-Index im Jahre 2008 um 73 % gefallen. Mitte 2008 besaßen die 100 Geldoligarchen Russlands 522 Mrd. $, von denen im Verlauf der Finanzkrise 230 Mrd. $ verschwanden. In der Panik begannen sie, Luxusjachten, Flugzeuge, Privatinseln in der Karibik, Villen an der Cote d'Azur und Schlösser in England zu verkaufen.

Milliardenschwindel und verordnete Instabilität

Das Jahr 2008 begann mit einem Menetekel. Gemeint ist die Aufdeckung eines Milliardenschwindels in Paris. Der 31 Jahre alte Bankmanager *Jérôme Kerviel* hatte mit waghalsigen Finanzwetten im Wert von 50 Mrd. € der Großbank Société Générale 4,9 Mrd. € Verluste beschert. Vorboten der Finanzkrise gab es in den USA bereits im Juli 2007, als zwei Hedgefonds der Investment Bank Bear Sterns mit Verlusten von 1,6 Mrd- $ platzten. Finanzhedging sind Sicherungsgeschäfte für Zins- und Wechselkursrisiken im Devisen-, Edelmetall- und Wertpapierhandel. Im März 2008 war dann die Bank am Ende und musste vom Staat mit Hilfe einer Garantie der FED für faule Wertpapiere von 30 Mrd. $ unterstützt werden. In Großbritannien stürmten schon im September 2007 besorgte Kunden in drei Tagen die Schalter der Bank Northern Rock und hoben drei Milliarden Pfund ab. Die ehemalige Bausparkasse hatte sich mit Ramschhypotheken in den USA übernommen. Jetzt ist die Bank verstaatlicht, sie kostet den Steuerzahler 27 Mrd. £.

Im April 2008 hat die FED unter dem Chef *Bernanke* den Leitzins in zehn Schritten seit 2007 von 5,25 auf 2 Prozent gesenkt. Der große Hypothekenfinanzierer New Century Financial war am 2. April pleite, ein Menetekel für das „neue Finanzjahrhundert". Die Verluste wurden auf 450 Millionen \$ beziffert. Zwei der größten Hypothekenfinanzierer Fannie Mae und Freddie Mac wurden teilverstaatlicht. Später stellte sich heraus, dass beide Finanzhäuser einen Verlust von 186 Mrd. \$ eingefahren hatten. Mitte Juli 2008 rutschte die kalifornische Indy Mac Bancorp in die Insolvenz, weil durch Vertrauensverlust der Kunden 1,3 Mrd. \$ Einlagen zurückgefordert wurden. Die Bank büßte seit 2007 98 Prozent ihres Börsenwerts ein. In Kalifornien traf es auch die Sparkasse Downey Savings & Loan mit einer Bilanzsumme von 12,8 Mrd. \$. Die Großbank Citygroup erhält 45 Mrd. \$ aus dem Rettungspaket der Regierung und eine Bürgschaft von 306 Mrd. \$ und kämpft trotzdem weiter mit der drohenden Insolvenz. Sie hat ein bilanzielles Minus von 28,5 Mrd. \$ und demgegenüber ein Eigenkapital von 28,9 Mrd. \$. Ursache der Pleite ist der Hypothekenmarkt. 75000 Stellen der Bank mit ihren Filialen sollen gestrichen werden. Im September 2008 kam es zu 266 000 Zwangsvollstreckungen für US-Immobilien. Die Europäische Zentralbank EZB hat in Verkennung der Lage wegen der Kosteninflation bei Rohstoffen noch im Juli 2008 die Leitzinsen erhöht, um sie dann notgedrungen im Oktober 2008 in Abstimmung mit anderen Zentralbanken zu reduzieren. Das ist ein Beispiel für die geringe Prognosekompetenz führender Institutionen in der faktischen Anarchie der Märkte.

Das finanzkapitalistische System der Instabilität war jahrelang aufgebaut worden. In den USA hatte die SEC die größten Investmentbanken Goldman Sachs, Merryl Lynch, Bear Sterns und Morgan Stanley aus den Vorschriften für Kapitalhinterlegung entlassen. So stieg ihr Fremdkapital/Eigenkapital-Verhältnis von 12:1 auf 30 bis 40 zu 1. In der Schweiz hatte die Credit Suisse ein Verhältnis von 1:30 und die UBS ein Verhältnis von 1: 50 erreicht. Zum Vergleich: 1988 wurde im Basler Abkommen festgelegt, dass die Banken Eigenkapital in Höhe von mindestens acht Prozent ihrer Außenstände vorhalten. Die Finanzinvestitionen begannen später immer mehr ein unsicheres Vagabundendasein zu führen. Die Krise schlug plötzlich voll durch, ausgelöst durch relativ kleine Ereignisse.

Am 15. September 2008 war es zum „Schwarzen Montag" der Wall Street gekommen. Die viertgrößte US-Bank Lehman Brothers Holding war am Ende und löste mit ihrer Insolvenz einen Tsunami auf den Weltfinanzmärkten als Auftakt der Megakrise aus. 85 Mrd. \$ Wertpapiere waren vom Ausfall bedroht. Die Bank hatte strukturierte Finanzpapiere SFP in alle Welt verkauft. Zum Beispiel hatte Lehman Brothers Deutschland Gesamtverbindlichkeiten von 14,3 Mrd. €. Lehman Brothers Holding wurde noch direkt vor der Pleite mit einer hohen Bonität eingestuft. Die guten Bewertungen mussten nun die Anleger ausbaden. Die US- Regierung ließ die Bank fallen, noch war nicht klar, wie es weitergehen sollte. Im September traf es auch die Sparkasse Washington Mutual mit einer Bilanzsumme von 300 Mrd. \$ und die Investmentbank Merryl Lynch wurde von der Bank of America für 50 Mrd. \$ übernommen. Die Bank of America wurde 2008 mit einer Bilanzsumme von 2,7 Billionen \$ zur größten amerikanischen Bank. September 2008 plante sie den Abbau von 35 000 Stellen, was später auf 75 000 erhöht wurde. Im IV. Quartal rutschte sie mit 2,4 Mrd. \$ in die roten Zahlen. Ihr Aktienkurs lag im Oktober 2007 bei 50 Dollar und Ende 2008 bei 4 Dollar.

Im Januar 2009 erhielt die Bank Staatsgarantien für faule Anlagen in Höhe von 118 Mrd. \$. Der drittgrößte Finanzkonzern Citigroup streicht 75 000 Stellen, sein Börsenpapier hat im Jahr 77 Prozent verloren. Bereits am 13. Oktober 2008 hatte der US-Finanzminister *Henry Paulson* die Vertreter der neun größten amerikanischen Finanzhäuser in sein Ministerium bestellt, um ihnen Staatshilfen durch Kauf von 250 Mrd. \$ Vorzugsaktien aufzudrängen, da die Aktienmärkte einbrechen und der Zahlungsverkehr ausgebremst wird. Auch der Chef der FED, *Ben Bernanke* und die Präsidentin des Einlagensicherungsfonds

Sheila Bair nahmen teil. *Paulson* operierte vorsichtig, da das republikanische Lager unter Präsident *Bush* mit seiner Staatsaversion bekannt war. Er ließ die Meldungen der Medien am Abend des Beratungstages sammeln und auswerten, um bei Bedarf gegensteuern zu können. Alle Medien verzichteten jedoch auf Übertreibungen mit harscher Kritik, so wie man es sich erhofft hatte, ein schönes Beispiel für die freiwillige Gleichschaltung. Später erwies sich, dass die geplante Hilfe nicht ausreicht.

Der Kurs des Versicherungsriesen American International Group AIG stürzte um 97 Prozent auf 1,57 $ und der Gesamtverlust im vierten Quartal 2008 betrug 61,7 Mrd. $, im gesamten Jahr 99,3 Mrd. $, ein negativer Rekordwert. Die AIG ist der größte Versicherungskonzern der Welt mit Vertretungen in 130 Ländern und 74 Mio. Kunden. Er stand am 15. September mit einer Bilanzsumme von einer Billion Dollar und 100 000 Angestellten vor dem Aus. Unter dem Chef *Maurice Greenberg* entwickelte er seine Strategie des Handels mit hochriskanten Finanzprodukten wie CDS und CDO und erreichte damit bis 2008 ein gigantisches Marktvolumen von 62 Billionen Dollar, mehr als das vierfache BIP der USA. Bis November 2008 hatte er 150 Mrd. $ Staatshilfe erhalten, aber bis März 2009 fiel der Aktienkurs von ehemals 52,3 $ auf 42 Cent, die 2,3 Mrd. Aktien waren nur noch 1 Mrd. $ wert. Es wurden weitere 30 Mrd. $ Hilfe angefordert. Die kranke AIG, die sich mit hochspekulativen Hypothekenpapieren verzockt hatte, löste eine globale Tsunamiwelle an allen großen Börsen der Welt aus mit dem entsprechenden Fall der Kurse. Anschließend war die abhängige Realwirtschaft an der Reihe. AIG ist Versicherer für Cross-Border-Leasing CBL. Fällt AIG aus, müssen Kommunen, die Straßenbahnen, Abwasserkanäle, U-Bahnen oder Messehallen an US-Investoren verkauft und zurückgemietet haben, ihren Vertragspartnern neue Sicherheiten bieten. Der US-Staat rettete AIG mit 93,2 Mrd. $ Steuergeld. Damit konnte die AIG Forderungen der Deutschen Bank DB von 11,9 Mrd. $ und von Goldman Sachs mit 12,9 Mrd. $ abgegolten werden.

Schon im Oktober 2008 vergab die US-Regierung ein Stützungspaket von einer Billion Dollar an Banken. Diese benutzten das Geld zum Stopfen ihrer Bilanzen, statt sie der Realwirtschaft zu geben. Beginnend mit der Krise der Immobilienfinanzierung sind bis November 2008 in den USA 22 Banken gescheitert und 117 Banken gelten nach den Informationen der US-Einlagenversicherung FDIC (Federal Deposit Insurance Corporation) als gefährdet. Damit verstärkt sich der Konzentrationsprozess im Bankensystem, seit 1980 sank die Anzahl der Banken um 6600 auf 8400. Ende 2008 waren weitere 252 US-Banken von der Pleite bedroht.

Die Dimension der Krise kann man mit den Daten der Hedgefondsbranche illustrieren. Sie verlor allein im Oktober 2008 100 Mrd. $, 60 Mrd. $ haben Anlieger abgezogen, 40 Mrd. $ war der Betrag der Wertverluste. Es verblieb ein Volumen von 1,6 Billionen $, das Ende des Jahres nur noch 1,2 Billionen $ betrug. Die US-Regierung erklärte schon im September, dass sie 700 Mrd. $ bereitstellen wird zum Aufkauf fauler Kredite. Beobachter vermerkten, dass damit die Spekulanten belohnt werden auf Kosten der Steuerzahler, die mit steigender Inflation rechnen müssen. Die Bilanzsumme der FED beträgt 30 Prozent des BIP der USA. Die FED will mit 600 Mrd. $ die Hypothekenkredite der Immobilienversicherer Fannie Mae und Freddie Mac aufkaufen. Diese beiden Gesellschaften waren Ende 2007 für 40 Prozent des auf 12 Billionen $ geschätzten Hypothekarmarktes verantwortlich. Sie mussten 2008 mehr als 100 Mrd. $ abschreiben und hatten Verluste von 11 Mrd. $ in neun Monaten. Der Begriff „Toxische Wertpapiere" macht die Runde, aber keiner wusste, welchen Gesamtschaden die weltweite Finanzkrise bis Februar 2009 schon angerichtet hatte. Am 29. Oktober senkte die FED den Leitzins um 0,5 Punkte auf 1 Prozent und später auf 0 bis 0,25 Prozent. Die Verbraucher in den USA, die 1975 Schulden von 740 Mrd. $ oder 62 % des Einkommens hatten, sind 2006 bei 11,5 Billionen Schulden oder 127,2 % des Einkommens angelangt.

Der Pleitegeier umkreist den Planeten

Vor der Krise umfasste das Volumen der weltweiten Hedgefonds 2000 Mrd. $. Im Krisenjahr 2008 wurden davon 399 Mrd. $ abgezogen wegen zu geringer Renditen, zu hoher Risiken und dringendem Eigenbedarf an liquiden Mitteln. Weitere 382 Mrd. $ wurden bei gescheiterten Anlagemanövern vernichtet. Die Hauptmethode des Hedging war die massive Nutzung des Kredithebels, Leveraging genannt. Im Sommer 2008 ihr damaliges Eigenkapital von etwa 2 Billionen $ um weitere 2 bis 3 Billionen $ Fremdkapital, meist Kredite von japanischen Banken mit niedrigen Zinssätzen, ergänzt. Als im Oktober 2008 auf dem Höhepunkt des Börsencrashs viel Spekulanten die bei Notverkäufen erzielten Erlöse in Yen zurücktauschten, wurde der Yen zum Dollar um 8 % und zum Euro um 12,7 % aufgewertet. Im März 2009 müssen die japanischen Banken nach den Einbrüchen der Hedgefonds mit Forderungen von 246 Mrd. $ rechnen und die deutschen Banken mit Forderungen von 124 Mrd. $.

Im Ergebnis der globalen Vernetzung der Finanzmärkte kam es schon 1998 zur Südostasienkrise mit Auswirkungen auf Russland und Brasilien. Seit 2007 breitete sich die Finanzkrise auf Banken anderer Länder und sogar auf die Finanzen mehrerer Staaten wie Island, Lettland, Rumänien, Ungarn, Ukraine, Türkei, Pakistan, Kolumbien aus. In Kolumbien stehen 500 000 Haushalte vor dem Ruin, weil sie ihr Geld den sogenannten Pyramiden gegeben haben, die Zinsen von bis zu 150 Prozent versprachen. Im September 2008 kam es zur Kapitalflucht aus den sogenannten Schwellenländer von Russland bis Südkorea, Brasilien und der Türkei. Der IWF will für einige Länder 20 Mrd. € Kredite bereitstellen, die kaum reichen werden. Er verfügt über Reserven von 160 Mrd. €, kein großer Betrag in den Zeiten der Megakrise. Russland verzeichnete von Mai bis November Kursverluste von einer Billion $, davon 700 Mrd. $ durch die staatlichen Erdöl- und Gasunternehmen sowie einen Kapitalabfluss von 50 Mrd. $. Die Regierung Ecuadors will gegen die ausländischen und inländischen Verursacher der Finanzkrise des Landes vorgehen, dessen Verpflichtungen von 200 Mio. $ auf heute 11,26 Mrd. $ angestiegen sind. Insgesamt kann man nun im März 2009 feststellen, dass das Weltfinanzsystem in weiten Gebieten insolvent ist.

China hat zeitweise kalte Füße bei der Anlage seiner Überschüsse in US-Staatspapieren und Unternehmen bekommen. Es hatte noch Mitte 2008 520 Mrd. $ von seinen auf 1,8 Billionen $ geschätzten Devisenreserven in US-Staatsanleihen angelegt. Teilweise wurde die Ölrechnung stärker auf den Dollar umgestellt. China ist eine Art Hausbank der USA. Der staatliche Vermögensfonds China Investment Corp CIC hat am 3. Dezember 2008 angekündigt, vorerst nicht mehr in westliche Finanzinstitute zu investieren. Ferner hat die chinesische Regierung die Bank of America BoA daran gehindert, seinen Anteil an der China Construction Bank CCB zu reduzieren. Während der Turbulenzen auf den Finanzmärkten erlitten chinesische Unternehmen viele Verluste, wenn sie in Dollar bezahlt wurden, dessen Wert gegen den Euro fiel. Auch die Dollarreserven Chinas litten unter dem weiteren Verfall des Dollars. Ende Februar 2010 hatte China bereits Fremdwährungsreserven von 853,7 Mrd. $ und Japan 850,1 Mrd. $. Die massiven Stützungskäufe durch China und Japan haben die Abwertung des Dollar bisher verhindert. Werden die eigenen Währungen der asiatischen Länder gegenüber dem Dollar aufgewertet würden Exporte dieser Länder in die USA teurer. Die Industrial and Commercial Bank of China ICBC ist mit einem Börsenwert von 232 Mrd. US-$ eine der größten Banken der Welt. Westliche Banken dürfen bis maximal 15 Prozent Beteiligung an einer chinesischen Bank halten

In der Krise stellte die chinesische Regierung staatliche Kredite in umgerechnet 1 Billion Euro bereit. Sie fließen aber in riesige Infrastrukturprojekte. Von den kleinen und mittleren Privatunternehmen sind viele pleite. Anderseits erhöht sich ständig der Anteil Chinas am Weltsozialprodukt, es wird wahrscheinlich bis 2012 oder 2013 den Anteil der USA und der EU übersteigen. 2008 erreichte der chinesische Außenhandel ein Volumen von 2,6

Billionen US-$. Schon 2005 hatten China 3,3 Mio. College-Absolventen, darunter 600 000 Abgänge der Ingenieurwissenschaften, die USA nur 1,3 Mio., davon 70 000 Abgänge der Ingenieurwissenschaften. Andererseits wachsen in China auch die sozialen Probleme. Für die Firma Apple montieren in China in dem Ort Longhua in der Sonderwirtschaftszone Shenzen 200 000 Arbeiter den iPod. Sie müssen für 50 US-Dollar im Monat rund 15 Stunden am Tag arbeiten.

In der Bundesrepublik glaubten die tonangebenden Politiker und Finanzmanager bis zum Beginn des Herbstes 2008 an einen normalen positiven Konjunkturverlauf des Jahres. Aus dem Einbruch einiger Indikatoren schon im April wurden keine anderen Schlüsse gezogen. Finanzminister *Peer Steinbrück* äußerte noch Ende August Zuversicht in die Wirtschaftsentwicklung, er sehe keine Krise. Im September sprach er mit dem Stichwort HRE von einer US-Krise. Am 10. September befand der Bundesbankchef *Axel Weber*, die Konjunktur sei alles in allem befriedigend. Aber es kam anders. Die Industriekreditbank IKB, die zu 38 Prozent der staatlichen KfW-Bank gehörte (80 % Bund, 20 % Länder), musste seit Sommer 2007 mit 10,7 Mrd. € Staatsgeldern vor dem Zusammenbruch bewahrt werden. Sie hatte sich mit hochriskanten Investmentgeschäften verspekuliert und wurde für 115 Mio. € an die Beteiligungsgesellschaft Lone Star verramscht. Die 1948 mit Mitteln des Marshallplans gegründete KfW hatte bis November 2008 1,6 Mrd. € Verluste: Die IKB-Beteiligung von 1 Mrd. €, Lehman Brothers mit 400 Mio. €, Island mit 200 Mio. €. Ende März 2009 wurden die Verluste auf 2,7 Mrd. € beziffert. Die KfW war zunächst eine klassische staatliche Förderbank für den Mittelstand, öffentlich finanzierte Infrastrukturprojekte und ähnliche Zwecke. Mit dem Vorstandsvorsitzenden *Hans Reich* wurde sie mit Investmentbanking – Beziehungen und – Aufgaben in ein rasantes Wachstum geführt bis zum Platzen der Blase. Ferner kollabierte die Sachsen LB, die sich über eine irische Tochter am amerikanischen Hypothekenmarktgeschäft beteiligt hatte. Anfang 2008 wurde sie von der Landesbank Baden-Württemberg LBBW übernommen, die selbst Ende 2008 ins Schlittern kam. Die West LB meldete für 2007 Verluste von 2 Mrd. €. Außerdem übernahm das Land Nordrhein-Westfalen eine weitere Risikoabschirmung von 3 Mrd. €. 2009 will die Bank bis zu 70-100 Mrd. € aus ihren Bilanzen mit einer externen Abwicklungsgesellschaft (Zweckgesellschaft) auslagern. Die Abwicklung wird teuer wegen des dafür erforderlichen Zuschusses von Eigenkapital. In die Pflicht genommen wird der Steuerzahler. Die Zukunft der Bayern LB musste mit Finanzspritzen und Garantien von mehr als 30 Mrd. € gesichert werden. Die Bank hat 19 200 Beschäftigte, davon 14 000 im Ausland. 5 600 Arbeitsplätze sollen wegfallen. 2008 hat die Bank einen operativen Verlust von 5 Mrd. € zu verzeichnen. Der Aktienkurs des in Deutschland operierenden internationalen Zeitungsimperiums, der „Heuschrecke" Mecom Group, der auch die „Berliner Zeitung" gehört, fiel seit 2007 um 97 Prozent. Die Bankschulden betragen 587 £ (Pfund Sterling). Die Gläubiger der Pleitebanken in der BRD wurden geheimgehalten. In den USA wurden sie auf Druck des Kongresses veröffentlicht und es zeugte sich zum Beispiel, wer die Kompensation durch staatliche Rettungsmilliarden für den Versicherungskonzern AIG erhalten hat, die Deutsche Bank 12 Mrd. € als einer der Hauptempfänger.

Der Druck auf eine höhere Eigenkapitalrendite öffnete schon lange auch die Schleusen je nachdem für Fusionen oder Abspalten von Unternehmen und Banken. So entstand 1998 in München die bayerische Hypo-Vereinsbank HVB durch den Zusammenschluss der privaten Hypotheken- und Wechselbank mit der halbstaatlichen Vereinsbank. Danach entdeckte man 3,5 Mrd. DM faule Hypothekenkredite. 2002 wurde das gewerbliche Immobiliengeschäft ausgegliedert als Tochterbank Hypo Real Estate Holding AG HRE, die 2003 an die Börse gebracht wurde und der toxischen Papiere von der Vereinsbank großzügig übergeben wurden. Die HRE machte 2007 ein Neugeschäft von 32 Mrd. € und kaufte die hochriskante irische Bank DEPFA, die im Ergebnis des Untergangs von Lehman Brothers alle Geldquellen verlor und die HRE mit in den Strudel zog. Wegen dubioser Geschäftspolitik mit dem Verkauf von Wertpapieren, die risikoreiche Kredite bündelten sowie Finanzierung langfristiger Geldanlagen durch kurzfristige Kredite schlug 2007 die in den USA ausgelöste Immobilien- und Finanzkrise voll auf die HRE durch. Die Bank hatte ein gigantisches Liquiditätsproblem, da sie nicht einmal über verlässliche Daten der eigenen Liquidität verfügte. Im Frühjahr 2008 reagierte weder Vorstand, Aufsichtsrat, Wirtschaftsprüfungsfirmen, Finanzaufsicht, Bundesbank und Finanzministerium konsequent auf die Situation. Die Vereinsbank hätte als Mutter fünf Jahre für die Schulden der Tochter haften müssen. Einen Tag (!) nach Ablauf dieser Frist stellte der Finanzminister *Steinbrück* fest, dass die HRE pleite ist und von nun an der Steuerzahler einspringen muss. Im September 2008 verhinderte daher die Finanzzusage des Staates von 35 Mrd. € und später 50 Mrd. € den Zusammenbruch des Münchner Immobilien- und Staatsfinanzierers Hypo Real Estate HRE. Dieses Finanzunternehmen war der weltweit zweitgrößte Emittent von Pfandbriefen. Ein Pfandbrief ist ein Anleihenpapier, das durch Hypotheken oder Grundschulden gesichert ist. Der deutsche Pfandbriefmarkt hat ein Volumen von etwa 900 Mrd. €. Pfandbriefserien werden an der Börse notiert. Hypothekenpfandbriefe verfügen über eine Deckungsmasse durch Immobilien, deren Marktwert aber variabel ist. Die Immobilienpreise sind in der Dekade von 1995 bis 2005 in den USA und Großbritannien beträchtlich gestiegen, während sie in Deutschland und Japan gesunken sind.

Die HRE haftet für die Forderungen der Inhaber der von ihr emittierten Wertpapiere. Viele Banken hängen an der HRE, weil sie ihre Kredite oft über Pfandbriefe refinanzieren. Sie ist einer der größten Finanzierer der öffentlichen Haushalte. Anfang September hatte die HRE bei einem Kurs von 17 € noch einen Börsenwert von 3,6 Mrd. € , im November nur noch einen Kurs von 3 € bei insgesamt 650 Mio. €, im Februar 2009 etwa 1 € bei 217 Mio. € und im März 0,83 € bei 180 Mio. € in der Spekulation auf Staatshilfe. Sie hatte schon 2004 insgesamt 4200 Hauskredite für 3,6 Mrd. € an den berüchtigten Finanzinvestor Lone Star aus Texas verscherbelt. Die bisherigen Garantien und Kapitalhilfen des staatlichen Bankenrettungsfonds SoFFin für Großbanken insgesamt betrugen 102 Mrd. € im Februar 2009. Es ist ein Fass ohne Boden mit einer Bilanzsumme von 480 Mrd. € im März 2009, so dass die Verstaatlichung durch ein Gesetz im Bundestag beschlossen wurde, weil die HRE als „systemrelevant" gilt. Die HRE braucht auch unter ihrem neuen Chef *Axel Wienandt*, einem Vertrauten von *Ackermann* ständig frisches Geld.

Vom Täter der Krise zum Macher der Staatshilfe

Bis November 2008 waren 20 deutsche Banken in Schwierigkeiten und haben Anträge für das Rettungspaket des Bundes gestellt. In einer solchen Lage vermeldete der Finanzminister *Steinbrück* die Erfolgsmeldung einer sinkenden Staatsquote. Die Staatsquote ist das Verhältnis von Staatsausgaben zum Sozialprodukt. Wo mag er wohl gespart haben, wenn die Pleitebanken am Tropf des Fiskus hängen. Man muss ferner wissen, dass von einem Volkseinkommen von 42 Milliarden Euro pro Jahr 40 Milliarden Euro bei den Vermögenden landen. Nur 15 Prozent der Steuererklärungen von mehr als 600 000 Millionären wird vom Finanzamt geprüft. 100 Mrd. € an Unternehmensgewinnen werden pro Jahr nicht versteuert und die Gewinnsteuern sind von 35 auf unter 20 Prozent gesunken. Es wäre durchaus möglich, die Steuereinnahmen des Bundes zu steigern durch höhere Spitzen- und Erbschaftssteuersätze, Steuern auf Börsentransaktionsgewinne, rigorose Bekämpfung der Steuerhinterziehung.

Am 5. November beschließt die Bundesregierung ein rund 12 Mrd. € schweres Konjunkturpaket I und hofft, dass damit Investitionen von 50 Mrd. € angestoßen werden und eine Million Jobs gesichert werden. Es fing erst sechs Monate später an ein wenig zu wirken. Die Finanzmarktstabilisierungs-Einrichtung SoFFin verfügte insgesamt über ein Volumen von 480 Mrd. €. Davon standen 400 Mrd. € für Garantien zur Verfügung, der Rest konnte für Eigenkapitalspritzen oder den Ankauf maroder Anleihen genutzt werden. Der durch die maßgebenden politischen und wirtschaftlichen Vertreter des Marktfundamentalismus abgewertete Staat soll mit den Mitteln der Steuerzahler die katastrophalen Resultate der Deregulierung ausbügeln. Die Bürgschaften oder Garantien sollen helfen, das gegenseitige Vertrauen der Banken wiederherzustellen, das geschieht aber nur sehr zögerlich. Die Anträge von SoFFin werden vom Lenkungsausschuss der Regierung entschieden. Dort sitzt auch der Staatssekretär *Jörg Asmussen,* der zusammen mit Bundesbankchef *Axel Weber* zu den Wegbereitern des Finanzmarktförderungsgesetzes der Schröder-Fischer-Regierung gehörte, das den Weg freimachte für Risikopapiere wie Kreditverbriefungen und Anleihen auf Immobilienfonds. Die Täter der Krisenvorbereitung werden zu Machern der Staatshilfe auf Kosten der Steuerzahler. Die private Selbstbedienung wird mit SoFFin nicht grundsätzlich unterbunden.

Von Umdenken der tonangebenden Politiker angesichts einer Megakrise kann keine Rede sein. In Deutschland versuchte Mitte Oktober 2008 die Bundeskanzlerin *Merkel* den strammen Neoliberalen *Hans Tietmeyer,* ehemals Bundesbankchef und nun im Aufsichtsrat der Pleitebank Depfa als obersten Krisenexperten einzusetzen. Auch aus der Erklärung des G-20-Weltfinanzgipfels in der gleichen Zeit geht hervor, dass man sich weiter zu freien Märkten bekennt und sogenannte Überregulierung ablehnt. Es klingt wie Paragraph 1 der alten Mecklenburgischen Verfassung: „Alls blibt biem Ollen". Im Oktober 2008 bezifferte der IWF die direkten Verluste aus der Weltfinanzkrise auf 1,4 Billionen $. Die offiziellen Wertberichtigungen der Banken weltweit erreichten bis Juni 2008 395,5 Mrd. $, davon 201 USA, 52,3 Großbritannien 52,3, Deutschland 49,7 und Schweiz 47,9 Mrd. $. Anfang 2009 beziffert das größte Finanzinstitut Goldman Sachs die weltweiten Bankverluste auf 2000 Mrd. $. Das Gesamtvolumen fauler Kredite und Derivate in der Welt mit fehlender oder unklarer Deckung betrug nach Schätzungen die unvorstellbare Summen von 668 000 Mrd. $, fünfzehnmal so viel wie das Welt-BIP.

Wenn man die heutige Krise mit der „Mutter der Krisen" im 20. Jahrhundert vergleicht, müssen wir jetzt von einer Megakrise sprechen. Es gab in den zwanziger Jahren keine Derivatzockerer, nur wenige unbesicherte Hypothekenkredite. 1929 bis 1933 war kein Staat bankrott, heute ist es Island, am 2. Dezember 2008 stürmten isländische Sparer die Zentralbank des Landes. Im Januar 2009 protestierten sie vor dem Parlament und die Polizei war mit Schlagstöcken und Tränengas im Einsatz. Es waren die größten Proteste seit dem Beitritt Islands zur NATO 1949. Der Schuldenberg überstieg das BIP Islands um das Zehnfache. Die Führungsriege des Landes spekulierte mit der isländischen Krone, privatisierte die Banken und verkaufte sie an ausgewählte Parteimitglieder, die im Zuge dessen unglaublich reich wurden. Am 23. Januar musste die Regierung den Weg für vorgezogene Neuwahlen freimachen. Unterdessen haben die neuen Milliardäre des kleinen Landes ihre Beute ins Trockene gebracht. In Island wurden schließlich drei Großbanken vom Staat übernommen. Das bedeutet, dass auf jeden der 310 000 Isländer Schulden in Höhe von 30 000 $ lasten.

Die Staatsschuld der führenden Wirtschaftsmacht beträgt mehr als 10 Billionen $. Der Präsidentschaftskandidat *Obama* sagte in der TV-Diskussion mit *McCain,* die USA müssen aufhören, 700 Mrd. $ pro Jahr bei den Chinesen zu pumpen, um damit die Ölrechnung an Saudi-Arabien zu begleichen. Anfang Dezember 2008 wurden die weltweiten Verluste der Banken mit 522 Mrd. $ und ihr Kapital mit 370 Mrd. $ beziffert. Darunter haben US-Banken 263 Mrd. $ Verluste bei einem Kapital von 184 Mrd. Dollar.

Ab Herbst 2008 hat sich Osteuropa als neuer Krisenherd erwiesen. Die EU-Institute haben dort 1500 Mrd. € investiert. Allein die österreichischen Banken haben in den osteuropäischen Ländern Kredite von 224 Mrd. € ausständig, das entspricht 78 % der jährlichen Wirtschaftsleistung des Landes. Ausgelöst wurde das Faulen der Kredite durch den Abschwung der Realwirtschaft und Währungsschwankungen. Viele Unternehmen und Privatkunden haben Kredite in zinsgünstigen Fremdwährungen aufgenommen. Mit den Wertverlusten vieler Währungen drohen die Darlehen faul zu werden. Besonders betroffen sind die baltischen Staaten, Ungarn, Rumänien und die Ukraine. In Ungarn hat sich im Frühjahr 2009 die Arbeitslosigkeit in drei Monaten verdoppelt, ausländische Investoren haben sich zurückgezogen. Schon im Jahr 2007 verlor gegenüber dem Euro der Rubel 17 %, der ungarische Forint 10 % und der Zloty 17 %. Den in Osteuropa tätigen Banken des EU-Raums fehlen nun ausreichend neue Einlagen aus Anleiheemissionen u. ä. Weltweit schätzt man die Wertpapierverluste 2008 auf 35 Billionen $, dabei werden die Börsenverluste auf 5,5 Billionen $ beziffert. Die Kluft zwischen dem Angebot und dem zurückbleibenden Masseneinkommen durch unsoziale Wirtschaftspolitik sollte durch enorme Ausweitung von Kredit geschlossen werden, führte aber in die Schuldenfalle. Das Finanzkapital ist nicht in der Lage, den von *Marx* präzise definierten Grundwiderspruch des Systems zu überwinden, das ist nun deutlich genug im globalen Experimentierfeld nachgewiesen worden.

Dynamik ist die Form bzw. Folge des Wachstums. Betrachten wir die Dynamik des Bruttoinlandsprodukts BIP in der BRD, so ergibt sich, dass nach dem Nachkriegsboom und der Aufschwungphase des vierten Kondratjews in den Jahren 1950 bis 1973 mit einer durchschnittlichen Wachstumsrate von 6,1 Prozent ein starker Einbruch auf 2,7 Prozent p.a. in den Jahren 1973 bis 1990 erfolgte. Die Periode der neoliberalen Großoffensive im globalen Verbund in den Jahren 1990 bis 2008 präsentierte eine Rate von nur noch 2,0 Prozent p.a. und den folgenden Absturz in die Megakrise. Dahinter steht ein nachlassendes Tempo der realwirtschaftlichen Akkumulation, mit dem die Wahrscheinlichkeit einer mehr als zyklischen Krise wächst. Der Ost-Crash machte die neoliberale Meute tollkühn und war zugleich ein Menetekel Upharsin für das kapitalistische Industriesystem.

Früchte und Tragweite des Neoliberalismus
Worin bestehen nun die weltweiten Ergebnisse des neoliberalen Programms nach drei Jahrzehnten der Wirkung seit seiner Verkündung? Ihre Merkmale sind: Instabile Weltwirtschaft, Erdrutsch des gesamten globalen Finanzsystems und Offenbarung seiner ineffizienten Struktur, Verstärkung der wirtschaftlichen Nord-Süd-Kluft, Nutzung der internationalen wie Weltbank und IWF als Instrumente der globalen Finanzmarktliberalisierung zur Übervorteilung der Entwicklungsländer im Rahmen von Strukturanpassungsprogrammen, sich aufbauende Währungsunsicherheiten, wachsende Weltarbeitslosigkeit, extreme Einkommens- und Vermögensungleichheiten, steigende Massenarmut, Zunahme von Kriegs- und Bürgerkriegswahrscheinlichkeiten, weitreichende Deregulierung zugunsten der Vorherrschaft blinder Marktprozesse, Kapitalverfügungsmacht durch elitäre Cliquen, abgesichert durch Geheimhaltung und Ausschaltung des Mitspracherechts der arbeitenden Menschen, Ersetzung sozial ausgewogener Vergütung von Managern durch vertragliche Supergehälter inklusive Boni und Abfindungen, kaschiert durch den Verschleierungsbegriff des „Leistungsträgers", Kommodifizierung von Bildung und Kultur, Zerschlagung öffentlichen Eigentums und Privatisierung, Verbetriebswirtschaftung öffentlicher Systeme wie Gesundheitswesen und Bildung, Steuersysteme zugunsten der vermögenden Klassen, Abschaffung oder Schwächung der Wettbewerbsaufsicht, Schritte zur Beseitigung des Primats der Politik und damit der demokratischen Verfasstheit weittragender sozialer und ökonomischer Entscheidungen, Reduzierung der verbrieften persönlichen Sicherheitsrechte durch neue Überwachungstechnologien, Politikverdruss und Zulauf rechtslastiger Strömungen auch in der Mitte der Gesellschaft, politischer Druck durch Verbreitung der marktradikalistischen Ideologie in Medien, akademischen Einrichtungen und Verbänden, Effizienzdominanz im gesellschaftlichen Leben statt Erkenntnisförderung, Solidarität, Gerechtigkeit und Friedensstiftung. Hinzu kommt der Zuwachs krimineller Aktivitäten. Nach Umfragen der Wirtschaftsprüfungsgesellschaft PricewaterhouseCoopers PwC in 500 Unternehmen ergab sich im Frühsommer 2009 ein Anteil von 61 Prozent der Kontrollen mit

entdeckten Straftaten. Der Schaden lag bei 4,3 Mio. € pro Fall, während es 2007 noch 1,6 Mio. € waren. 29 Prozent der Täter waren Topmanager.

Durch systematische Konditionierung der öffentlichen Meinung ermöglichte die neoliberale Lehre und Politik die Diskreditierung der staatlichen Einflussnahme, die Einschränkung des Sozialen zugunsten der privaten Profite, die ideologische Koordinierung der Unternehmerschaft, die Erweiterung der Klasse der Kapitalbesitzer, die Ablehnung des Keynesianismus zugunsten des Monetarismus.

Von 1945 bis 1970 gab es auf der Welt kumulativ etwa 50 Wirtschafts- und Finanzkrisen. Die Krisenzahl versechsfachte sich bis zum Jahr 2000 auf 285, sie verdoppelte sich alle 9 bis 11 Jahre. Je höher der Kapitalismus die Produktivkräfte entwickelt, desto größer und folgenreicher werden seine Krisen, auch diese Folgerung von *Marx* hat sich in der heutigen Megakrise mit den Vorgängern, der ersten Weltwirtschaftskrise von 1857-1858, der Gründerkrise 1873-1877 mit anschließender langer Depression und der Weltwirtschaftskrise 1932-1936 bewahrheitet. Bei der zweiten und dritten kann man von Jahrhundertkrisen im Unterschied von den viel zahlreicheren Konjunkturkrisen sprechen. Mit der Entwicklung der Produktivkräfte wachsen die Volumina, die Struktur und territoriale Ausbreitung der kapitalistischen Produktionsweise und damit die quantitativen Messgrößen der Krisen. Zugleich wachsen die technisch-organisatorischen Mittel des Krisenmanagements.

Die schleichend gekommene Megakrise wird verheerender sein als die bisherigen wegen der hohen globalen Verflechtung, der seit fast vier Jahrzehnten angestauten strukturellen Fehlentwicklungen, der Überschuldung von Privathaushalten, Unternehmen und Banken, der gigantischen weltweiten Überproduktion, der niedagewesenen riesigen Blase des vagabundierenden Geldes, eines Finanzkapitals ohne Bodenhaftung, dem globalen Absturz der Investitionstätigkeit, der Verbindung und Wechselwirkung von Immobilienkrise, Krise der Währungen und der Preisbewegung, moralische Krise, Bildungskrise und gesellschaftliche Krise, der Uneinsichtigkeit und Inkompetenz der Funktionseliten mit ihrem Festhalten am toxisch wirkenden neoliberalen Glauben an unbegrenztes Wachstum und freie Märkte.

Die individualistische Doktrin des Neoliberalismus wird der Gesellschaft von den herrschenden Kreisen aufgeprägt. Ohnehin braucht Geldwirtschaft mit ihrem existenziellen Druck keinen administrativen Zwang. Ihre oft faktisch gewaltsame Wirkung ist durch das Wirtschaftsrecht abgesichert. Die marktkonforme Indoktrination der Köpfe tut ein Übriges. Es sind gebetsmühlenartig benutzte stromlinienförmige Worte, mit denen die öffentliche Meinung marktradikal getrimmt wird: Eigenverantwortung, Leistungsträger, Chancengerechtigkeit (anstelle Verteilungsgerechtigkeit), Standortvorteil, Blockierer (Kritiker des Neoliberalismus), TINA-Prinzip (There is no alternative) oder Sachzwang, Reform (für Sozialabbau), Globalisierung (als Naturgesetz), Kapital „arbeitet", Lohnnebenkosten u. a. Leistungsträger ist ein Begriff der Meritokratie, nach der man für spekulative Verdienste und nicht für echte Leistungen belohnt wird. Die Leistung ist das Maß für den Menschen, nicht seine menschliche, soziale und kulturelle Potenz. Die gesamte Lebensweit wird durchdrungen von Prozessen der Einspeisung in die Kreisläufe der Kommodifizierung und Verwertung. Die Finanzhaie sprechen vom „Werteschaffen" dort, wo es keinerlei reale Wertschöpfung gibt. In den 80er Jahren machten sich viele junge Aspiranten der Yuppie-Generation den Wahlspruch „greed (Gier) is good"eines Großspekulanten aus dem Film „Wall Street" zu eigen. Wichtig ist es, reich zu werden, egal wie und möglichst ohne Anstrengung.

Die öffentliche Meinung ist meist eine Gemengelage, die Kraft ihrer geistigen und manchmal auch geistlichen Beeinflussung wurde in Bayern von *Stoiber* als „Lufthoheit über den Stammtischen erreichen" definiert. Dass die öffentliche Meinung bei vielen das Denken ersetzt, wusste schon *Konfuzius* (Gespräche XV, 28) um 520 v. Chr. *Rousseau* meinte 1761 in seinem Werk „Julie ou la Nouvelle Héloise", dass sie sich aus eitlen Vorurteilen zusammensetzt, die unbeständiger sind als Wellen im Sturm. Umso dringender ist es für die Herrschenden, die Köpfe entsprechend zu konditionieren durch pausenlose Wiederholung machtkonfomer Behauptungen. Die kulturelle Hegemonie wird ausgeübt durch medial gesteuerte Meinungsführerschaft und Manipulation des Alltagsbewusstseins.

Am Anfang des neuen Jahrhunderts artikulierte sich der Unmut Geschädigter und kritischer Beobachter des Neuen Finanzmarkts noch relativ harmlos mit dem Wort Turbokapitalismus. Im Jahre 2000 plädierten jedoch nach einer Allensbach-Umfrage 42 Prozent der Deutschen für einen neuen Weg zwischen Kapitalismus und Sozialismus und nur 34 Prozent dagegen. Da schellten die Alarmglocken bei den Arbeitgebern der avantgardistischen Elektro- und Metallindustrie. Sie gründeten eine Agentur Initiative Neue Soziale Marktwirtschaft INSM. Es ist eine Institution zur systematischen neoliberalen Verdummung des Volkes mit dem von Union und FDP seinerzeit übernommenen Schlachtruf „Sozial ist, was Arbeit schafft", den sie bald wieder vergaßen, hieß es doch schon bei *Hugenberg,* dem Medienzar und Wirtschaftsminister *Hitlers* „Sozial ist, w e r Arbeit schafft". Die INSM wird jährlich mit 8,3 Mio. Euro finanziert. Die Werbeagentur Scholz&Friends hat in ihrem Auftrag Politwerbespots formuliert wie: „Weniger Staat, mehr Privatisierung; Lohnnebenkosten runter; Staatsschulden runter" und andere. Sie hat genügend ausgewählte wissenschaftliche Experten des Marktfundamentalismus und liefert den führenden Medien das mainstreamkonforme Futter. Nachplapperer gibt es genügend. Am 7. Februar 2005 sagte der Chefökonom der Deutschen Bank DB *Norbert Walter,* Gründungsmitglied der INSM auf einer Reformdebatte in Magdeburg: „Wir müssen, nachdem der Sozialismus der DDR überwunden wurde, den westdeutschen Sozialismus überwinden, damit wir die Zukunft gewinnen können." Ein Trompetenstoß für den Sozialabbau. Wenig später meldete die DB 50 Prozent Gewinnsteigerung und weltweite Personalreduzierung von 6400 Mitarbeitern. Ein weiteres Gremium der sogenannten Reform weg vom Sozialstaatsgebot des Grundgesetzes ist der Konvent für Deutschland mit *Roman Herzog* und *Hans-Olaf Henkel.* Sie empfehlen dem Volk das Zurückstecken von Ansprüchen und intensivere Vermögensbildung in einer Zeit der Krise, wo die grenzenlose Bereicherung einer kleinen Schicht und die Verarmung vieler Familien besonders sichtbar wird.

Das westliche Produktions-, Konsumtions- und Marktmodell wird von seinen Betreibern theoretisch und praktisch als rational betrachtet. Es arbeitet mit kalkulatorischen, rechnerischen Methoden, um Effizienz-, Erfolgs- und Leistungskriterien zu genügen. Diese instrumentelle Teilrationalität ist eine zeitlang kompatibel mit der Irrationalität des Gesamtsystems, bis Letztere in der Krise ohne Pardon auf die Teilprozesse zurückschlägt. Zur Irrationalität des Systems gehört die Irrationalität des weltweiten Güteraustauschs, des Finanzmarkts, der Beanspruchung der Tragfähigkeit der Erde, der Kriege und Bürgerkriege und oft auch der Auswahl geeigneter Technologien. Diese Situation widerlegt gründlich das bornierte betriebswirtschaftliche und individualistische Herangehen an Probleme, die dem Wesen nach volkswirtschaftlich und sozialökonomisch, also mit der historischen Tendenz von Wirtschaft und Gesellschaft verbunden sind und mit der kritischen Vernunft analysiert werden müssen. Die betriebswirtschaftliche Effizienzeuphorie der Neoliberalen gerät auch immer stärker in einen Gegensatz zur volkswirtschaftlichen und umweltbezogenen Effizienz, da es keine strategische gesamtstaatliche Rahmen- und Strukturplanung gibt.

Es macht keinen Sinn, wegen der Krise dem herrschenden ökonomischen System zur Ablenkung vom Wesen der Sache Charaktermasken wie Raubtierkapitalismus, Raffketruppe oder ähnliches im Mediendiskurs aufzusetzen, als ob es nur zeitweilige böse Abweichungen vom normalen guten kapitalistischen System seien. Das hat vor 140 Jahren der englische Publizist und Gewerkschaftsfunktionär *Josef Dunning* (1799-1873) präzise auf den Punkt der Renditekoordinate gebracht: „Das Kapital hat einen horror vor Abwesenheit von Profit, oder sehr kleinem Profit, wie die Natur vor der Leere. Mit entsprechendem Kredit wird Kapital kühn. Zehn Prozent sicher, und man kann es überall anwenden; 20

Prozent, es wird lebhaft; 50 Prozent, positiv waghalsig; für 100 Prozent stampft es alle menschlichen Gesetze unter seinen Fuß; 300 Prozent, und es existiert kein Verbrechen, das es nicht riskiert, selbst auf die Gefahr des Galgens."(Zitiert in MEW Bd. 23, S. 788)

Der Finanzhimmel wird geerdet

Vom Tiefpunkt der Talsohle Ende 2004 bis zum Höhepunkt im Sommer 2008 war das BIP in der BRD um 9 Prozent und die Zahl der Beschäftigten um knapp 4 Prozent gestiegen. Von da an ging es abwärts. Die direkten Ursachen des Einbruches der Realwirtschaft waren erstens die Zunahme der sozialen Ungleichheit mit Reduzierung der Binnennachfrage wegen zu geringer Löhne. Gleichzeitig nutzten die oberen Einkommensgruppen ihr Mehreinkommen für riskante Finanzanlagen mit hohen Renditen. Zweitens boomte die Exportwirtschaft im Ergebnis niedriger und weiter nur schwach steigender Lohnstückkosten in Deutschland wie in China und Japan. Das akkumulierte Kapital wurde in den Käuferländern angelegt. Drittens wurde das Überschusskapital für die neuen Finanzmarktprodukte mit Risikostreuung als angebliches Sicherungsmittel verwendet, die sich später als Zeitbomben für die Stabilität des Finanzsystems erwiesen. In den USA führte das neoliberale Programm in die Megakrise mit einem Absturz von 12,3 Prozent des BIP-Wachstums von 2003 (6,9%) bis 2008 (-5,4%), hohe Arbeitslosigkeit, Schwächung des Sozialstaats, Weiterführung der Spekulationsgewohnheiten, hohe Staatsverschuldung und Verschlechterung der Umweltbedingungen.

Gott erhalte unsere Ausreden

Die Auswirkungen der Finanzkrise auf die Realwirtschaft wurden in der Bundesrepublik, wie bereits erwähnt, zunächst bis zum Herbst 2008 von einigen Beschönigungspolitikern weggeredet, die sich über die Prognose eines Minuswachstums des Bruttoinlandsprodukts BIP im nächsten Jahr im Gutachten des Sachverständigenrates mokierten. Ein Ministerpräsident verkündete, man müsse nur einige negative Nebenwirkungen freier Märkte kompensieren. Ab November 2008 konnten die schlechten Nachrichten, nun auch aus der Welt des Realkapitals, nicht mehr ignoriert werden. Aus der fortdauernden Finanzkrise kroch die Überproduktionskrise, der Kern der Wirtschaftskrise. Nach Angaben der OECD kann die Wirtschaft nach einer Bankenkrise erfahrungsgemäß viermal so stark abstürzen wie in einem gewöhnlichen Abschwung. Die vernichteten Werte der Aktienfonds in Deutschland im Jahr 2008 wurden im Januar 2009 mit 134,4 Mrd. € beziffert. Das Kapital ist übrigens in Wirklichkeit weder vernichtet noch verschwunden oder verbrannt, wie es gewöhnlich heißt. Es geht um Umverteilung oder wohlorganisierten Raub von einigen Bankern am Vermögen von Millionen Sparern und Pensionären.

In Deutschland hatte sich im Herbst ergeben, dass sich das Wachstum der Industrieproduktion verlangsamt hat und die Zahl der Insolvenzen um 30 Prozent gegenüber 2007 gestiegen ist. Die Auftragseingänge für die deutsche Industrie gingen in den beiden Monaten September und Oktober 2008 um 14,9 Prozent zurück. Der Chiphersteller Qimonda in Dresden, Tochterunternehmen von Infineon, stand vor der endgültigen Pleite und sollte durch 350 Mrd. € vom Land Sachsen, von Infineon und einem portugiesischen Abnehmer gerettet werden. Es würde sonst zu einem Abbau von 1 550 Stellen kommen, davon 950 in Dresden und 600 in München. Der Kurs der Infineonaktie lag Ende des Jahres bei 0,68 € und der Nominalwert war 2 €. Im Januar 2009 war die Pleite von Qimonda nicht mehr abwendbar. Das zyklische Chipgeschäft ist weltweit von Preisverfall, Überkapazität und globalen Subventionswettlauf geprägt. Kurzarbeit und Massenentlassungen werden sich weiter ausbreiten. Auch der PC-Markt bricht international ein und das wirkt negativ auf das Chipgeschäft. Der Absturz der Kurse ist auch Ergebnis des Selbstverstärkungseffekts beim Schuldenabbau durch Verkauf von Wertpapieren. Das wird auch als Fishersche Schuldendeflation bezeichnet.

Die einseitige Orientierung der deutschen Wirtschaftspolitik auf die Auslandsnachfrage wirkte sich krisenverschärfend aus, weil die Exportindustrien einen starken Auftragsrückgang erleben. Der Maschinenbau hat allein im Oktober einen Rückgang von 19 Prozent der

Auslandsnachfrage und 10 Prozent der Inlandsnachfrage verzeichnet. Im Januar 2009 brach die Industrieproduktion um 20 Prozent ein und die Auslandsnachfrage um 23,8 Prozent. Die größte Schwäche zeigte sich dort, wo die bundesdeutsche Wirtschaft als „Exportweltmeister" die größte Stärke wähnte. Der Ausfuhrchampion muss übrigens 60 Prozent des Exportwerts importieren. 180-Grad-Wendungen sind typisch für Krisensituationen. Der Autoabsatz in Europa ging 2008 um 13 bis 18 und in den USA um 35 Prozent zurück. In der EU gab es im Januar 2008 38 000 Lkw-Bestellungen und im November nur noch 600. Automärkte sind immer die ersten Opfer einer Rezession, weil die Kunden diese Neuanschaffung in unsicheren Zeiten ohne weiteres zurückstellen können. Toyota fährt 2008 das erstemal seit Beginn seines Geschäfts vor 70 Jahren einen hohen Verlust von 150 Mrd. Yen (1,2 Mrd. €) ein. Der Autoverkauf sank von 8,9 Millionen. auf 7,5 Millionen. und das beim weltweiten Branchenführer, der bisher als Vorbild der Kosteneffizienz und der ökologischen Initiative galt. Die kürzliche Aufwertung des Yen gegenüber dem Dollar verstärkt die Probleme des Unternehmens. Schon seit Ende 2007 gab es Massenentlassungen weltweit bei Intel und Ford. Der deutsche Automarkt rechnet 2009 mit einem Rückgang der Autokäufe von 8,1 Prozent oder 2,85 Millionen. In der Bundesrepublik schicken immer mehr Unternehmen die Beschäftigten in Kurzarbeit, so zum Beispiel der Autozulieferer Continental in Hannover 600 von 2700 Beschäftigten im Werk Hannover. Die Firma hat sich durch Kauf der Siemens-Tochter VDO mit 11,4 Mrd. € schwer verschuldet. Die Anzahl der Kurzarbeitsstellen in Deutschland stieg von 20 000 Mitte 2008 auf 400 000 im Dezember und 700 000 im April 2009 bei gleichzeitig 1,7 Millionen Anträgen auf weitere Subventionen für Kurzarbeitsplätze. Bei den drei führenden deutschen Nutzfahrzeugbauern sind 2000 Stellen weggefallen und bei ihren Zulieferern noch einmal 5000 Stellen. Im November drosselte der Chemiekonzern BASF seine Produktion um 20 bis 25 Prozent. Die deutschen Reedereien haben die Bestellung von 58 Schiffen von insgesamt 190 deutscher Werften storniert. Lohneinschnitte durch Kurzarbeit und Entlassungen verstärken die Krise der Binnennachfrage. Private-Equity-Gesellschaften haben 2006 und 2007 in der BRD mehr als 360 Unternehmensbeteiligungen für rund 81 Mrd. € erworben. Dabei finanzierten sie den größten Teil des Kaufvolumens mit Krediten, die sie dann den übernommenen Unternehmen aufbürdeten. Wenn diese die Schulden bedienen konnten, wurde die Rendite der Gesellschaft nach oben „gehebelt". Wehe aber den Unternehmen, die das später nicht mehr leisten konnten. Beim Nachfrageeinbruch 2008 gerieten sie in die Pleite. So geschah es mit großen Autozulieferern und mit dem Modelleisenbahnbauer Märklin.

Im November 2008 behaupteten Bundeskanzlerin *Merkel* und Finanzminister *Steinbrück* noch, dass die Deutschen in der Krise besser dastehen als Amerikaner und andere Länder. Die Quittung für diese Unwahrheit kam prompt Anfang Februar 2009. Der Absturz des BIP im IV. Quartal 2008 gegenüber dem III. Quartal war mit -2,1 % in Deutschland am höchsten im Vergleich mit Italien (-1,8), Großbritannien und EU-Durchschnitt (-1,5), Frankreich (-1,2). Die deutsche Regierung hatte mit ihren Maßnahmen zu lange gezögert, die Krisengefahr kleingeredet und auf den Exportboom anstelle der Mobilisierung der Inlandsnachfrage gesetzt. Das Wirtschaftsmodell dieser Regierung musste grundsätzlich hinterfragt werden.

Zum Jahresende 2008 waren weder Bundesregierung, sogenannte Wirtschaftsweise, Banken oder Unternehmen in der Lage, den Nachfrage- und Produktionsabschwung im Ergebnis der Finanzkrise im Jahr 2009 einigermaßen verlässlich einzuschätzen. Die Wachstumsprognosen der Wirtschaftsinstitute für 2009 schwankten zwischen − 1,9 und − 2,7 Prozent, sie wurden laufend weiter nach unten korrigiert. Im April bezifferte das Frühjahrsgutachten der Wirtschaftsinstitute den Abschwung des Jahres (BIP) nun auf − 6 Prozent und die wahrscheinliche Arbeitslosigkeit auf fast 5 Millionen. Der Einbruch des BIP im ersten Quartal 2009 gegenüber dem ersten Quartal von 2008 beträgt in den USA − 2,6, in der Eurozone der 16 Länder - 4,6 und in der BRD − 6,7 Prozent. Es wird von einer der tiefsten Rezessionen seit Gründung der Bundesrepublik gesprochen. Das klingt eher harmlos. In Wirklichkeit ist die sich weiter entwickelnde und ausbreitende globale Finanz- und Wirtschaftskrise eingebettet in eine sich damit verstärkende Gesellschaftskrise. Die bürgerkriegsähnlichen Zustände seit dem 4. Dezember 2008 in dem EU-Land Griechenland mit der aufbegehrenden Jugend, die keine Perpektiven hat und mit der Bildungsmisere sind ein Menetekel. Es kam auch in Island, Lettland, Litauen und Bulgarien zu Straßenschlachten zwischen Polizei und Demonstranten, die den Rücktritt der Regierung forderten. Das Vertrauen der Menschen in die Kompetenz der Eliten von Staat und Wirtschaft und in die Funktionstüchtigkeit des parlamentarischen Systems sinkt.

Globale Krisenfolgen in der Realwirtschaft
Nach fortgesetzten Leitzinssenkungen der FED und massiven Liquiditätsspritzen stiegen die Geldmarktzinsen GMZ beträchtlich an und lagen bis zu vier Prozent über dem Leitzins. Der Geldmarktzins LIBOR (Dollarzins für Interbankkredite in London) notierte 2004 bei etwa 2 % und 2007 bereits 4,5 %. Der EURIBOR der EZB war in diesen Jahren von 1 % auf 5,5 % gestiegen. Mit dieser Entwicklung wurden die Bankkredite für die Realwirtschaft immer teurer und das trug bei zur schweren Rezession von 2009. In den USA wirkte sich am Jahresende das Zurückfahren des Bausektors und der Autoindustrie dramatisch auf die Stahlindustrie aus. Seit September hat die Branche ihre Produktion in Amerika auf rund die Hälfte reduziert, sie liegt nun auf dem niedrigsten Niveau seit den 70er Jahren. Auch in anderen Teilen der Welt haben die Stahlhersteller ihre Produktion gedrosselt, um den Preisverfall einzudämmen. Die Überkapazitäten im Schiffs- und Flugverkehr führen zu Einbrüchen im Schiffs- und Flugzeugbau und zum Verfall der Transportpreise. Die Beförderung eines Containers von China nach Europa per Schiff kostete im Januar 2008 noch 2500 $ und ein Jahr später nur noch 250 $. Die Krise hat die globale Logistikwirtschaft voll im Griff.

Ein weiterer Faktor der Wirtschaftskrise ist die Kreditklemme. BMW musste zum Beispiel für seine jüngste Anleihe 8,9 Prozent Zinsen zahlen, fast das Doppelte von vor einem Jahr. Das bedeutet einen erheblichen Rückgang der Gesamtrendite, der außerdem nach der Leverageformel vom Verschuldungsgrad abhängt. In den USA kam es im Ergebnis solcher Prozesse 2008 zu einem Rückgang der privaten Bruttoanlageinvestitionen um 4,9 Prozent. Weltweit hat sich die Immobilienmarkt- und Hypothekenkrise schon drastisch auf das Baugewerbe mit seinen Zulieferern ausgewirkt. Der Verschuldungsgrad der Haushalte ist der nächste Finanzmarktfaktor, der sich dämpfend auf die reale Nachfrage auswirkt. Er lag in Prozent des verfügbaren Haushaltseinkommens 2005 in Großbritannien schon bei 159 Prozent, in der EU bei 139 Prozent, in den USA bei 135 Prozent, in Japan bei 140 Prozent, in Deutschland bei 107 Prozent und in Frankreich bei 89 Prozent. In England erreichte die Kreditkrise den Immobilienmarkt mit voller Wucht 2008. Die Immobilienpreise hatten 2007 ein Maximum erreicht, das doppelt so hoch lag wie 1997. Das begünstigte eine boomende Hypothekennachfrage. Inzwischen aber schulden die Eigenheimbesitzer der Bank mehr, als ihr Haus derzeit wert ist.

Eine sehr schlechte Nachricht war die Information darüber, wie sich deutsche Kommunen am Tanz um das Goldene Kalb des Finanzkapitals beteiligt haben. Kommunalpolitik und –ökonomie wurden den Verwertungsinteressen des Kapitals untergeordnet. Es erfolgte ein Richtungswechsel von den konkreten Bedürfnissen und sozialen Problemen der Bewohner zur Dominanz des Angebots- und Wettbewerbdenkens. Das bornierte betriebswirtschaftliche Vorgehen siegte über sozialökonomische Vernunft. Mehr als 700 Kommunen haben sich mit Swap-Geschäften an Zinsspekulationen beteiligt, deren Platzen droht. Dortmund hat 6,2 Mio. € durch solche Spekulationen verloren und die Stadt Hagen muss mit Verlusten von 51 Mio. € rechnen. Mehr als 50 Kommunen haben ihre Infrastruktur (Messehallen, Schulen, Schwimmbäder, Heizkraftwerke, Schienennetze, Straßenbahnen,

Wasserwerke und sogar ihr Rathaus) an US-Gesellschaften über eine Laufzeit von bis zu 99 Jahren verkauft. Berlin hat 2004 das landeseigene Wohnungsunternehmen GSW für 401 Mio. € an US-Investoren verkauft, um das riesige Schuldenloch des Landes zu stopfen. Dresden hat 1997 seine Stadtwerke (Strom-, Wärme-, Wasserversorgung für 82 Mio. € teilweise privatisiert und seither über 200 Mio. € an Gewinnanteilen abführen müssen. Bis 2003 hatten ca. 50 Kommunen 160 CBL-Kontrakte mit einem Volumen von 80 Mrd. € abgeschlossen, so z. B. die Stadt Leipzig mit 2,8 Mrd. €, die ihre Messehallen, Klärwerke, das Straßenbahnnetz und das Klinikum St. Georg verleast hat. Die Kommunen haben dann das Objekt zurückgemietet und bezahlen die Mieten mit den Dollars des Kaufpreises und seiner Zinsen, die auf einer US-Bank deponiert sind. Der Bereich Sale-and-Lease-back (Verkauf und Rückmiete) wächst am schnellsten im weltweiten Cross-Border-Leasing-Markt. Immer mehr Betriebsanlagen werden geleast. Wenn man die Details der Verträge publik macht, muss man mit Millionenklagen durch US-Anwälte rechnen. Es ist ein Lehrbeispiel dafür, was Globalisierung im finanzkapitalistischen Sinne ist, ein höchst kunstvoll gesponnenes Netz der Übervorteilung durch den Stärkeren, in dem der Verlierer am Anfang meint, er habe gewonnen. Wenn die Depotbank insolvent wird, bedeutet das für die Kommune, dass sie neue teure Insolvenzversicherungen abschliessen oder direkt Geld für die Mieten beschaffen muss. Es gibt zwei Gründe für die massive Privatisierung des öffentlichen Eigentums in den letzten 15 Jahren, die zunehmende Verschuldung und das exorbitante Wachstum des privaten Kapitals. Am Anfang von 2010 stellte sich heraus, dass die Haushaltslage der Städte, Landkreise und Gemeinden im Jahr 2009 im Ergebnis der Krise ein Minus von 4,5 Mrd. € aufweist, das 2010 voraussichtlich mit 12 Mrd. € steigen wird. Die Ursachen sind die Verschuldung durch kurzfristige Kredite, der stärkste Steuerrückgang seit Jahrzehnten und die steigenden Sozialausgaben durch wachsende Arbeitslosigkeit im Umfang von 40 Mred. €. Zu den folgenden Maßnahmen gehören das Schließen von Schwimmbädern, der Verkauf städtischer Theater, die Verringerung der Bibliotheken und die Erhöhung von Eintrittspreisen.

Zur Finanzialisierung oder Monetarisierung des Sozialen gehören alle Formen der Privatisierung öffentlichen Eigentums von den Kommunen bis zum Staat und zu den sozialen Sicherungssystemen. Mitten in der Krise setzte die Bundesregierung sogar die Deregulierung fort, sie wollte im Windschatten einer EU-Richtlinie erlauben, die Gelder für Altersvorsorge in Derivate zu investieren. Die von der Bundeskanzlerin eingesetzte „Expertenkommission zur Reform der Finanzmärkte" wurde von *Otmar Issing,* dem ehemaligen Chef-Volkswirt der EZB und Architekten des neoliberalen europäischen Stabilitätspakts geleitet. Als Königsweg aus der Schuldenkrise galten unter den verantwortlichen Haushältern die Public-Private-Partnerships (PPP), Geheimverträge der öffentlichen Hand mit Privatunternehmen, die Leistungsobjekte übernehmen und dafür Kredite aufnehmen, die sie sich mit Mieten bezahlen lassen. Die Privaten können auf lange Sicht mit der Infrastruktur alles machen, was sie wollen, die gesamte Wertschöpfungskette liegt in ihren Händen. Die Verträge sind geheim, obwohl sie sich auf öffentliche Objekte beziehen.

Der Absturz der Realwirtschaft zunächst in bestimmten Branchen wie Autoindustrie, Elektronik und Bauwesen begann schon im Juli 2008 in den USA, Deutschland, Großbritannien, Irland, Italien, Spanien, Japan, Schweden, Schweiz und andere Länder folgten später. Der Flächenbrand der Kreditkrise und Rückgang des Wirtschaftswachstums hat auch Asien in Japan, Taiwan, Singapur und Südkorea voll erfasst. Für 2009 wurde inzwischen ein absoluter Rückgang der weltweiten Wirtschaftsleistung erwartet. Im Bericht des IWF vom April 2009 wird der weltweite Rückgang des BIP auf 1,3 Prozent beziffert. Von 182 nationalen Wirtschaften werden 71 schrumpfen. Im Bericht werden die Kosten für die Rettung der Banken mit 4 Billionen $ angegeben. Schon der Dezember 2008 brachte gewissermaßen als Weihnachtsbescherung eine Reihe von teils langjährigen Rekorden: Der Euro erreichte den Wert von 1,4304 $, das britische Pfund notierte bei 0,9557 £ je 1 Euro, so als ob die Zeit vorbei ist, in der Dollar und Pfund das Währungssystem moderierten. Der von der EZB handelsgewichtete Euro auf Basis von 22 Währungen hat den höchsten Stand seit der Erstmessung von 1993 mit 117,8 Punkten erreicht. Die Schwäche des Dollars kann sich verstärken, wenn die arabischen Ölstaaten ihr Projekt eines Petrodollars realisieren. Es stellt sich dann die Frage nach einer neuen führenden Weltwährung, da die gegenwärtigen Währungsunsicherheiten die Krise verstärken. Der Ifo-Geschäftsklimaindex von 7000 Unternehmen rutschte mit 82,6 Punkten auf den niedrigsten Wert seit 1990. Der Ölpreis war mit 35,62 $ je Barrel an der New Yorker Rohstoffbörse NYMEX im März 2009 auf einem Rekordtief. Im Juli 2008 lag er noch bei 147,27 $. Die Nachfrage nach Öl geht zurück. Seit Januar 2009 stützen Nahostkrieg und Gaslieferstreit den Ölpreis. Der Rohölpreis der OPEC stieg bis 28. Mai 2009 auf 63,42 $ je Barrel. Am 12. Juni 2009 lag er bei 70 Dollar und stieg, weil Hedgefonds verstärkt mit geborgtem Geld Öl kauften in Erwartung üppiger Renditen. Japan senkte seinen Leitzins auf 0,1 %. Das hatten die Japaner schon Ende der neunziger Jahre gemacht mit einer gewissen Stabilisierung des Geldverkehrs, aber ohne Ankurbelung der Wirtschaft.

Insgesamt muss man feststellen, dass die Wirtschaftskrise rückwirkend die Finanzkrise befördert, weil die Quellen der Realprofite anstelle von riskantem Spielgeld des Finanzcasinos immer mehr fehlen. Es zeigt sich am Beispiel von General Motors, Ford und Chrysler, die jetzt 34 Mrd. $ Kredite zum Löcherstopfen brauchten. GM ist das höchstverschuldete Unternehmen der USA. Es hatte sich bereits im Oktober 2007 der zukünftigen Verpflichtungen der betrieblichen Krankenversorgung für die 370 000 Pensionäre entledigt. Ab 2010 wird die Gewerkschaft die Gesundheitskosten mit Hilfe eines selbstverwalteten Fonds tragen. 2008 fiel der Börsenkurs des Autokonzerns um 87 Prozent auf 3,20 $.

Zinsen, Preise und Löhne in der Weltkrise

Im Dezember 2008 häuften sich die weltweiten Krisennachrichten. Der britischaustralische Bergbauriese Rio Tinto muss seine Verbindlichkeiten von 27 Mrd. $ reduzieren und streicht insgesamt 14 000 Arbeitsplätze in verschiedenen Ländern. Die Finanzmarktkrise und ihre Folgen in der Realwirtschaft entlarven die Illusion, dass sich Eigentumstitel am Finanzmarkt selbständig verwerten. Objektive Faktoren für das Versagen der Finanzmärkte sind die massive Zunahme der Spekulation mit Derivaten, die Umverteilung des Einkommens und Vermögens von der Arbeit auf das Kapital und der Abbau der Regulierungen. Zu den subjektiven Faktoren gehören das Abwälzen der Verantwortung auf den ehemals vielgeschmähten Staat, die Beharrungskonstanz der Denk- und Verhaltensweise von Finanzexperten und Spitzenmanagern des Geldkapitals sowie die Geheimhaltung raffinierter und dubioser Aktionen.

Ein interessantes Beispiel ist Japan, das 1989/90 schon einmal einen schweren Finanzcrash erlebte. Das Vermögen der japanischen Haushalte betrug 2002 11 Billionen €, davon die Hälfte auf Geldkonten verschiedener Art. Würde das Geldvermögen eine jährliche durchschnittliche Verzinsung von 5 Prozent beanspruchen, also 275 Mrd. €, so müsste das japanische BIP um jährlich 7 Prozent zunehmen, was nicht realisierbar ist. Das entlarvt die Wolkenkuckucksheime des Finanzmarkts. In China wurden bis Ende Januar 2009 mehr als 20 Mio. von den 150 Mio. der Wanderarbeiter arbeitslos. In den EU-Ländern steigt die Arbeitslosigkeit auf 10,1 %, in Spanien von 8 % 2007 auf 17 % oder vier Millionen 2009, von denen 1,4 Millionen kein Arbeitslosengeld erhalten. Das International Labor Office ILO rechnet bis Ende 2009 mit einer Zunahme der Erwerbslosigkeit um 40 bis 60 Mio. auf bis zu 239 Mio. Hinzu kommen in Entwicklungs- und Schwellenländern 200 Mio. mit vertragsloser Gelegenheitsarbeit.

Ende 2008 waren der Preisrückgang bei Erdöl, Rohstoffen und Fertigerzeugnissen, die Rezession durch sinkende Nachfrage und die Senkung des Leitzinses weltweit, sogar durch die konservative Europäische Zentralbank EZB um 0,75 auf 2,5 %, Signale einer möglicherweise bevorstehenden Stagdeflation als Ergebnis der Überproduktionskrise. Die vierte Zinssenkung seit Oktober 2008 erfolgte am 15. Januar 2009 um 0,5 % auf 2 %, Anfang März die fünfte Korrektur wiederum um 0,5 % auf 1,5 % und Anfang April nur um 0,25 % auf 1,25 %, der niedrigste Stand seit 1999, der in der Folge auf 1 % gesenkt wurde. Wenn man davon eine Inflationsrate der EU von 3,3 % abzieht ergibt sich eine reale Zinsrate von – 2,3 Prozent, kein gutes Zeichen für den Realwert des Euro. Es war gewissermaßen eine Notbremse, die EZB teilte mit der Hoffnung auf eine Verringerung der Kreditklemme am 24. Juni 2009 den Banken 442 Mrd. € zum Zinssatz 1 % mit langer Laufzeit zu, die von 1100 Banken in Anspruch genommen wurden.

Die Zinssätze der EZB für solche Länder wie Griechenland, Portugal und Italien, die nahe zum Staatsbankrott stehen, sind wesentlich höher als die für haushaltsmäßig bisher stabile Länder. Mittelfristig kann das Sinken der realen Zinsraten zur Depression, das heißt zum absoluten Rückgang oder zur Stagnation des BIP beitragen. Damit wird das Jahr 2009 zu einem „mittleren Jahr", es ist schlechter als 2008, aber besser als 2010. Beim Rückgang der Preise verschieben die Verbraucher oft den Kauf in Erwartung weiter sinkender Preise. Die geringeren Preise durch unzureichende Nachfrage bei Überangebot drücken auf die Gewinnmargen der Unternehmen. Darauf folgen Entlassungen und damit weitere Reduzierung der Nachfrage, also ergibt sich eine selbstbezügliche Spirale nach unten. Das hat Reichskanzler *Heinrich Brüning* in Deutschland 1931 vorexerziert. Später haben das Länder wie Japan in den letzten zwei Jahrzehnten erlebt, aber diesmal geschieht es im globalen Netz der Weltwirtschaft. Außerdem ist krisenhafter Preisverfall die Stunde der auf Baisse spekulierenden Zocker, die zu den Leuten gehören, die von der Krise auf Kosten anderer profitieren. Bonus-Kassierer und Zocker sind Karikaturen des kapitalistischen Unternehmers. Das schärfste Zeichen der realwirtschaftlichen Krise ist, wie sich im März 2009 herausstellte, der massive Einbruch der weltweiten Investitionstätigkeit.

In der Bundesrepublik war die Deflation der Löhne in den letzten Jahren das Mittel zur Erhöhung der Rendite durch Entwertung der Arbeitskraft und zugleich eine Reduzierung der Kaufkraft und der Binnennachfrage. Die Quelle der Finanzblasen sind Superprofite durch Einkommens- und Vermögensumverteilung von unten nach oben. Die gleichzeitige Vortäuschung von Kaufkraft durch Finanzblasen führte zur Inflation von fiktiven Vermögenswerten. Das wiederum endete im Platzen der Spekulationsblase und in der Entwertung von Sachkapital durch Stillegung von Kapazitäten und von Warenkapital durch Abschreibungen, Wertberichtigungen, Verramschung und Vermüllung. Wenn als Reaktion auf diese Prozesse „frisches Geld" in Größenordnungen in den Geldmarkt gepumpt wird, mutiert die Deflation früher oder später zur Inflation und Entwertung des Geldes.

Alan Greenspan, vom 11. August 1987 bis zum 31. Januar 2006 Chef der FED hatte jahrelang die Börsenkurse mit niedrigen Leitzinsen gekitzelt, die Anfang der 80er Jahre noch bei knapp 20 Prozent, real bei 10 Prozent lagen. Diese Zinspolitik und die vielen Finanzinnovationen brachten den US-Bankern in den Jahren 2006 bis 2008 ein geschätztes Plus von zehn Prozent des mit 10 Billionen Dollar bezifferten Umsatzes des Financial Engineering mit Kommissionen, Fees, Spesen, Kickbacks und Boni. Für diesen neuen Reichtum waren vorher die Sparer, Steuerzahler, Aktionäre und Häuslebauer zur Kasse gebeten worden. Die FED zog am 16. Dezember 2008 für ihre beiden Stellgrößen die Notbremse. *Bernanke* senkte den Leitzins auf 0 bis 0,25 % nach einer langen Abwärtstreppe vom 5,25 - % - Niveau im Jahre 2006. Außerdem beabsichtigt er, die Bereitstellung von M1-Geld zu verstärken. Beide Manöver haben schon in der Vergangenheit nicht immer zu gewünschten Ergebnissen geführt. Das Gratisgeld kommt nicht voll bei den Unternehmen der Realwirtschaft an, weil die Banken höhere Zinsen verlangen. Bei den Spekulanten dagegen kommt das Geld gut an, das letztlich vom Steuerzahler stammt. Ähnlich ging es der japanischen Notenbank in den 90er Jahren. Im Krisenanfangsjahr 2008 reagierte die FED pragmatisch und schnell und erhöhte die in den Umlauf gebrachte Geldmenge um 75 Prozent gegenüber dem Vorjahr, konnte die Krise aber nicht bremsen. Die Bank von England hat am 8. Januar 2009 den Leitzins um 0,5 % auf 1,5 % und im März auf 0,5 % gesenkt, den tiefsten Stand ihrer Geschichte seit 1694. Es war die sechste Zinssenkung teilweise in großen Schritten seit Sommer 2008 mit 5 %. Die Entscheidungszeit ist eine wichtige Ressource in der Krise. Die abwartende Strategie als Enttäuschungsfaktor kann zu heftigen Marktreaktionen führen.

30 Jahre nach dem Amtsantritt von *Margaret Thatcher* belaufen sich die privaten Schulden Großbritanniens auf unglaubliche 1,5 Billionen Pfund Sterling. Das Land hat fast 3 Mio. Arbeitslose und in einem Jahr verloren 75 000 Familien ihre verschuldeten Häuser. Die offensichtliche scharfe Klassenteilung des Landes ist deutlicher denn je, wie der frühere Erzbischof von Canterbury *George Carey* feststellte. Verlockungen von Promi-Lebensart, Kreditkarten und Boulevardblättern garantieren, dass die britische Unterklasse zur konservativsten Kraft geworden ist. Es ist eine verkehrte Welt, der Evening Standard, die einzige Abendzeitung Londons, wurde vom ehemaligen KGB-Mitarbeiter in der Botschaft der UdSSR und heutigen Geldoligarchen *Alexander Lebedew* gekauft, er hatte schon früher dieses Blatt bevorzugt. Im Rahmen des zweiten Bankenrettungsprogramms der britischen Regierung soll die Bank von England Wertpapiere privater Unternehmen von 50 Mrd. £ aufkaufen. Mit solchen Schritten bestimmt die Notenbank den Preis für Liquidität und Geld nicht mehr nur über den Leitzins und steuert direkt über die Geldmenge wie schon früher die FED. Eine Universalwirkung hat, wie die Geschichte zeigt keine dieser Methoden. Die Briten befürchten kommende Depression und Deflation, sie rechnen für 2009 mit einem Rückgang des BIP von 4 Prozent. Die Inflationsrate von 4,2 % im November 2008 soll nicht unter 2 % sinken, aber auch nicht steigen. Der Realwert des Pfunds sinkt tendenziell, das Haushaltsdefizit beträgt 10 Prozent der Wirtschaftsleistung. In den USA hatte die Haushaltsschuld Ende März 2008 den astronomischen Wert von 350 Prozent des BIP erreicht.

Die vermeintliche Mystik des verschwundenen Geldes

Die Megakrise des realexistierenden Kapitalismus ist Ergebnis seiner Evolution, die nach *Rosa Luxemburg* durch den Widerspruch gekennzeichnet ist, zugleich alle anderen Wirtschafts- und Lebensformen zu verdrängen und ohne diese Erweiterung ihres Nährbodens nicht existieren zu können. Ein Prozess, den die neoliberale Umwälzung weiter beschleunigt hat, ist die Valorisierung (Einbeziehung in den Geld- und Kapitalkreislauf) des gesamten Teils der global verbliebenen Subsistenz- oder Naturalwirtschaft. Er wurde von *Giarini* im Bericht für den Club of Rome schon vor zwei Jahrzehnten auf etwa 16 Billionen Dollar beziffert und von den Markthaien schon immer gierig beäugt. In unserer Zeit erleben wir neben der Vernichtung der Subsistenzwirtschaft und der weiteren Ausbeutung der Entwicklungsländer den Zugriff auf den öffentlichen Sektor, die Privathaushalte und nun auch der Staatsfinanzen. Da es immer weniger möglich ist, das Finanzblasengeld für überdurchschnittlich ertragreiche Investitionen zu verwenden, verschärfte sich die Überakkumulationskrise. Ihr Pendant ist die Unterakkumulation als Kapitalmangel in den Feldern der sozialen Reproduktion, der Bildung, Kultur und Gesundheit sowie dem Forschungs- und Entwicklungsausgaben in noch nicht lukrativen Gebieten eines Kondratjews der Umwelttechnologie. Reale Verwertungspotenziale für einen selbsttragenden Aufschwung als Ausweg aus der Krise sind nicht in Sicht. Die Ausbreitung des Kapitalismus ist nicht allein extensiv in immer mehr Regionen und Bereichen bis zur globalen Totalität. Dazu gehört auch die intensive Dimension der Kommodifizierung , das Warenförmigmachen aller menschlichen Beziehungen bis zur Moral, Bildung, Wissenschaft und Kultur. Logisch betrachtet hat die ungeheure Dynamik dieser Gesellschaftsform ein Ende, wenn sie sich weltweit durchgesetzt hat und alle Tätigkeiten und ihre Mittel kommodifiziert sind.

Wo ist das Geld hin, das wegen Spekulation und Bankenpleiten massenhaft verloren ist. Diese Frage kann man in der Krisenzeit häufig hören. In der Physik hat man Erhaltungssätze, gibt es solche nicht auch in der Wirtschaft, wollte kürzlich ein befreundeter Physiker vom Verfasser wissen. Virtuelle Geldsummen aus der Spekulation sind keine Wertschöpfung, diese entsteht nur in der Realwirtschaft. Sie ist das Ergebnis menschlicher Arbeit, die kombiniert wird mit der Anwendung von Material, Maschinen und Naturkräften (Boden), die einen Kapitalwert besitzen. Marxens Wertschöpfungstheorie aus lebendiger Arbeit mit Wertübertragung und Mehrwert erklärt, warum bloßer Kapitalbesitz und Zins nichts mit Wertschöpfung zu tun hat. Die Bruttowertschöpfung wird in der volkswirtschaftlichen Gesamtrechnung gleich dem Produktionswert Bruttoinlandsprodukt BIP minus Vorleistungen bestimmt. Wenn davon noch die Abschreibungen, indirekte Steuern plus Subventionen abgezogen werden, ergibt sich die Nettowertschöpfung NWS. Die NWS im Jahre 2007 betrug 1818 Mrd. €, sie war seit 1998 um jährlich 36 Mrd. € gewachsen. Das gesamte private Geldvermögen nach dem Haushaltsprinzip (Bargeld, Spareinlagen, Zertifikate, Aktien, Sparbriefe, Festgelder, Festverzinsliche Wertpapiere, Versicherungseinlagen und Pensionsansprüche) im Jahr 2007 entsprach 4564 Mrd. € und war seit 1998 um jährlich 128 Mrd. € gewachsen. Das Volumen des sogenannten virtuellen Geldes, das kein realwirtschaftliches Pendant, gemessen mit der Wertschöpfung besitzt, war gleich 4546 – 1818 = 2746 Mrd. € und sein Zuwachs gleich 128 – 36 = 92 Mrd. €. Erhaltungs- oder Symmetriegrößen im Wirtschaftskreislauf sind unbekannt. Das Finanzkapital im freien Flug führte zur extremen Finanzblase mit den bekannten Folgen. Als historisches Beispiel kann man die deutsche Börsenflaute von 2000 und 2001 nennen, durch die private Geldvermögen im Wert von 160 Mrd. € vernichtet wurden. In der aktuellen Krise 2008 und 2009 wird eine andere Größenordnung erreicht werden. Das Finanzblasengeld passt in die virtuellen Parallelwelten, die der Computer vorgaukelt und damit die Psyche der Digitalkonsumenten beherrscht bis zur Suchtabhängigkeit. Der homo oeconomicus wird digital geklont. Die Krise hat nun zunächst das neoliberale sozialpolitische Programm, eine Eigentümergesellschaft zu etablieren, auf herbe Weise durcheinandergebracht. Das private Aktienvermögen der Deutschen war 2007 auf 375 Mrd. € gestiegen, betrug aber Ende 2008 nur noch 166 Mrd. €.

Die steigende Asymmetrie des Wachstums von realer Wertschöpfung und virtueller Geldmasse ist ein Zeichen dafür, dass das Finanzsystem seine Funktion der Bedienung des realen Wirtschaftskreislaufs höchst unzureichend erfüllt. Noch fragwürdiger ist die soziale Asymmetrie des Privatvermögens, dessen 59 Prozent 1 Prozent der Bevölkerung und 41 Prozent 99 Prozent gehören. Das ist auch das Ergebnis des neuen Akkumulationsregimes seit Ende der 70er Jahre mit der Blockierung der Reallöhne. Das große Gewicht des Finanzkapitals wird ebenfalls dadurch gesichert, dass die Nachfrage gestützt wird durch steigende Konsumausgaben der Rentiers. Selbst wenn man eine Symmetriegröße für das Verhältnis Wertschöpfung und virtuelles Geld bestimmen und begründen könnte, ist das übrigens nicht mit den physikalischen Kategorien vergleichbar, da alle ökonomischen Daten von der historischen irreversiblen Zeit abhängen. Die virtuelle Geldrate VGR im Verhältnis zur Wertschöpfung war 1998 gleich 1,28 und stieg bis 2007 auf 1,51. Die marginale VGR lag bei (128-36)/36 = 2,55, ein Maß der Finanzblasenbildung in der Periode 1998 bis 2007. Wodurch wird in einer Volkswirtschaft dieses kritische Maß des Finanzsystems beeinflusst? Es sind dies die vier Größen Wirtschaftswachstum (BIP oder NWS), Leitzins, Inflationsrate und Geldmengenzufluss. Die fast hundertjährige Geschichte der halbstaatlichen FED hat gezeigt, dass die Manipulation von Zinssatz, Differenz von Leitzins und Inflationsrate sowie Geldmengenzufluss nicht immer das Ziel der Wachstumsstützung erreichte. Es war der „Sündenfall" des ersten Kredits in der Menschheitsgeschichte im Zweistromland vor 3700 Jahren, der das Wirtschaftswachstum auslöste. Heute aber ist es dringend notwendig geworden, die Wachstumseuphorie im Schlepptau der finanzkapitalistischen Hypertrophie zu hinterfragen, weil sie zum ökonomischen und ökologischen Desaster führt. Der Beschäftigungszuwachs als eines der Ziele des magischen Vierecks der Wirtschaftspolitik ist in Deutschland gänzlich vergessen worden. Die Zahl der Vollbeschäftigten ist von 1999 bis 2008 um 1,4 Millionen reduziert worden. Dagegen stieg die Anzahl der Teilzeitbeschäftigten um 1,3 auf insgesamt 5 Millionen und die Zahl der Minijobs um 2,5 Millionen auf insgesamt 7,1 Millionen. Ferner arbeiten 25 Prozent aller abhängig Beschäftigten im Niedriglohnsektor. Mit der Krise werden diese Trends verschärft.

Rette sich wer kann

Die Hauptursachen der Weltfinanzkrise sind die Deregulierung zugunsten der Vermögenden, die Umverteilung von unten nach oben und die kapitalistische Globalisierung. Der pervertierte Finanzkapitalismus führt zu Instabilität, Arbeitslosigkeit, wachsender Ungleichheit, Zurückdrängen der Politik und damit der Demokratie. Es wäre nun anzunehmen, dass die Rettungskonzepte bei den Ursachen ansetzen müssen, bei der Beseitigung der Blockaden und Barrieren zwischen der Wertschöpfung und dem Endverbrauch, dem Produktionswachstum und der Konsumtion. Aber weit gefehlt, die Politiker beginnen mit der Oberfläche, zuerst mit den Folgen für die Banken und den Staat. Sie ignorieren die Tatsache, dass jede Wirtschaft in Wechselwirkung zum Gesellschaftssystem steht. Zu den Grundlinien der herrschenden Politik in der Krise gehören das Festhalten an den neoliberalen Glaubensartikeln und der Umverteilung von unten nach oben, Rekapitalisierung der Pleitebanken, Liquiditätssicherung, Oktroyierung von Vertrauen und weitere Regulierung im militärischen und Sicherheitsbereich sowie in der Ökonomie zugunsten des Kapitals. Die lange Zeit verteufelte und nun wieder aus dem historischen Fundus reaktivierte Staatsintervention dient jetzt der Wiederherstellung der Bedingungen der Kapitalverwertung, der Sicherung von Profitraten. Die kulturzerstörende totale Verbetriebswirtschaftung aller Lebensbereiche als das Nonplusultra des Marktradikalismus wird auch weitergeführt, wenn man sich jetzt wieder auf den Staat besinnt. Gemeint ist der Staat als Freund und Helfer des Großkapitals. Die Krise wird zu einer Badekur des Kapitalismus auf Kosten der nichtkapitalprivilegierten Steuerzahler. Es ist eine Art umgekehrter New Deal der inneren Machtverhältnisse des Finanzimperialismus.

Kreditblase, Sozialabbau und Gesamtkapitalist Staat

Der freie Flug des Finanzkapitals erzeugte durch kumulative Rückkopplung die Kreditblase, die schließlich platzen musste mit verheerenden wirtschaftlichen und sozialen Folgen. Das geschah, weil eine einseitige neoliberale Politik im Interesse der vermögenden Klasse die Regeln und Schranken abgebaut hat, die schädliche Störungen durch kompensierende Rückkopplung paralysieren. Dem Ideologem der unbegrenzten Freiheit des Handels und der Geldwirtschaft entspricht prinzipiell das hyperbolische Blasenwachstum mit sinkenden Verdopplungszeiten. Das Platzen der globalen Kreditblase hat weltweit alle Marktsektoren in allen Ländern betroffen. Die meisten Länder hatten in den letzten drei Jahrzehnten einen Prozess der enorm wachsenden Einkommens- und Vermögensungleichheit erlebt, der nun durch die Folgen der Krise weiter verschärft wird. Solche extremen sozialen Asymetrien sind ein deutliches Zeichen für das Versagen des demokratischen Systems, wie *John Keane* in seinem Buch „The Life and Death of Democracy" von 2009 nachweist. Der repräsentativen Wählerdemokratie wird nicht mehr vertraut, wie die sinkenden Teilnahmezahlen zeigen. Monitordemokratie nennt er die Kontrolle und Beschränkung der Macht durch Bürgerrechts- und Menschenrechtsorganisationen, Mitbestimmungsformen, kritische Medien, Verbände, Gewerkschaften und andere Vereinigungen der Zivilgesellschaft. Staatsmacht und mehr oder weniger freiwillig gleichgeschaltete Monitordemokratie überließen die Bürger dem selbstregulierten Bankensystem über Jahrzehnte. Charakteristisch für dieses System sind hierarchische und autoritäre Leitungsstrukturen, Geheimhaltung, rigorose Konditionierung des Maximalprofit-Denkens als absolutem Glaubensartikel, Festhalten an marktradikalen Dogmen, Verlust notwendiger längerer Entscheidungshorizonte, Millionen Abfindungen und Boni ohne echtes Leistungsmaß. Die ökonomisch-mathematischen Maximierungsübungen der Neoklassik sind übrigens ausgeborgt von der Newtonschen mathematischen Physik, um deren unbezweifelbares Renommee in die Wirtschaftsrechnungen zu übertragen.

Der neoliberale Marktfundamentalismus ist eine Ideologie und zugleich eine politische Doktrin, die den Interessen der Betuchten dient. Schon der seit den 40ern bis 50ern von dem Ökonomen *Wilhelm Röpke* verbreitete Begriff Marktwirtschaft wird als verschämtes Ersatzwort für Kapitalismus verwendet, als ob nur Kauf und Verkauf und nicht Produktion und Profitrate die entscheidenden Kriterien dieses Wirtschaftssystems sind. Bisher war im politischen Diskurs nur zu hören und zu lesen, dass der Neoliberalismus allen Zusammenbrüchen zum Trotz weiter von seinen Protagonisten propagiert wird. So dreht die EU-Kommission mitten in der Krise unverdrossen ihre Gebetsmühlen und will zum Beispiel die eurostaatlichen Schutzbestimmungen für das kleine und mittlere Kfz-Gewerbe und seine Beziehungen zu den mächtigen Autokonzernen kappen. Mitten in der Krise verlangt im März 2009 der Chef der OECD *Angel Gurria* mehr Wettbewerb, weitere Liberalisierung und Lockerung des Kündigungsschutzes. Die Rettungskonzepte für Finanzen und Realwirtschaft folgen den alten Mustern. Die Trotzhaltung der europäischen Regierungen und Notenbanken gegenüber der Krise ist symptomatisch, zu tief hatte sich der Neoliberalismus eingefressen in die Denkweise. Eine neue Erklärungsvariante für den Krisenkapitalismus ist die Interpretation der Krise als überzogener Erfolg. Die Krise wird als kreative Zerstörung interpretiert. Auf kritisches Hinterfragen dieses endlos nachgeplapperten Schumpeterschen Begriffes wird verzichtet. Er ist eine euphemistische Vokabel. Der Kapitalismus braucht den Ruin wie die Luft zum atmen. Der Ruin schafft neue Bedingungen für den Maximalprofit. Die kapitalistische Zerstörungskreativität ist das Mittel der Akkumulation und Überakkumulation, die zum Multiplikator sozialer und ökologischer Katastrophen wird.

Nicolas Sarkozy will mit Hilfe des Staates den Aufbau des Kapitalismus der Zukunft betreiben, der Staat als „ideeller Gesamtkapitalist" von *Friedrich Engels* (MEW Bd. 19, S. 222) lässt grüßen. Im Zusammenhang mit den Rettungs-Transaktionen für die Banken sprechen die Akteure von Teilverstaatlichung. Das ist ein Verschleierungsterminus der Neoliberalen, der genau das Umgekehrte meint, die Geiselnahme des Staates durch die Großbanken. Ein neuer Staatsinterventionismus ohne Aufgabe der neoliberalen Glaubensartikel meldet sich an, bei dem es um Sozialisierung der Verluste als wichtigstes Instrument der Bekämpfung der Kreditkrise geht. So ist es auch mit dem Euphemismus Privatisierung, der in Wirklichkeit ebenfalls Sozialisierung der Verluste meint. Statt „notleidende" Banken sollte man pleiteträchtige Banken sagen. Public-Private-Partnership PPP ist in Wirklichkeit Rekapitalisierung von Pleitenbanken mit öffentlichen Mitteln. Die Verhüllungsworte der Kapitalherrschaft zu entlarven bedarf es eines neuen *Victor Klemperer,* dessen LTI (Lingua tertii imperii) unvergesslich bleibt. Eine Lingua pecuniae imperii LPI oder Sprache des Geldimperiums wäre aufklärerisch im besten Sinne des Wortes. In Deutschland hält die Bundesregierung an ihrem marktradikalen Kurs mit seinem entsprechenden Jargon fest. Ein Beispiel war Ende 2008 die Tatsache, dass die hochgelobte Kindergelderhöhung durch trickreiche Festlegungen den Empfängern von Hartz IV und Sozialhilfe nicht zugutekommt. Auch die Anhebung der Kinderfreibeträge bei den Steuern betrifft nur Familien mit überdurchschnittlichem Einkommen.

Sogenannte Rettungspakete für die Banken sind zuerst in den USA, Großbritannien, Deutschland, Frankreich und später in anderen Ländern geschnürt worden. Sie weisen jedoch ganz wesentliche Schwächen auf. Erstens berücksichtigen sie vor allem einseitig die Interessen der Banken. Zweitens fehlt nach wie vor die Transparenz des Finanzsystems. Die Banken haben oft selbst keinen Überblick über ihre reale Bilanzsituation, was sich in erneuten Ansprüchen an Nothilfen zeigt. Drittens fehlt ihnen die starke soziale Komponente der Rooseveltzeit. Viertens werden die alten Dinosaurierindustrien gefördert. Der Anteil der Rettungspakete am nationalen BIP betrug in den USA 22,3, in Deutschland 28,1 und in Großbritannien 54 Prozent. Das „frische Geld", das pleiteträchtige Banken und Unternehmen vom Staat erhalten, ist nach *Marx* eine der historischen Formen des Primärprozesses der Bildung großer Privatkapitale: „Die öffentliche Schuld wird einer der energischsten Hebel der ursprünglichen Akkumulation. Wie mit dem Schlag der Wünschelrute begabt sie das unproduktive Geld mit Zeugungskraft und verwandelt es so in Kapital, ohne dass es dazu nötig hätte, sich der von industrieller und selbst wucherischer Anlage unzertrennlichen Mühewaltung und Gefahr auszusetzen. Die Staatsgläubiger geben in Wirklichkeit nichts, denn die geliehene Summe wird in öffentliche leicht übertragbare Schuldscheine verwandelt, die in ihren Händen fortfungieren ganz, als wären sie ebensoviel Bargeld." (Bd. I, S. 794). Dafür gibt es unzählige historische Beispiele. Wenn in der Krise die Banken Staatsgelder für den Ersatz ihrer faulen Kreditpapiere verlangen, so gleicht dieser Treubruch in seiner Bedeutung der Sünde gegen den Heiligen Geist, wird aber unerschrocken von den angeblich soliden Bankern ausgeübt. Im Zusammenhang mit dem extremen Haushaltsdefizit denkt man sofort an die Wundertüte der internationalen Politik und das probate Mittel der kriegerischen Verwicklungen sowie ihrer quasi Randrenditen. Der neue Nahostkrieg im Januar 2009 erhöhte in wenigen Tagen den Barrelpreis von 32 auf 48 $. Wenn der Trend nach oben anhält, kann es zum ersehnten Fluss von Realprofiten in das krisengeschüttelte FED-System führen.

Das Hilfspaket Troubled Asset Relief Program TARP der US-Regierung in Höhe von 700 Mrd. $ für die Banken zur Eindämmung der Zwangsvollstreckungen wurde seit Oktober 2008 bis zum Jahresende zur Hälfte ausgegeben und hat nicht die erhoffte Wirkung erreicht. Drei Wochen vor der Verabschiedung des Rettungspakets für die Teilverstaatlichung der Banken wurde übrigens die gleiche Summe in den Verteidigungshaushalt bereitgestellt. Im Jahr 2008 kam es zu 2,3 Mio. Zwangsvollstreckungen und 1,9 Mio. Häuser stehen leer. In der zweiten Januarwoche 2009 musste der Kongress im Eilverfahren die zweite Hälfte freigeben. Es ist nicht sicher, dass dies genügen wird. Das Vertrauen der Märkte ist erst einmal verspielt. Am 5. März 2009 hat die Ratingsagentur Moody's die Bonität der US-Großbank JP Morgan von „stabil" auf „negativ" herabgestuft. Diese traditionsreiche Bank hält Derivate im fiktiven Wert von 91,3 Billionen $, doppelt so viel wie das Welt-Bruttoinlandsprodukt. Davon sind 9,2 Billionen $ Credit Default Swaps CDS, die zu den gefährlichsten Derivaten gehören. Das ist eine tickende Zeitbombe für die Zukunft des Dollars und der US-Wirtschaft. deren prominentester Kranker auf dem Sterbebett General Motors ist. Die Medien melden seit Januar 2009 jeden Monat 700 000 neue Arbeitslose. Der wegen seiner exakten Analysen angesehene US-Ökonom *Gerald Celente* sagt voraus, dass in Kürze der Boden aus dem Fass des Finanzmarktes fällt und dies der Anfang der „Größten Depression" der Weltgeschichte einleiten wird. Das globale Finanzsystem sei unheilbar krank und könne durch Konjunkturpakete und Bankenhilfen nicht zu einem Neustart bewegt werden. Die in der Kritik stehenden Rating-Agenturen beeilen sich nun, ihr Image durch Enthüllungen aufzupolieren. Moody's veröffentlichte im März 2009 eine Liste von 283 ausfallgefährdeten Unternehmen von 1230 US-Firmen mit einem spekulativ belasteten Rating. Dazu gehören Autokonzerne, Fluggesellschaften, Chiphersteller u. a.

Die britische Regierung war seit Oktober 2008 mit 37 Mrd. £ an führenden Banken beteiligt. Sie hat ferner dem Finanzsektor Bürgschaften von 250 Mrd. £ gegeben. Ein neues Paket wurde ab 18. Januar vorbereitet. Es gibt praktisch drei Stufen, die krisenträchtige Entartung der Banken zu mildern oder zu verhindern. Erstens die Teilverstaatlichung oder besser Als-ob-Verstaatlichung des gegenwärtigen Zuschnitts mit stiller Beteiligung, das heißt ohne Mitspracherecht. Es gibt ferner keinen Einfluss auf die Personalpolitik und die Managerspitze. Diese in der BRD bevorzugte Form ist ein Rezidiv der neoliberalen Staatsaversion und ein Betrug des Steuerzahlers. Zweitens die konsequente Regulierung durch Mindesteigenkapitalstandards, staatliche Kontrolle der Eigentümer und Geschäftsführer, Mindesliquiditätsreserven, Verbot der Umgehung bilanzieller Vorschriften mittels Zweckgesellschaften, Reform der Ratingagenturen und ihrer Kontrollroutinen. Drittens die faktische Verstaatlichung durch Übernahme der Leitung der Bank, die Erneuerung der personellen Spitze und die rigorose Gesundung der Kreditvergabe nach den erwähnten Regulierungsformen.

Anfang 2009 kam die Zeit der wachsenden Konjunkturdeckel. Nolens volens bedienen sich die Regierungen der alten keynesianischen und monetaristischen Rezepte gleichzeitig. Konjunktur und Liquidität sind die Schlüsselworte. Der US-Kongress billigte schon im Februar 2008 ein Konjunkturprogramm von 150 Mrd. $, da wähnte sich die deutsche Wirtschaft noch im sicheren Hafen. Zum Ende des Jahres plante der designierte Präsident *Obama* ein Ankurbelungspaket für Arbeitsplatzschaffung von 775 Mrd. $, zehn Prozent mehr als das Rettungspaket für die Wall Street. Präsident *Obama* wollte 350 Mrd. $ des Rettungspakets dem Finanzsektor geben, was jedoch von vielen Abgeordneten des Kongresses abgelehnt wird. Die FED kauft im März langfristige US-Staatsanleihen im Volumen von 300 Mrd. $ auf. Ferner nimmt sie forderungsbesicherte (?) Wertpapiere von bis zu 750 Mrd. $ in die Bilanz. Dazu gehören Papiere, die mit Hypotheken und Studentenkrediten hinterlegt sind. Es wird weiter an den Symptomen der Krise operiert. In ihrer Sitzung am 17. März 2009 wurden Befürchtungen einer Abwärtsspirale der US-Wirtschaft artikuliert, die sich aus schnell wachsender Arbeitslosigkeit und zunehmenden Kreditausfällen der Banken ergeben. Im Mai 2009 kollabierte die Bank-United in Florida als 34. Opfer der Finanzkrise seit Jahresbeginn mit einer Bilanzsumme von 12,8 Mrd. $. Über diese Bank kauften auch viele Nichtamerikaner ein Haus in Florida. Dort stürzten die Immobilienpreise inzwischen rapide ab. Erst nachdem die FED für eine Billion $ Hypothekenkredite aufgekauft hatte, stiegen die Häuserpreise wieder ab Mai 2009. Ende 2009 stellt sich heraus, dass 140 US-Banken im Jahr pleitegegangen sind.

Die Wirtschaftspolitik der massiven Deindustrialisierung, Deregulierung des Marktes und Senkung des Zinssatzes, um ausländisches Kapital anzulocken, wird ungehindert weitergeführt. Die Gewerkschaften sind zurückgekehrt zur Position der Kollaboration mit den Unternehmern wie schon einmal in den 20er Jahren. Der neugewählte Präsident *Barack Obama* ist leider umgeben von einer Riege von neoliberalen Beratern mit *Summers* als Chefökonom und eine Persönlichkeit vom Kaliber des Rooseveltberaters *Eccles* ist nicht in Sicht. Als ökonomischen Chefberater hat er *Larry Summers* bestimmt. Die frühere Chefin der kleinen Regulierungsbehörde Commodity Futures Trading Commission CFTC *Brooksley Born* hatte in den 90ern den Kongress 17mal vor den Risiken des ausufernden Derivatemarkts gewarnt. Sie wurde auch mit Hilfe von *Summers* mundtot gemacht und musste 1999 ihren Job quittieren. Auch *Edward Gramlich,* Ökonomieprofessor und Gouverneur bei der FED verlangte im Jahre 2000, die Kreditfirmen stärker zu regulieren und wurde von *Alan Greenspan* scharf abgebügelt. In seiner Antrittsrede am 20. Januar 2009 vor dem Kapitol sagte *Obama,* dass die Krise Ergebnis von Gier und Unverantwortlichkeit sei, was fleißig nachgeplappert wird. Das Wort Change, das er im Wahlkampf gebrauchte, taucht nun nicht mehr auf. Der Wechsel aber zu einer anderen Wirtschaftspolitik ist dringend notwendig. Symptomatisch ist der Absturz der Börse in teilweise panikähnlicher Stimmung nach der Rede, ein Novum bei der Amtseinführung eines US-Präsidenten. Die US-Finanztitel verloren an der Börse im Schnitt 17 % an einem Tag. Das war das Warnzeichen, dass die Krise der amerikanischen Banken einen Punkt erreicht hat, von dem ab weitere Verstaatlichungen notwendig sind. Allein die bereits erwähnte Bank of America BoF, die sich mit Merrill Lynch übernommen hat, erlitt ein Tagesminus von 29 %. Sie hat 45 Mrd. $ Staatshilfe und 118 Mrd. $ Bürgschaften erhalten und braucht nun weitere 80 Mrd. $.

Im Januar 2009 kam es wieder zu sechs Bankenpleiten. Zur Deckung des Haushaltdefizits durch die Bankenhilfen und Konjunkturspritzen benötigt der US-Bundeshaushalt 1,7 Billionen $. Es wird wohl schwierig werden, Käufern im In- und Ausland dafür US-Schatzbriefe anzubieten. *Obamas* Programme unterliegen dem Kampf der Interessengruppen des Kapitals. So beschimpften Kreise des Großkapitals in den Medien seine „sozialistischen Pläne" der Ausgabe von 75 Mrd. $ für die Mittelschicht zur Verhinderung von Zwangsversteigerungen und der stärkeren Besteuerung der Jahreseinkommen von mehr als 250 000 $. Der Kurs des Dollars fällt weiter, vom 1. März zu 0,80 € bis auf 0,74 € Mitte März. Die Arbeitslosenrate stieg auf 8,1 Prozent, weiter bis Juni 2009 auf 9,5 Prozent und zum Jahresende mit etwa 15,4 Millionen auf 10,2 Prozent, seit Anfang des Jahres gingen 2 Millionen Arbeitsplätze verloren. Mit den Teilzeitbeschäftigten und den Arbeitnehmern, die die Jobsuche aufgegeben haben, liegt die Arbeitslosenrate bei 16,5 Prozent. Das 775-Milliarden-Konjunkturpaket wirkt noch ungenügend. Im Ergebnis der sich verstärkenden Krise werden die potentiellen in- und ausländischen Investoren immer unsicherer.

Deutsche Musterschüler der Bankenrettung
Die Regierung der BRD stellte am 13. Oktober 2008 ein Banken-Rettungspaket von 500 Mrd. € vor. Für den Schutz der Arbeitsplätze wurden nur 4,1 Mrd. € vorgesehen. In Deutschland ist die Hälfte aller von 2005 bis 2008 neugeschaffenen Arbeitsplätze prekäre Jobs: Ein-Euro-Jobs, Mini-Jobs, Leiharbeit, Zeitarbeit mit Niedrig-Löhnen. So entstand das Kunstwort Prekariat. Bei der Bankenhilfe ist noch kaum die Rede von Gegenleistungen und vom Recht des Steuerzahlers auf Einfluss auf Investitionsentscheidungen. Die Commerzbank CoBa, die sich bei der Übernahme der hochverschuldeten Dresdner Bank übernommen hatte, erhielt im November eine Eigenkapitalspritze vom Staat in Höhe von 8,2 Mrd. €, die am 8. Januar 2009 durch weitere 10 Mrd. € Garantien auf insgesamt 18,2 Mrd. € aufgestockt wurden. Außerdem erhielt die Bank eine stille Einlage von 8,2 Mrd. €. Für diese Einlage muss die Bank nach EU-Bestimmungen jährlich 9 Prozent Zinsen bezahlen, die sich bei künftiger Ausschüttung von Dividenden, das heißt 50 Cent pro Aktie um einen weiteren Prozentpunkt erhöhen. An diesem Tag ist CoBa an der Börse nur noch 3,8 Mrd. € wert. SoFFin kauft 295 Mio. Stammaktien der Bank zu je 6 €, also zu 1,77 Mrd. € und hält damit eine Sperrminorität von 25 % plus 1 Aktie. Außerdem erhält der Staat zwei Aufsichtsratsmandate seiner Staatssekretäre in der CoBa, aber keinen Einfluss auf die künftige Geschäftsführung, wieder ein Exempel des finanzdominierten Staatskapitalismus. Der Staat hätte die CoBa für 5 Mrd. € kaufen können, das hätte sein Budget viel weniger belastet. Der Kauf der Dresdner Bank durch die CoBa war eine ideale Transaktion aus der Sicht der Allianz AG, die die Dresdner 2001 gekauft hatte und sie seit längerem wieder loswerden wollte. Es ist auch bezeichnend, dass kommentarlos ein umfangreicher Arbeitsplatzabbau angekündigt wird, eine Art Pluspunktesammeln für die Kurspflege. Die grandiose Zockerei der CoBa-Manager mit Verlusten von 4,5 Mrd. € aus der Übernahme der Dresdner soll durch den Steuerzahler kompensiert werden. Die Gesamtverluste der CoBa wurden Ende März 2009 auf 6 Mrd. € beziffert. Das Volumen der Ramschpapiere der Bank ist noch weit größer. Nach Prüfung durch die EU-Wettbewerbskommission soll die CoBa die Tochter Eurohypo (45 Prozent ihrer Bilanz) schrittweise abstoßen. Im Mai 2009 endete die 137jährige Geschichte der hochverschuldeten Dresdner Bank AG, deren Verschmelzung mit der CoBa ins Handelsregister eingetragen wurde. Im ersten Halbjahr 2009 hatte die CoBa operative Verluste von 792 Mio. € und in das problematische 2. Halbjahr ging sie mit 400 Mrd. € Krediten vorwiegend für die mittelständische Wirtschaft mit eingetrübter Zukunft. Die Fusion der Coba mit der Dresdner führte 2009 zu einer Bilanzsumme von 844 Mrd. €, etwa ein Drittel des deutschen BIP. Nach all den Tochterdesastern des Bankwesens kann man wohl sagen, *Brecht* variierend: Was ist der Einbruch in eine Bank gegen die Gründung einer Tochterbank. Die Commerzbank hatte 2008 einen Verlust von 6,5 Mrd. € und 2009 4,5 Mrd.€. Die Bilanz zu Anfang 2010 betrug 844 Mrd. €. Der Staat war zu 25 Prozent eingestiegen, eine exorbitante Milliardenhilfe.

Der bisher vornehm Staatshilfe ablehnende Branchenprimus Deutsche Bank DB musste im Januar 2009 einen Verlust von 4,8 Mrd. € im vierten Quartal 2008 melden und der Aktienkurs fiel von 92 € im September 2007 auf 18 € im Dezember 2008. Zu den Belastungen der Bank gehören 6 Mrd. € im Investmentbanking, 1,5 Mrd. € im Eigenhandel, 1 Mrd. Abschreibungen und 3,5 Mrd. € Verluste aus Sicherungsgeschäften. Die DB hatte vor der Krise einen sehr hohen Anteil an Fremdkapital, mit dem sie die Spekulation finanziert hat. Daher stammt wohl die berühmt-berüchtigte Ackermannsche Zielmarke 25 für die Eigenkapitalrendite. Man kann diese Konstruktion als ein Quasi-Schneeballsystem bezeichnen. Es fiel ihnen auf die Füße. Gegenwärtig ist die Bank nun damit beschäftigt, ihre Aktiva zu reduzieren, im vierten Quartal waren es 300 Mrd. €, um die Eigenkapitalrendite nach der Leverageformel zu erhöhen und die Kurserwartungen zu verbessern. Im März 2010 gab es einen warmen Regen von 11,8 Mrd. $ aus dem Rettungspaket der US-Regierung für Forderungen der DB gegenüber dem Beinahekollabierer, dem Versicherungskonzern AIG. Die Eigenkapitalrendite der DB stieg auf 30 Prozent, das heißt Ackermanns Konzern verdiente mit jedem Hundert-Euro-Schein 30 Euro. Das war Ergebnis von Provisionen und hohen Kursgewinnen aus Aktien und Wertpapieren. Die DB arbeitet vor allem auf fremde Rechnung für Versicherungen und Fonds. Es wird wie bisher weiter gezockt mit Wertpapieren und Zertifikaten, unbeeindruckt von den Forderungen nach Regulierung des Finanzwesens.

Bundesbank und Finanzaufsicht BaFin haben bei 20 Banken in Deutschland einen weiteren Abschreibungsbedarf von 300 Mrd. € auf illiquide Wertpapierpositionen festgestellt. Die Risikosumme von 17 Banken bei problematischen Krediten und Wertpapieren wurde im April 2009 auf 816 Mrd. € beziffert, wobei auf die HRE 268 und die CoBa 101 Mrd. € entfallen. Im diesem Zusammenhang kam es zu Vorschlägen für eine große staatliche Zweckgesellschaft, eine sogenannte Bad Bank BB, anstelle dieses Anglismus wohl besser als Schrottbank, Giftbank, Ramschbank oder Restebank zu bezeichnen. Schweden hat das in den Jahren 1987 bis 1994 mit den Sicherungsfonds Securum und Retrieva gemacht. Hier bekamen aber nur staatliche Banken eine BB zur Seite gestellt. Minderheitsbeteiligungen des Staates wie im Fall CoBa gab es nicht. Damals gab der schwedische Staat Garantien über umgerechnet 19 Mrd. €. Das Krisenmanagement des schwedischen Finanzsystems kostete 3,6 Prozent des Bruttoinlandsprodukts. Wenn der Staat zur Stützung der Banken eingreift, muss es sehr wehtun, sagte der damalige schwedische Finanzminister *Bo Lundgren* und meinte damit die Banken und nicht die Steuerzahler. Das will Finanzminister *Peer Steinbrück* offenbar seinen Banken nicht zumuten, es wird nur von „Gebühren" gesprochen.

Die Bad Banks sind eine neue Art der wohlbekannten Zweckgesellschaften außerhalb der Bilanz einer Geschäftsbank, in die „toxische" Wertpapiere zu 90 Prozent ihres Buchwertes ausgelagert werden. Im Gegenzug erhalten die Geschäftsbanken eine Schuldverschreibung, für die der staatliche Finanzmarkt-Stabilisierungsfonds SoFFin und damit der Steuerzahler für 20 Jahre haftet. Dagegen bleiben Aktionäre, Bankenmanager und Gläubiger meist ohne Haftung. Es ist Profitrettung für die Reichen auf Kosten der Allgemeinheit. Der Staat hat sich so abhängig gemacht vom Privatkapital, dass er es nun retten muss. Die Gesamtsumme der Ramschpapiere wurde im Mai 2009 auf bis zu 600 Mrd. € beziffert, es kann ein Fass ohne Boden werden. Im Juli 2009 beschloss der Bundestag ein Rettungspaket von 480 Mrd. Euro für die Einrichtung von Ramschbanken. Das Gesamtvolumen nur der besonders riskanten Strukturierten Finanzpapiere SFP in Deutschland wurde später auf 230 Mrd. € geschätzt, während die Banken ein Eigenkapital von 450 Mrd. € besitzen. Mit dem Fortgang der Krise müssen zunehmend Unternehmenskredite abgeschrieben werden. Für die Banken ist eine Erhöhung des Eigenkapitals wegen der großen Verluste notwendig. Die Gelder hätte der Staat besser für Zukunftsinvestitionen einsetzen können, wenn eine Handvoll der größten Verlustbanken in die Insolvenz gebracht würden. Die Bad Bank Lösung wird die Verursacher der Krise so belohnen, dass die mittelständige Wirtschaft lange auf günstige Kredite warten wird. Das Bad-Bank-Gesetz der BRD blieb im September 2009 ohne Wirkung. Wenn eine Bank ihre Schrottpapiere an eine Bad Bank übergibt, muss sie Farbe bekennen, das heißt den wahren Wert beziffern, also das Geschäftsgeheimnis lüften, eine Zumutung für die Bank. Die Ratingagenturen sind durch die Krise verunsichert und zögern, Bonitätsnoten zu vergeben. Die Bank für Internationalen Zahlungsausgleich BIZ, der 55 Zentralbanken angehören, kritisiert das Fehlen geordneter Abwicklung pleiteträchtiger Großbanken und warnt vor weiterhin weltweiten Überkapazität des Finanzsektors. Auch die Schweizerische Nationalbank SNB lehnt weitere Kapitalspritzen des Staates ab.

Ende Oktober meldet die Deutsche Bank DB für das dritte Quartal 2009 einen Gewinn vor Steuern von 1,3 Mrd. €, während sie im zweiten Quartal noch Verluste hatte. Unerwartet fette Gewinne haben in den USA die Großbanken Goldman Sachs und JP Morgan Chase. Diese Großbanken profitieren von der Krise. Dagegen meldete die Schweizer Großbank UBS für das III. Quartal 2009 Verluste von 564 Mio. sfr (373 Mio. €) und einen Vermögensabbau der Anleger von 36,7 Mrd. sfr, während sie im II. Quartal Verluste von 1,4 Mrd. sfr hatte. Anfang November erhielt die Royal Bank of Scotland RBS 25,5 Mrd. £ von der Regierung, die ihren Anteil an der Bank damit von 70 auf 84 Prozent erhöht. Die RBS beabsichtigt nun, weitere 3700 Stallen zu streichen. Der britische Staat steckt ferner 5,7 Mrd. £ in die Lloyds Banking Group. In den USA meldete die Mittelstandsbank CIT am 1. November Insolvenz an. Sie hat Bilanzaktiva von 71 Mrd. $, Außenstände von 65 Mrd. $, Schulden von 11 Mrd. $ und Verluste von 5 Mrd. $ in zwei Jahren. Rettungsgelder von 2,3 Mrd. $ gelten als verloren und die Bank of America muss 7,5 Mrd. $ wegen dieses Bankrottes abschreiben. Die nichteffiziente Verfahrensweise der FED wird in diesem Zusammenhang kritisiert.

Bei jedem Ruin triumphiert die sogenannte kreative Zerstörung im Kapitalismus. Man schätzte kürzlich, dass die Bankenbranche die Hälfte ihres in der Krise verlorenen Marktwerts zurückgewonnen hat, vielleicht eine Art Beruhigungspille für die gebeutelten Institute. Aber es gibt noch riesige Summen toxischer Papiere und es drohen die Folgen der Rezession in den kommenden Monaten. Dazu gehören die wachsende Zahl der Firmenpleiten, die steigende Arbeitslosigkeit und die vielen Schuldner, die ihre Kredite nicht zurückzahlen können. In den USA mit ihren 8200 Finanzinstituten gab es im laufenden Jahr bereits 100 Pleiten kleiner Banken und es gibt eine erhebliche Zahl weiterer Kandidaten, die als Zombibanken bezeichnet werden.

Altautovernichtung und Kurzarbeit als Rettungsleine
Am 13. Januar 2009 stellte die Regierung der BRD ein Konjunkturpaket II vor mit einem Volumen von 50 Mrd. €, die CoBa hatte allein vorher etwa die Hälfte bekommen. Der Entwurf des Pakets stammt bezeichnenderweise von einem Wirtschaftsberatungsunternehmen. Diese Wirtschaftsberater sind besonders verlässlich in dem Job, mit dem seit Jahrzehnten bewährten Rationalisierungskurs den Banken und Unternehmen die neoliberalen Mores zu lehren. Das Hauptmerkmal dieses Konjunkturdeckels ist daher seine soziale Schieflage. Geringverdiener, Rentner und Sozialleistungsbezieher gehen weitgehend leer aus. Die Steuer- und Abgabeentlastungen kommen den Beziehern großer Einkommen fast zehnmal stärker zugute als denen geringer Einkommen. Die Hälfte der Haushalte hat nichts von Steuersenkungen. Um das zu kaschieren gibt es einige Zugeständnisse und Boni wie einmalige Zuwendungen. Bildung, Kultur und Umwelt sind unterbelichtet oder fehlend. Es gibt keine Zuschüsse für Lehrereinstellungen in den öffentlichen Schulen mit unerträglich hohen Klassenstärken. 20 Mrd. € sind vorgesehen für Investitionen zur Modernisierung der Infrastruktur auch für Kommunen, die vermutlich fertige Projekte haben, die man für die schnelle Realisierung braucht. Zwei Drittel des Betrags sind vorgesehen für Schulen und Hochschulen, der Rest für Straßen, Schienen, öffentliche Gebäude. Im April 2009 wird vermeldet, dass wegen bürokratischer Verzögerungen noch kein Euro verbaut ist. Ende 2009 stellt eine Studie fest, dass 20 bis 25 Prozent der Schulabgänger nicht die erforderlichen Grundkenntnisse im Lesen, Rechnen und Schreiben besitzen. Zur Krise der Hoch-

schulbildung bemerkt die FAZ, dass die Bologna-Blase so geplatzt ist wie die Finanzblase. Früher profitierte die BRD von den in der DDR „kostenlos" ausgebildeten Facharbeitern, Ingenieuren und Ärzten. Diese Quelle spridelt nicht mehr.

Typisch für den Geist oder besser den Ungeist der Verfasser ist die fragwürdige Abwrackprämie von 2500 € für Altautos und Neukauf eines Autos mit EU-Abgasnorm 4. Dagegen gibt es für ein Kind einmalig 100 €, die bei Menschen mit Hartz IV verrechnet werden. Das Danaergeschenk der Abwrackprämie kostete den Steuerzahler bis zum Ende der Aktion fünf Milliarden Euro. Die taktische Schlauheit der Erfinder ging davon aus, dass die Deutschen in ihrer Mehrheit Autofreaks sind, durch die Prämie in Schnäppchenlaune versetzt werden, und das Wahlvolk die richtige Partei wählt. Die Abwrackprämie führt zur Massenvernichtung von intakten Gebrauchswerten, zum Zusammenbruch des Gebrauchtwagenmarktes und zu Beeinträchtigungen anderer Märkte. Es werden viel gebrauchte Autos in gutem Zustand und geringer km-Zahl verschrottet. Ein neues Auto erfordert für seine Herstellung 20 bis 30 t Kohlendioxid. Die Regierung will ihr Lieblingskind, die Automobilindustrie retten, die in ihrer jetzigen antiökologischen Verfasstheit ohnehin das Ende der Fahnenstange erreicht hat. Etwa 17 Mrd. € des zweiten Konjunkturpakets sind bestimmt für Kurzarbeitergeld. Worin besteht eigentlich die Wirkung der staatlichen Geldspritzen für die Unternehmen der Realwirtschaft in der Krise. Lohnkostenzuschüsse für Kurzarbeit und sonstige Beschäftigungshilfen kassiert der Unternehmer anstandslos. Wie wird aber verhindert, dass das Unternehmen mit seiner krisenhaft niedrigen oder gar negativen Profitrate auf die eine oder andere Weise wieder umsteigt auf den unter den gegebenen Bedingungen lukrativeren Zug der Finanzanlagen mit relativ geringem Risiko oder gar der Schnäppchenpapiere. Warum gibt es nur wirkungsarme einmalige Sondergaben wie die Abwrackprämie anstelle eines Konzepts veränderter Lohnpolitik zur nachhaltigen Verbesserung der zahlungsfähigen Nachfrage der arbeitenden Bevölkerung, die über ein Jahrzehnt sinkende Reallöhne hinnehmen musste.

Die Hauptgewinner der Krisenpolitik der Bundesregierung sind die Banken und die Großunternehmen, für die es ein neues Bürgschaftsprogramm über 100 Mrd. € gibt. Das Kapital fordert unverdrossen Hilfe vom Staat, dessen Zuständigkeit und Leistungsfähigkeit es in den letzten Jahrzehnten untergraben hat. Der „Staat der Banken" tritt in Aktion mit seinen Garantien und Rettungspaketen und offenbart schließlich eine Fehlrechnung: Die Riesenschwemme überschüssigen Warenkapitals kann auch durch die noch so große Staatsnachfrage nicht kompensiert werden. Die andere Seite der Geldvernichtung durch faule Kredite ist die allgemeine Entwertung der Waren, die Unmöglichkeit, sie in Geld zu verwandeln wie die unverkäuflichen Autohalden. Schon im März 2009 wird festgestellt, dass die Banken kaum Lehren aus der Krise ziehen. Spekulative Produkte werden weiter bevorzugt verkauft, das Geschäft mit Kleinanlegern wird vernachlässigt. Die Banken beginnen nach den staatlichen Bürgschaften und Hilfen damit, den Investoren wieder Verbriefungen anzubieten und versprechen dabei hohe Renditen, alles wie gehabt. Der unregulierte Markt bringt den höchsten Profit, daher werden die mit steuerfinanzierten Krediten bezahlten Beteiligungen wieder reprivatisiert, sobald sich die Wirtschaft erholt hat. Die bisherigen Aktionen der Bundesregierung zeigen, dass aus der Krisenanalyse keine dringend notwendigen Schlüsse für institutionelle Veränderungen gezogen wurden. Dazu gehören Maßnahmen zur Regulierung der Finanzmärkte, Verbot von Hedgefonds und Zweckgesellschaften, Vergesellschaftung von Banken, Stopp für Privatisierungsprojekte und Demokratisierung von Großunternehmen.

Wer Schulden hat, den grüßt man oder auch nicht
Seit Februar 2009 wurde von Regierungsparteien und Opposition intensiv über eine sogenannte Schuldenbremse diskutiert, da sich der Bund mit mehr als 50 Mrd. € für die beiden Konjunkturprogramme und 70 Mrd. € für den Finanzstabilisierungsfonds verschulden

wird. Im Mai 2009 hat der Bundestag eine Schuldenbremse für Bund- und Länderhaushalte beschlossen, die sich auf die jährliche Neuverschuldung bezieht. Den ökonomischen Unsinn einer Schuldenbremse hatte bereits der schon erwähnte *Michael Kaletzki* nachgewiesen. Eine strenge Schuldenbremse wird zur Wiederkehr der berüchtigten neoliberalen Sparpolitik auf Kosten der Infrastruktur des Verkehrswesens, der Volksbildung und des Gesundheitswesens, deren schlimme Folgen wir heute erleben. Ein Beispiel dafür ist der derzeitige marode Zustand der Berliner S-Bahn. Die S-Bahn musste 2008 56 Millionen Euro Rendite an den Mutterkonzern Deutsche Bahn abführen, um deren geplanten Börsengang zu befördern. Diese Rendite war ein Ergebnis des Sparkurses mit Abbau von Personal- und Werkstattkapazitäten.

Die Schulden des Bundes werden von der 2001 gegründeten Finanzagentur GmbH verwaltet. 2009 soll sie 323 Mrd. € auf dem Kapitalmarkt leihen. Dafür verkauft sie Bundesanleihen auf Auktionen, an denen auch ausländische Banken teilnehmen. Fast die Hälfte der deutschen Staatsschuld finanziert das Ausland, die Bundesbank weist einen Anteil ausländischer Gläubiger von 47 Prozent aus. Bundesanleihen sind wie Bargeld. Die Kreditinstitute können die Papiere bei der Europäischen Zentralbank EZB als Sicherheit hinterlegen und erhalten im Gegenzug eine Gutschrift auf das Girokonto. Das Giralgeld kann weiterverliehen werden und so wird neues Geld geschaffen. Es ist eine Kopie des FED-Systems. Staatsschulden und entsprechende Ausgaben für produktive, soziale und ökologische Zwecke sind sinnvoll, da Unternehmen und Privatleute im Jahr etwa zehn Prozent des Einkommens sparen und damit ein Nachfrageloch entsteht.

Bis zur großen Krise war der Stabilitätspakt der Heilige Gral der EU. Es wurde ein EU-Vertragsverletzungsverfahren eingeführt. Wehe dem, der die festgelegte Defizitgrenze des Staatshaushalts von drei Prozent des BIP überschritt. Nun aber haben die USA ein Defizit von 9,4 % und in der EU traf es Frankreich, Spanien, Griechenland, Deutschland und weitere Staaten. Ende 2009 wiesen Bund, Länder und Gemeinden aufgrund der Hilfen für Banken und Konzerne ein Finanzdefizit von 77 Mrd. € oder 3,2 Prozent des Bruttoinlansprodukts aus. Die BRD war in der EU der Vorreiter der sogenannten Stabilitätspolitik, die langfristig gesehen in die ökonomische und soziale Instabilität führt, wie sich herausgestellt hat. Sie hat sich mit dieser Strategie schon vor fast drei Jahrzehnten eingeklinkt in den großen neoliberalen Schwenk. Unter dem Vorwand der Inflationsbekämpfung setzte sie auf Kostensenkung zu Lasten der arbeitenden Menschen. Niedrige Löhne und Reduzierung der Sozialausgaben sollten die Wettbewerbsfähigkeit der deutschen Konzerne auf dem Weltmarkt stärken. Auch die „Unabhängigkeit" der EZB und der Kampf gegen den „Protektionismus der andern" (beileibe nicht den eigenen) waren Morgengaben der BRD in der EU. Ohne mit der Wimper zu zucken sind die Musterknaben des Freihandels Bundesbank, Regierung und Konzerne auch noch mitten in der Krise stolz auf die Errungenschaften der deutschen Stabilitätspolitik, wie das Handelsblatt am 3. Februar 2009 verkündete. Weitaus besser wäre es aus sozialer Sicht, einen Stabilitätspakt zur Sicherung einer niedrigen Arbeitslosenquote einzuführen. Aber weit gefehlt, am 12. Juni 2009 stimmte nach dem Bundestag auch der Bundesrat der Verfassungsänderung zu, derzufolge die Länder ab 2020 gar keine neuen Schulden mehr machen dürfen. Überschuldete Länder werden bei der Konsolidisierung von 2011 bis 2019 mit insgesamt 800 Mrd. € im Jahr unterstützt. Für den Bund gilt ab 2016 eine Begrenzung der Neuverschuldung auf 0,35 Prozent des BIP.

Tatsächlich wächst die Staatsverschuldung weltweit. Die 27 EU-Länder haben eine Gesamtschuld von 58 Prozent des BIP und es wird für das Jahr 2010 mit 71 Prozent des BIP gerechnet. Spitzenreiter der Verschuldung waren 2007 Italien mit 100 Prozent und Griechenland mit 95 Prozent. Großbritannien liegt bei 53 Prozent und einem schnell steigenden Wert, wobei die private Verschuldung des Landes 170 Prozent des BIP beträgt. In den USA liegt die Verschuldung bei 80 Prozent des BIP mit 11,3 Billionen Dollar, während die Gesamtverschuldung (Staat, Privathaushalte, Unternehmen, Finanzsektor) 370 Prozent des BIP mit 52,59 Billionen Dollar erreicht hat. Summa summarum ausgedrückt, der Kapitalismus lebt nur noch auf Pump.

Die baltischen Staaten sind von der Krise besonders getroffen mit einem starken Rückgang des BIP im ersten Quartal 2009. Die Europäische Union hatte schon 2008 ein Nothilfeprogramm von 3,1 Mrd. € für Lettland aufgelegt, denn die skandinavischen Banken hatten den Kredithahn zugedreht. Zusammen mit dem IWF und der Weltbank erhielt das Land 7,5 Mrd.€ Kredite. Es hatte praktisch eine IWF-Regierung, denn es erhielt die Gelder nur, wenn der IWF Budgetpläne akzeptiert und Haushaltskürzungen durchgeführt werden. Weitere Bedingungen waren Erhöhung der Mehrwertsteuer, Kürzung der Gehälter der Staatsbediensteten im Schnitt von 25 Prozent, Abstriche bei öffentlichen Dienstleistungen, Flexibilisierung des Arbeitsmarktes, Einschnitte im Gesundheitswesen, Lohnsenkung in der Privatwirtschaft um 30 Prozent. Im Ergebnis stieg die Arbeitslosigkeit auf 22 Prozent, die Wirtschaftsleistung ging um 18 Prozent zurück und der Nachfrageeinbruch im Einzelhandel lag bei 30 Prozent. Zuvor hatte schon Ungarn Nothilfe erhalten. Es muss ab 1. Juli 2009 das vom IWF und der EU auferlegte Stabilisierungsprogramm durchsetzen, verbunden mit wesentlichen sozialen Einschnitten, darunter einer Mehrwertsteuer von $20 + 5 = 25$ Prozent. Die Maßnahmen gehen in die Richtung einer noch schärferen neoliberalen Ausrichtung als vor der Krise. Es ist übrigens ein Irrtum, wenn am glaubt, dass mit der Megakrise die Spekulationsneigung der Finanzjongleure und die Betrugsneigung mancher Bilanzfrisierer nachhaltig verhindert werden. Im Zusammenhang mit den Garantiefonds des Staates geben Privatbanken neue staatsgarantierte Anleihen heraus, die dem Finanzmarkt den echten Staatsanleihen Konkurrenz machen. Manche börsennotierte Unternehmen versuchen, durch Aktienrückkäufe Kurspflege zu betreiben. Es wächst auch die Versuchung einer Kapitalerhöhung an der Börse mit neuen Aktien. Dies alles zeigt, dass die Chuzpe der Finanzmanager keine Limite kennt. Man ist an das alte derbe deutsche Sprichwort erinnert. „Auf fremdem A ... durchs Feuer fahren."

In den USA wird 2009 die Totalverschuldung (Bund, Bundesstaaten, Unternehmen, Bürger) mit 57 Billionen $ beziffert. Die externe Staatsverschuldung 2008 betrug 13,77 Billionen, von denen 80 Prozent seit 1990 entstanden sind . Eine Stellschraube dieser Verschuldung sind die Währungsturbulenzen. Der Dollar verlor im Vergleich zum japanischen Yen/100 seit der Aufhebung des Goldstandards von 1971 bis 2008 74 Prozent und seit 2001 im Vergleich zum Euro 58 Prozent bis 2008. Das bringt für die USA die Verbilligung ihrer Exporte und die Verteuerung ihrer Importe. Das Währungsrisiko für die enorm gestiegene externe Staatsverschuldung tragen die ausländischen Gläubiger wegen des Wertverlustes der langfristigen US-Staatsanleihen. China hält 1,95 Billionen $ in US-Staatsanleihen, aber auch Russland und Brasilien gehören zu den Gläubigern. Mit den Währungsrisiken wächst auch das Interesse an Auswegen wie Goldkäufe, Rohstoffmarkt und Kapitalbeteiligungen im Öl- und Energiesektor. Auch die Ablösung des Dollars als Leitwährung durch einen globalen Währungskorb aus dem chinesischen Yuan, dem japanischen Yen, dem Euro und Gold wird diskutiert. Das ist ein riskantes Vorhaben, sind doch weltweit 75 Prozent der gesamten Geldmenge in Dollar. Die Leitwährung Dollar verleiht den USA die Macht der globalen Geldschöpfung. Die Zentralbanken der anderen Länder oder Ländergruppen sind gezwungen, Dollar als Währungsreserve einzustellen (EZB über 90 %). Die USA erhalten für ihre Dollar aus den Guthaben der ausländischen Gläubiger seit Jahrzehnten Sachwertlieferungen wie Erdöl, Rohstoffe, Gold, Industriekomplexe, Immobilien, langlebige Konsumgüter, Diamanten usw. ohne Gegenleistung. Die US-Hochfinanz kontrolliert die globalen Märkte der Realwirtschaft, den Weltrohstoffmarkt, den Weltenergiemarkt, das Weltfinanzsystem und das Telekommunikationssystem. Wäre der Dollar nicht mehr Leitwährung, müssten die USA die andere Leitwährung erst erwerben, die sie für ihre Käufe benötigen. Da in den USA Dollars von anderen Ländern gebunkert werden, fließen die ausgegebenen Dollar nicht in die USA zurück, sondern zirkulieren global. Dadurch erhalten die USA jährlich quasi Sachgüter im Wert von ca. 750 Mrd. $ geschenkt. Das Weltrisiko des Währungssystems ist damit für die USA am niedrigsten zu bewerten. Eine große wirtschaftliche Bedrohung der USA wäre die Umstellung des Ölmarkts auf den Euro, da sie damit Leistungen erbringen müssten, um den Euro zu erhalten. Das wollte *Saddam Hussein* und will der Präsident des Iran *Ahmadinedschad*.

Konjunkturprogramme und die Geldpolitik der FED

Frankreich präsentierte im Herbst 2008 zuerst einen Hilfsplan von 360 Mrd. € und Präsident *Nicolas Sarkozy* schlug Verstaatlichung von Schlüsselindustrien vor. Seit Herbst hat Frankreich nun 428 Mrd. € aufgebracht, um vor allem Banken und Konzernen zu helfen. Am 13. Januar 2009 beschloss die Regierung ein Konjunkturpaket von 26 Mrd. € speziell für Bauprogramme und Investitionen. Dividenden wurden nicht belastet und Arbeitnehmer nicht entlastet. Von Aufwendungen für Bildung, Kultur und Gesundheitswesen ist nicht die Rede. Im Oktober 2008 bestätigte das russische Parlament schließlich ein Paket von 63 Mrd. Rubel. Im gleichen Jahr hat die dänische Regierung die Roskildebank komplett übernommen. Sie musste im Januar 2009 ein Stabilisierungspaket für weitere Banken zu 100 Mrd. Kronen (13 Mrd. €) auflegen. Die Zinsen betragen für Banken mit unvorsichtiger Geschäftspolitik 11,25 % und für gesunde Banken 9 %. Das Finanzministerium verlangt halbjährliche Rechenschaftsberichte.

Die größten Pakete sind die der USA und der EU. In bewährter Tradition dienen sie erneut der Umverteilung von unten nach oben. Die solventen kommerziellen Banken werden kaum dafür herangezogen, es bleibt eine Leistung der Steuerzahler. Die Krankheit des gesellschaftlichen Distributionssystems wird mit dem gleichen Virus bekämpft, der sie hervorgebracht hat. Die politische Reaktion auf die Menetekel der Megakrise sind also bisher eine Art von „Weiter so !" oder das neue Buch eines bekannten Politikers mit dem Titel „Mehr Kapitalismus wagen". Die Konjunkturdeckel wirken nicht oder nur unvollkommen, wenn sie nach dem Gießkannenprinzip verteilt werden auf Bereiche, die über keine aktuellen Projekte verfügen, nur die erneute Überproduktion erzeugen und keine Multiplikatoreffekte auslösen. Sie wirken auch dort nicht, wo sie Basisinnovationen fördern, die auf kurze Zeit noch keinen Gewinn versprechen. Die Summe der weltweiten Rettungspakete zur Verhinderung einer Depression betrug im Dezember 2008 mehr als zehn Billionen $. Sie umfassen Liquiditätsspritzen, Kauf fauler Bankaktiva und Garantieschirme über die Interbankenmärkte.

Das in China beschlossene Konjunkturprogramm für zwei Jahre hat ein Volumen von vier Billionen Renminbi Yuan RMB oder CNY (über 406 Mrd. €) und wird etwa zur Hälfte aus der Staatskasse finanziert, der andere Teil von den Banken. Im Jahre 2009 gibt die Regierung 1,2 Billionen Yuan aus, das heißt 1,8 Prozent des erwarteten Bruttoinlandsprodukts. Der chinesische Export ist im Februar 2009 um 25 Prozent gefallen, ein Faktor starker Überproduktionskrise. Durch Schritte der Abwertung des Yuan versucht man, dem entgegen zu steuern. China hatte im letzten Jahrzehnt die Möglichkeit, seinen Warenüberschuss in die USA zu exportieren. In den USA war trotz fallender Reallöhne eine Konsumblase der Mittelschichten entstanden, die sich von fiktiven Einkommen aus der Wertpapier- und Immobilienblase finanzierte. Diese Blasenkombination globaler Dimension platzte ab Spätsommer 2009. Von Entwarnung konnte im Oktober 2009 keine Rede sein, da sich die Arbeitslosigkeit verdoppelt hat und weiter steigt, die Kreditkartenblasen sich unangenehm bemerkbar machen und bei den Zuliefer- und Dienstleistungsfirmen die Pleitewelle begonnen hat. Der chinesische Markt ist nicht in der Lage, die Überproduktion zu absorbieren. Was soll aus dem großen Konjunkturprogramm des Landes werden.

Auch im Herbst 2009 herrschte in den USA wie in anderen Ländern noch Unsicherheit über die weitere Entwicklung der Krise. Wirtschaftsinstitute verzichteten zunächst auf erneute Prognosen, weil sie diese ohnehin ständig nach unten korrigieren mussten. Die Krise bewegte sich schubweise mit einer kurzen Verschnaufpause im August vorwärts. Es blieben Vermutungen über kommende Deflation oder Inflation bis Hyperinflation. Auslöser der Unsicherheit ist nicht zuletzt die eskalierende Staatsverschuldung der USA. Im Haushaltsjahr 2008/2009 haben die USA bei einem BIP von 14,2 Billionen $ ein Defizit von 9,9 % bzw. 1,409 Bill. $. Die FED hatte wie die britische Zentralbank begonnen, zusätzlich zu ihrer radikalen Zinssenkung auf 0,5 % ihre zweite Stellgröße zu manipulieren, nämlich Geld am Computer zu kreieren und ohne den Umweg über die Privatbanken in die Realwirtschaft zu pumpen. Die Geschäftsbanken hinterlegen dafür Wertpapiere bei der FED. Sie verwenden aber das Geld der FED dazu, ihre Bilanzen zu sanieren, sodass viel zu wenig Liquidität für das Kreditgeschäft für die mit der Realwirtschaft bleibt. Trotz des Geldsegens und des niedrigen Leitzinses werden die Kreditkonditionen für Unternehmen und Haushalte immer ungünstiger, weil auch die langfristigen Zinsen steigen oder hoch bleiben. Nun wollte FED-Chef *Ben Bernanke* die Notbremse ziehen und im Umfang von 1 Billion $ Unternehmensanleihen und andere Wertpapiere wie verbriefte Hypothekenkredite von Freddie Mac und Fannie Mae sowie Staatsanleihen auf dem Markt kaufen. Das Verfahren der FED zugunsten der Realwirtschaft kommt ganz simpel daher als „quantitative easing", etwa als nominale Erleichterung zu übersetzen. Die FED kauft den Unternehmen Wertpapiere ab und stärkt damit unmittelbar ihre Liquidität. Sie muss auch Staatsanleihen der Regierung aufkaufen, wenn diese keine ausländischen Investoren mehr findet. Bei den Bürgern ist ohnehin kaum etwas abzusetzen, da sie mit unglaublichen 42 Billionen $ schwer verschuldet sind und die Sparquote per Null liegt. Das Geld der FED landet letztlich vor allem bei den Banken, Hypothekenfinanzieren und Hedge Fonds, in viel geringerem Maße in der Realwirtschaft. *Bernanke* erhielt den Spitznamen Helicopter Ben, weil er scherzhaft empfahl, notfalls Geld aus Hubschraubern abzuwerfen. Finanzminister *Geithner* bemüht sich, Geierfonds und Private Equity Gesellschaften durch staatliche Bürgschaften zu motivieren, den banken Schrottpapiere abzukaufen. Im Oktober 2009 gelang das mit einem Volumen von 40 Mrd. Dollar. Der Staat übernimmt also einen großen Teil der Schulden und dann kann das Spiel im Casino wieder neu beginnen.

Die riesige Geldschwemme wird den Wert der Greenbacks weiter reduzieren. Es ist zu vermuten, dass die US-Regierung im Jahr 2009 den Dollar weiter abwertet wie weiland Präsident *Nixon* 1971, um auf einen Schlag die enormen Zahlungsverpflichtungen gegenüber ausländischen Gläubigern weitgehend zu reduzieren. Die Bilanzsumme der FED betrug im September 874 Mrd. $ und erreichte im Dezember 2219 Mrd. $ oder 20 Prozent des BIP pro Jahr. Das interne Haushaltsdefizit der USA beträgt 1,4 Billionen Dollar. Im Februar 2009 wurde das FED-Kreditprogramm Term Asset-Backed Securities Loan Facility TALF von 200 auf 1000 Mrd. $ erhöht, davon stammen 100 Mrd. $ vom Finanzministerium. Die Kredite sollen refinanziert werden durch Verbriefung. Die Geschäftsbanken bündeln Darlehen zu größeren Paketen, verkaufen sie an Investoren weiter und haben damit wieder Eigenkapital frei, um neue Kredite zu vergeben. Dieser Kreislauf ist aber jetzt durchbrochen und Verbriefungen sind nahezu unmöglich, weil kein Investor sie haben will. Man versucht es mit den Zweitmärkten, dem Mittelständlern, Studenten oder Autokäufern. Unter dem Präsidente *Obama* wird ein Rettungspaket geschnürt, von dem jeweils 200 Mrd. $ an die halbstaatlichen Hypothekenfinanzierer Fannie Mae und Freddie Mac gehen sollen und 75 Mrd. $ an bis zu neun Millionen Hausbesitzer, die von Zwangsversteigerungen bedroht sind. Aber das wird jenen weiteren 13,6 Millionen Haushalten nicht nutzen, die auf Hypotheken sitzen, die höher sind als der Marktwert ihrer Gebäude. Im November 2009 stellt sich heraus, das Fannie Mae wiederum 20 Mrd. $ Verluste im III. Quartal hatte, 120 Mrd. $ im neunten Quartalsminus in Folge. Staatshilfe von 60 Mrd. $ sind bisher geflossen. Wegen der wachsenden Arbeitslosigkeit erholt sich der Häusermarkt nur langsam. Die FED blieb auch im November 2009 bei ihrem extrem niedrigen Leitzins von 0 –

0,25 % und berief sich auf die niedrige Kapazitätsauslastung, gedämpfte Inflationstrends und schwache Wachstumsaussichten. Es gibt auch in Europa ein Dreigestirn, die geringe Geldentwertung, die hohe Staatsverschuldung und die riesigen Liquiditätsspritzen der Rettungspakete. Sie bilden eine neue Blase, die eines Tages platzen kann. Ende 2009 machen die Großbanken dank des Börsenbooms bei Aktien und Rohstoffen (!) wieder hohe Gewinne, der auch blasenverdächtig ist.

Die US-Notenbank hat schließlich einen ersten kleinen Schritt zum Ausstieg aus der Politik des billigen Geldes getan. Am 18. Februar 2010 hob sie den Diskontsatz, zu dem sich die Finanzinstitute bei der FED kurzfristig Geld leihen können, von 0,5 auf 0,75 Prozent an. Den Leitzins für die Transaktionen der Geschäftsbanken beließ die FED weiter zwischen Null und 0,25 Prozent. Im Ergebnis gewann der Dollar an Wert gegenüber dem Euro, da Anlagen in der US-Währung bei steigenden Zinsen günstig sind. Andererseits gingen die Aktienbörsen weltweit auf Talfahrt, weil steigende Zinsen als konjunkturdämpfend gelten. Die FED hat durch Aufkaufen hypothekenbesicherter Wertpapiere und langfristiger Staatsanleihen im Umfang von 1425 Mrd. $ ihre Bilanz auf 2058 Mrd. $ aufgebläht. Sie will die Hypothekenzinsen niedrig halten. Hypothekenbesicherte Wertpapiere sind festverzinsliche Anleihen, in denen ganze Portfolien von Hypothekenkrediten gebündelt sind. Anfang 2010 stellt sich heraus, dass die gewerblichen Immobilienpreise in den USA eingebrochen sind. Das betrifft die Einkauf-Malls, Bürotürme, Hotels und Miethäuser. Auch dem Hausmarkt droht wieder einmal der Kollaps. Im neuen Jahr wird ein Rückgang der Baubeginne um 10 Prozent oder 593 000 Einheiten auf dem US-Häusermarkt erwartet.

Keynes wieder aktuell?

Keynes, dessen Rezepte gegen die Krise in der Ära *Thatcher-Reagan* von den Politikern zum alten Eisen geworfen wurden, weil sie nicht voll geeignet waren für den scharfen Kurswechsel zur Deregulierung, wird mit seinem Deficit Spending wohl oder übel wieder gebraucht, wenn die Krise die Realwirtschaft erfasst. Die Botschaft seines Hauptwerks ist ohnehin an die Geldeliten gerichtet. Ganz ungeniert schrieb er, dass die Beschäftigung (bezeichnenderweise erste Kategorie im Titel seines Buches) nur steigen kann, wenn die Reallöhne fallen. (S. 14) Er meinte dort auch, dass die Gewerkschaften nicht streiken werden, wenn die Lebenshaltungskosten durch Inflation steigen und nur etwas Widerstand leisten bei Einbußen des Nominallohns. *Keynes* empfahl ferner die Regulierung der Geldmenge, die angeblich auf die Zinsrate wirkt. Die FED hat dieses Rezept allerdings ohne Erfolg ausprobiert. In der wissenschaftlichen Gemeinschaft der USA gab es übrigens auch in der Epoche der Deregulierung noch Anhänger von *Keynes,* die ihre Ansichten publizierten. Ganz anders in der BRD, wo der Mainstream der Wirtschaftswissenschaft der Politik predigte, sich aus der Wirtschaft zurückzuziehen, um den Markt besser wirken zu lassen. Durch die ideologisch konditionierte Phalanx der Kollegen wurden die Keynesianer entschieden an den Rand gedrängt oder besser gesagt kaltgestellt. Nun aber wird Krisenkeynianismus dringend als Notstandsverwaltung wieder benötigt.

Am Beispiel von *Keynes* kann man sehen, dass die wirtschaftliche Regulierungsweise einer Gesellschaft als Instrumentarium der Wirtschaftspolitik stets im Hinblick auf die sozialen Folgen beurteilt werden muss. Sie ist im besten Fall ein Kompromiss zwischen den Interessen einer Minderheit, der herrschenden Eliten und der Mehrheit der Bevölkerung. Die „New-Labour"-Regierung Englands hat sich neuerdings auf die Interessen ihrer Klientel besonnen und eine Reihe von sozialen Maßnahmen wie Hilfen für kinderreiche Familien, Rentner und hilfsbedürftige Kleinbetriebe und Senkung der Mehrwertsteuer auf 15 Prozent. Als erste Regierung hat sie die Wiederbelebung eines Stücks Staatskapitalismus riskiert, so erhielt die Royal Bank of Scotland RBS eine Staatsbeteiligung von 57,6 Prozent. Die RBS hat mit 28 Mrd. £ den größten Verlust eines Unternehmens in der britischen

Geschichte bekanntgegeben. In den USA war schon im Mai 2008 ein Konjunkturprogramm für Haushalte mit Steuerschecks von 100 Mrd. $ gestartet worden.

Bisher hat die demokratische Öffentlichkeit wenig über das „Wer erhält was, warum und wie, in welchem Maßstab" erfahren. Viele Finanztransaktionen der sogenannten Rettung werden wie eh und je geheimgehalten. Der Staat ist nicht in der Lage und auch nicht willens, das finanzkapitalistische Regime zu kontrollieren. Es ist auch in den angepassten Medien nicht die Rede von notwendigen Maßnahmen der institutionellen Veränderung. Der G-20-Gipfel Mitte November war nicht in der Lage, ein solides Programm der nachhaltigen Finanzreform zu verabschieden. Jede Woche erlebt man nun, wie führende Politiker zu den Pleitiers eilen, um wenigstens den Anschein zu wecken, dass sie helfen werden. Schon der eingangs zitierte *Mark Twain* meinte, dass in der Politik der Anschein der Wahrheit sechsmal soviel wert ist wie die Wahrheit.

Worauf kommt es aber wirklich an. Es geht vor allem um demokratische Kontrolle der Finanzmärkte und ihrer Akteure, die Besteuerung aller Arten von Finanztransaktionen und insbesondere der grenzüberschreitenden, den Stopp für alle Formen der Privatisierung des Sozialsystems, der öffentlichen Infrastruktur. Die Regulierungen sollten international abgestimmt werden. 47 Steueroasen weltweit laut OECD und Offshore-Zentren des Finanzmarkts müssen abgeschafft werden. Die internationale Nichtregierungsorganisation NRO Tax Justice Network (Netzwerk für Steuergerechtigkeit) hat einen Financial Security Index FSI (Schattenfinanzindex) publiziert mit einer Liste von 60 Ländern, die von Steuerparasitismus leben. So haben auf den Cayman Islands südlich von Kuba etwa 9 000, also rund zwei Drittel aller weltweit aktiven Hedgefonds ihren Sitz und es gibt kaum Regulierungen. Die Einrichtungen tarnen sich geschickt, indem sie mit der OECD angeblich kooperieren. Auf den britischen Kanalinseln sind sie wohlgeduldet. Die Bank für internationalen Zahlungsausgleich BIZ schätzte sehr vorsichtig, dass sich 23 % (3 Billionen $) aller Bankeinlagen der Welt in den Oasen befinden. Die Steuerausfälle der betroffenen Staaten belaufen sich auf bis zu 300 Mrd. $. Den Entwicklungsländern sollen durch Steuerhinterziehung der kleptokratischen Eliten zwischen 64 und 124 Mrd. $ entgehen. Jährlich wird via Kapitalflucht Vermögen von 200-300 Mrd. $ ins Ausland transferiert. Andere Tricks sind anonyme Scheinfirmen, die zum Beispiel in den US-Bundesstaaten Delaware, Wyoming und Nevada keine Einkommensteuer zu bezahlen brauchen. Der Bundesstaat Delaware an der Spitze der FSI-Liste parkte im Jahre 2007 von nicht in den USA ansässigen Firmen 2,6 Billionen Dollar. Es gibt auch ganz legalen Steuersenkungswettlauf zwischen Staaten. Das gebeutelte Irland winkte multinationalen Konzernen mit einem niedrigen Steuersatz für Unternehmen von 12,5 Prozent, während in den USA der Steuersatz bei 35 Prozent liegt. 90 Prozent der irischen Exporte stammen aus Betrieben, die sich in ausländischem Besitz befinden. Im Juni 2009 hat die NRO „Tax Justice Network" die Summe der Kapitalanlagen in Steueroasen weltweit auf 11,5 Billionen Dollar beziffert. Sie bezweifelt die Wirkung der regulierenden Maßnahmen der Finanzminister von 20 OECD-Ländern vom 23. Juni 2009, weil bei begründetem Verdacht nach wie vor Namen und Kontonummern nicht zugänglich sind, die besonderen Tricks der multinationalen Konzerne, nicht durchschaubare sogenannte innovative Finanzprodukte sowie raffinierte Verfahrensweisen von Stiftungen und Trusts außen vor bleiben.

Die Kapitaleinkommen müssen grundsätzlich progressiv besteuert werden, um das natur- und menschenfeindliche hyperbolische Wachstum an der Quelle abzuschalten. Außerbilanzielle Geschäfte und Leerverkäufe, zum Beispiel Verkäufe geliehener Aktien sollten grundsätzlich verboten werden. Leerverkauf oder short sale ist der Verkauf von Wertpapieren oder Waren, die der Verkäufer noch nicht besitzt bzw. die vorhanden sind, aber erst später ausgeliefert werden. Das ist in den USA endgültig und in Frankreich zur Zeit verboten, in Deutschland aber erlaubt. Das Verursacherprinzip für alle Formen der Umweltbelastung und direkten Zerstörung ist endlich durch eine entsprechende Gesetzgebung konsequent durchzusetzen. Die privaten Investoren müssen für Verluste selbst haften. Die Hedgefonds sind abzuschaffen. Das Bankengesetz muss festlegen, dass die Menge des ausgeliehenen Geldes je nach Risikostufe einen bestimmten Wert im Verhältnis zum Eigenkapital nicht überschreiten darf. Die Eigenkapitalrichtlinie von Basel II ist abzuschaffen. Sie schreibt vor, dass jeder Kredit nur mit 8 Prozent Eigenkapital zu unterlegen ist. Notwendig wäre die Bindung des Stimmrechts von Finanzinvestoren an eine bestimmte Haltedauer ihrer Kapitalanteile. Man darf Banken nur retten, wenn sie im Gegenzug ihre Gesellschaften in den Steueroasen aufgeben. Nach dem Ende einer Schonzeit sollten die Banken ihre an den Staat verkauften Schrottpapiere wieder zurückkaufen mit einem Aufschlag. Die Verluste müssen die Banken tragen, potenzielle Gewinne gehören dem Steuerzahler. Es sind Vetorechte bei Übernahmen festzulegen. Anstelle der abhängigen Rating-Agenturen sind unabhängige Bewertungsgremien einzuführen. Es sind Gesetze zu schaffen, die die Banken in bestimmten Maße von dem Wechselkursrisiko schützen. Auch Höchstgrenzen für den Kapitalverkehr ins Ausland und zeitlich begrenzte Rückführungssperren sind zweckmäßig. Vor allem müssen Banker mit einem Malussystem auch für Verluste haften. Die Regelsätze der Bezieher von Sozialeinkommen sollten angehoben werden. Überhaupt gilt es, das Primat der Politik und der demokratischen Institutionen gegenüber dem Markt durchzusetzen, die Renaissance regionaler und lokaler Kreisläufe zu organisieren und die Steuergelder mehr zur Förderung des gemeinwohlorientierten Wirtschaftsbereiches als zur Sicherung des existierenden Bankensystems einzusetzen.

Dringend notwendig ist die Durchsetzung von Wirtschaftsdemokratie, die tatsächliche Mitbestimmung der Arbeitnehmer. Im Dezember 2004 wurde die Rechtsform Societas Europaea SE in der BRD für Unternehmen eingeführt, die es ermöglicht, betriebliche Mitbestimmung auszuhebeln. Das Totschlagargument gegen demokratische Mitbestimmung war die Wettbewerbsfähigkeit, eine für viele marktfundamentalistische Attacken verwendete Keule. Einfache Mitbestimmung der arbeitenden Menschen in den privaten und öffentlichen Unternehmen genügt nicht, wenn sie nicht ausgebaut wird zur rechtlichen Gleichstellung zwischen Arbeit und Kapital mit systemischer Ausgestaltung auch in Richtung auf Schiedspersonen oder Ausgleich durch Vertreter von Gemeinwohlinteressen. Diese Form muss es auch durch Miteigentum ermöglichen, das „Investitionsmonopol" der Kapitalbesitzer abzuschaffen und die Belegschaften an der Planung neuer Vorhaben zu beteiligen. Die staatlichen Mittel für die Rettung pleitegefährdeter Unternehmen sollten mindestens teilweise in Anteile der Arbeitnehmer verwandelt werden, wie es *Oskar Lafontaine* vorgeschlagen hat. Zur Wirtschaftsdemokratie gehört auch die Vergesellschaftung der Banken, damit Lohnabhängige und Verbraucher Einfluss auf die Kreditvergabe nehmen können.

In Deutschland gibt es kein Konzept der Veränderung der neoliberalen Wirtschaftspolitik, man hörte dagegen zum Ende des Jahres mit dem Ruf nach Steuersenkungen nicht auf. Es ist ein politischer Zyklus des durchsichtigen Wählerbetrugs, denn nach den Wahlen folgen der Steuersenkung soziale Abstriche wegen des Haushaltsloches so sicher wie das Amen in der Kirche. Insgesamt muss man feststellen, dass die deutsche Bundesregierung kein grundlegendes Konzept der Umgestaltung des marode gewordenen Wirtschaftssystems hat. In Deutschland begreift man das ungeheure Ausmaß der Krise immer noch nicht, äußerte sich *Paul Krugman.* Zu lange hat man sich ausgeruht auf den Lorbeeren des „Exportweltmeisters" und im Zuge der auch sozialen Deregulierung seit der rot-grünen Koalition die Sicherung der notwendigen Inlandsnachfrage sträflich vernachlässigt. So hätte die Einführung eines bedingungslosen Grundeinkommens viel mehr bewirkt als die stümperhaften ad-hoc-Maßnahmen der letzten Monate. Der Exportboom war das Ergebnis der aggressiven Verkaufsstärke, die durch sinkende Lohnzuwächse im Verhältnis zur steigenden Arbeitsproduktivität erreicht wurde. Seine Kehrseite ist nun der abrupte Einbruch des Exports. Im Mai 2009 zeigte es sich, dass die in der Vergangenheit geübten Praktiken des

Bilanzbetrugs, der Bestechung und der Korruption in der Krise verstärkt wurden. Die Wirtschaftsberatung Ernst&Young aus Frankfurt am Main befragte dazu europaweit 2200 Angestellte. Jeder vierte Mitarbeiter hält es demnach derzeit für gerechtfertigt, das Geschäft mit Hilfe von Schmiergeldern zu sichern oder anzukurbeln. Als Hauptgrund wird der steigende Druck angegeben, das eigene Unternehmen zu schützen und zu sichern. Dieses Verhalten wird aber letztlich nicht geeignet sein, die Exportindustrie zu retten.

Das >Weiter so< des Finanzimperialismus der G20

Im 20. Jahrhundert hat sich der Kapitalismus in zwei Zeitenwechseln neu justiert. In den USA geschah das unter Präsident *Roosevelt* im Ergebnis der „Mutter der Krisen" in Richtung auf soziales Gleichgewicht. Das zweite Mal gelang es unter *Thatcher* und *Reagan* als Reaktion auf deutlich sinkende Profitraten zugunsten des Großkapitals und gegen das soziale Gleichgewicht. Der G-20-Gipfel von London Anfang April 2009 als Antwort auf die Megakrise ist in seinen Ergebnissen weit entfernt von einer systemischen Neujustierung des Kapitalismus. London war als Hochburg der Geldströme der Welt und Wiege des Liberalismus seit dem 18. Jahrhundert ein hervorragend geeigneter Schauplatz für ein trotziges „Weiter so", die Beibehaltung des Status quo. Es wurde kein Wort über die sozialökonomischen Ursachen der Krise, die Verteilungsungerechtigkeit und die Drohungen der Klimakatastrophe verloren. Die heutigen Vorreiter des Neoliberalismus wollen als Systemretter gefeiert werden. Es geht darum, die panischen Finanzhaie zu besänftigen und das Volk zu beschwichtigen. Das geschieht durch kosmetische Veränderungen, Bekämpfung von Symptomen, viel Geld, publikumswirksame Maßnahmen und Versprechungen, markige Worthülsen, eindrucksvolle Show der Mächtigen dieser Welt. Sie wollen das Wachstum der Produktion und der Profite wiederherstellen ohne dringend sozial und ökologisch notwendige Korrekturen. Da das Verhalten der Herrschenden in der Krise ihre Hilflosigkeit offenbarte, kamen sie auf die famose Idee, ihre neoliberalen Glaubensartikel und Altpatentlösungen so weit wie möglich mit den früher verketzerten Gegenrezepten zu koppeln wie Monetarismus mit Keynesianismus, Staatsaversion mit Staatshilfe, sogenannten Green New Deal mit Abwrackprämie, Schuldenbremse mit Konjunkturprogrammen, Deregulierung mit Re-Regulierung. So blieben sie mit ihrem Pragmatismus brav bei ihrer alten Ideologie.

Das Kapital des IWF, der im Grunde bisher gescheiterten Institution mit einer für manche Länder katastrophalen Sanierungsgeschichte wurde verdreifacht auf 750 Mrd. $ plus 250 Mrd. $ für seine Sonderziehungsrechte. Angeblich soll es künftig bei Krediten keine drakonischen Sanierungsauflagen mehr geben, Misstrauen ist bei der Vergangenheit dieser Institution durchaus angebracht. Das leitende Personal hält nach wie vor die marktfundamentalistische Fahne hoch. Das ist kein Wunder in einer Institution, die von der Krise außerordentlich profitiert. Protektionismus sei zu vermeiden, wird verkündet, das heißt der Freihandel sei die Conditio sine qua non auch dann, wenn sie für arme Länder Verluste bringt. Eine Luftnummer war auch die wieder zurückgenommene schwarze Liste der Steueroasen mit Costa Rica, Uruguay, Malaysia und den Philippinen, die wirklich notwendigen Maßnahmen wurden bereits in dieser Studie erwähnt. In der Erklärung des Gipfels heißt es: „Die Ära des Bankgeheimnisses ist vorbei", wer es glaubt wird selig.Auf die weiteren versprochenen Geldflüsse einzugehen lohnt sich nicht, da man ohnehin nicht erfährt ob und wie sie wirken werden. Die geplante bessere Finanzaufsicht ist ein Phantom oder Zeugnis der Halbherzigkeit. Geld ist im Computerzeitalter wie ein gasförmiges Etwas kaum zu fassen, die rasante Dynamik der Finanzmärkte ist nicht mehr zu überschauen, ihre Triebkraft ist der Maximalprofit. Eine wirksame transnationale Finanzaufsicht wird ein Traumgebilde bleiben, so lange der Finanzimperialismus regiert. Nicht nur die Regierungsetagen, auch die Vertreter der akademischen Welt sind nicht bereit, Ihre Denk- und Verhaltensroutinen zu korrigieren. Ene Befragung der Financial Times Deutschland FTD (25. Juni 2010) von

3800 deutschen Wirtschaftswissenschaftlern, auf die 1100 antworteten ergab, dass jeweils die Mehrheit meint, dass ihre Zunft die Krise nicht kommen sah, dass die Finanzmärkte versagt haben, dass sie stärker reguliert werden sollten, dass Spekulation gefährlich destabilisierend sein kann. Verblüfft erfährt dann der Leser, dass sich die Mehrheit zur neoklassischen und nicht zur keynesianischen, monetaristischen oder marxistischen Denkschule zählt. So konstruierten sie eine famose contradictio in adiecto.

Eine gehörige Portion Skepsis gegenüber den wohlfeilen Versprechungen der Politiker und Finanzeliten ist angebracht. Präsident *Barack Obama* hatte eine große Reform des Finanzwesens und Re-Regulierung angekündigt. Am 2. April 2009 hat jedoch der amerikanische Bilanzierungsrat Financial Accounting Standards Board FASB die Bilanzierungsregeln für US-Banken gelockert. Sie dürfen bei der Bewertung ihrer Ramschpapiere vom aktuellen extrem niedrigen Rest-Marktwert abweichen. Das bedeutet, dass die Verursacher der Finanzkrise wieder eine neue Lizenz erhielten, zu lügen und zu betrügen. Mit den starken Schwankungen in den Devisenmärkten und Terminbörsen meldet der Deutsche Derivate Verband DDV bei Knock-Out-Papieren, Optionsscheinen mit Rohstoffen als Basiswert und Zinszertifikaten im April 2009 ein überdurchschnittliches Wachstum der Nachfrage. Man tanzt ohne Bedenken weiter im Casino. Der Devisenmarkt ist übrigens der liquideste Finanzmarkt der Welt. Er hat ein tägliches Handelsvolumen von unglaublichen 3 Billionen $, 15mal mehr als der tägliche Umsatz des Welthandels. Die Verantwortlichen glauben offenbar, dass nach der Periode der Entwertung des überschüssigen Kapitals eine neue Runde der kapitalistischen Akkumulation eingeläutet wird. Sie ignorieren, dass sich der Spielraum der kapitalistischen Verwertung verengt, weil das Schneeballsystem der Expansion des Kreditsystems wieder scheitern muss, denn Kredite sind Vorgriffe auf künftigen Mehrwert. Mehrwert entsteht aber nur bei realer Wertschöpfung, deren Möglichkeiten begrenzt sind.

Im Juni 2009 hat Präsident *Barack Obama* sein Regulierungsprogramm veröffentlicht. Es umfasst die Gründung einer neuen zentralen Institution, des Finanzaufsichtsrats Financial Services Oversight Council FSOC, dem der Finanzminister *Tim Geithner,* der Chef der FED *Ben Bernanke,* der Börsenaufsicht Securities Exchange Commission SEC, der Einlagensicherung Federal Deposit Insurance Corporation FDIC, der Immobilienfinanzierungsaufsicht Federal Housing Finance Agency FHFA, der neuen Verbraucherschutzbehörde Consumer Financial Protection Agency CFPA, der Terminmarktaufsicht Commodity Futures Trading Commission CFTC angehören. Aber es gibt noch keine präzisen und strengen Vorschriften für einfachere und durchschaubare Verbriefungen, bei denen die Emittenten mehr Informationen über die zugrundeliegenden Kredite offenlegen. Der Bankenverband American Bankers Association kündigte bereits an, die Reform zu bekämpfen. Die Regulierungsversuche in den USA und in der EU werden in vorauseilender Rücksicht auf die zu erwartenden Proteste der privaten Finanzmarktakteure nur halbherzig durchgesetzt. Besonders die Londoner Finanzwelt ebenso wie die britische Regierung sind dagegen, Hedgefonds, Private Equity Fonds und sogenannte Alternative Investmentpapiere zu regulieren. In der Krise gibt es neben Pleitiers auch Profiteure des Untergangs der Konkurrenten Bear Sterns und Lehman Brothers. Ein Beispiel ist im Juli 2009 die größte US-Bank Goldman Sachs, die Staatshilfe von zehn Milliarden Dollar in den vergangenen Monaten erhielt und nun im zweiten Quartal einen Gewinn von 3,4 Mrd. $ ausweisen konnte. Die Bank zahlt jetzt Gehälter und Boni mit 48 Prozent der Einnahmen oder 6,4 Mrd. $, das heißt pro Quartal für 30 000 Mitarbeiter pro Kopf 213 300 $.Zugleich droht die Pleite der US-Mittelstandsbank CIT, die 950 000 Unternehmen der Einzelhandelsbranche betreut und keine Finanzhilfen bekommen hat. Im Oktober 2009 melden die US-Banken Gewinne und Verluste, ohnehin die typische Kombination des Finanzcasinos. Die Investmentbank Goldman&Sachs berichtete über 3,2 Mrd. $ Gewin im dritten Quartal und die Bank Citigroup mit klassischem Kreditgeschäft benannte einen Verlust im gleichen Betrag. Goldman&Sachs verdankt das gute Ergebnis dem Handel und der Spekulation mit Währungen, Rohstoffen und Anleihen. Die halbautonome Einlagensicherungsinstitution der USA Federal Deficit Insurance Corporation FDIC, die 1933 mit dem Glass-Steagall Act geschaffen wurde, erwartet etwa 10 Mio. Verluste bis 2010.

Mitte 2009 rettet der Staat Großbanken und Großunternehmen, das heißt er setzt Milliarden ein, um die Strukturen wieder zu festigen, die zum wirtschaftlichen und ökologischen Desaster führen. Banken sind weder produktiv noch innovativ. Wenn sich die Weltwirtschaft vom größten Bankraub aller Zeiten erholen wird, werden die Banker genau so weitermachen wie bisher. Der sozialökonomische und ökologische Umbau mit Hilfe kleiner und mittlerer Unternehmen gerät dagegen ins Hintertreffen. Zum Programm der Wirtschaftspolitik gehört das Herunterfahren der öffentlichen Verschuldung mit rigoroser Einschränkung der sozialen Infrastruktur, Reduzierung ihrer staatlichen oder kommunalen Arbeitsplätze, Kürzung der Gehälter der Staatsangestellten, Abstriche bei öffentlichen Dienstleistungen und Erhöhung der Mehrwertsteuer. Da die marktradikale Politik ungeachtet der Krise in Deutschland und der EU fortgesetzt und eher verschärft wird, muss man daraus schlussfolgern, dass das Kräfteverhältnis zwischen Kapital und Arbeit bisher stabil zugunsten des Kapitals bleibt. Der Bundesbankpräsident *Axel Weber* rechnete im August 2009 nicht mit einer neuen Konjunktur, ausgehend von der zu erwartenden Zunahme der Arbeitslosigkeit, dem Rückgang des Exports wegen der wachsenden Eigenproduktion der Schwellenländer und dem wachsenden Staatsdefizit.

Die neuen Regierungspartner CDU, CSU und FDP finden im Oktober 2009 wirksame Rezepte, um ihre neoliberale Politikfortsetzung zu kaschieren. Sie erhöhen das „Schonvermögen" für Arbeitslose, das sorgt für Publicity und kostet den Bund nichts, weil kaum ein Arbeitsloser größere Rücklagen bilden konnte. Sie wollen gegen sittenwidrige Löhne eine allgemeine Untergrenze einführen unter den branchenüblichen Mindestlöhnen, die zu einem passablen Richtwert für die darauf versessenen Unternehmer wird. Im Gesundheitswesen wird die Grundversorgung abgebaut, die Zuzahlungen steigen, die Pharmakonzerne profitieren und der Übertritt von der gesetzlichen in die private Versorgung wird erleichtert, um den Marsch in die Privatisierung zu befördern. Die Staatsausgaben sollen verringert werden, dazu gehört auch die Personalreduzierung. Die prozyklische Politik von weiland Kanzler *Brüning* lässt grüßen, die ins Desaster führte. Damit wird klar, wer die Zeche für die Krise bezahlen soll. Die Krise ist im November 2009 noch lange nicht am Ende. Erstens ist der Abschreibungsbedarf der Banken wegen maroder Papiere noch Unglaublich groß. 104 Millionen Menschen sind in Kurzarbeit. Die Banken zögern mit Krediten für mittelständische Unternehmen und für Anfang 2010 wird eine Kreditkrise erwartet. Die Schmerzgrenze des steigenden Dollarkurses des Euro ist mit dem Jahreshoch von 1,544 $ am 25. November 2009 erreicht wegen der Verteuerung der Exporte.

Im Jahresvergleich war das BIP Mitte 2009 um 7,1 % zurückgegangen, die Industrieproduktion um 23,6 %, die Gewinne um 20,7 %, die deutschen Exporte um 20,5 %, die Importe um 12,5 %, die Ausrüstungsinvestitionen um 23,4 % und die Bauinvestitionen um 2,9 %. Am 13. Januar 2010 teilte das Statistische Bundesamt mit, dass die deutsche Wirtschaft 2009 gegenüber 2008 um 5 % geschrumpft ist, die Exporte sanken um 14,7 %, die Ausrüstungsinvestitionen um 20 %. Im Produzierenden Gewerbe (ohne Bau) war die reale Bruttowertschöpfungum 16,9 % niedriger als im Vorjahr. Der Rückgang des Wachstums von Produkten und Dienstleistungen im Jahre 2009 wurde auf 125 Mrd. € beziffert. Die offizielle Arbeitslosigkeit stieg um 5,6 %, die durchschnittlichen Nettolöhne und –gehälter gingen um 1,3 % zurück. Im Krisenjahr 2009 ist die Zahl der Firmenpleiten um 11,6 % auf insgesamt 32 320 gestiegen. Die bei Gericht angemeldeten Forderungen der Gläubiger wuchsen von 33,5 Mrd. € im Jahr 2008 auf 85 Mrd. € 2009. Die Zahl der Beschäftigten in den Insolvenzunternehmen lag 2009 bei 250 813, im Jahr zuvor 2008 bei 121 675. Es gab ferner 101 102 Verbraucherinsolvenzen.

In Großbritannien lag der Rückgang des BIP 2009 bei 5,8 % und in den USA bei 3,9 %. Eine Studie der Commerzbank vom 29. August 2009 schätzte die Verluste der weltweiten Finanzkrise bis Ende des Jahres auf mehr als 10 Billionen Dollar und der Einbruch der Realwirtschaft betrug 4,2 Billionen Dollar. Die Anzahl der Insolvenzen in der Realwirtschaft begann zu steigen. Die Banken gaben im September 2009 Kredite an Unternehmen zu erschwerten Konditionen oder gar nicht, während sie sich bei der Notenbank zu sehr niedrigen Zinsen refinanzieren können. Die LB Baden-Württemberg meldete mitten in der Euphorie optimistischer Vorhersagen Ende September 2009 einen erneuten Jahresverlust von etwa 2 Mrd. €, nachdem sie bereits 2008 einen Verlust von 2,1 Mrd. € hatte. Von ihrer Bilanzsumme von 448 Mrd. € will sie 40 % abspecken und 2500 der 13600 Stellen streichen Durch den derzeitigen Sparkurs der angeschlagenen Konzerne brechen die Aufträge für die Zulieferindustrien ein und damit steigt das Risiko der Kreditvergabe. Seit 2007 ist die Kreditvergabe des globalen Bankensystems von 3 Billionen Dollar auf 1,1 Billionen Dollar 2009 gefallen. Als Ausweg gilt für große Unternehmen die Emission von Unternehmensanleihen, die allerdings teuer sind wegen der Konkurrenz der staatlichen Anleihen. Die Wirtschaftsauskunft Creditreform in Frankfurt a. M. schätzte am 2.12.09 ein, dass im kommenden Jahr in Deutschland voraussichtlich bis zu 40 000 Unternehmen Insolvenz anmelden werden. Viele Unternehmen verfügen nicht mehr über ausreichend Eigenkapital und leiden unter Zahlungsausfällen von belieferten Kunden.

Ab Spätsommer 2009 gab es einen neuen Hype am Finanzmarkt. Überall, wo die große Spekulationsblase geplatzt war, bilden sich neue Blasen bei Aktien, Rohstoffen und Währungen. Derivate werden wieder eifrig gehandelt und die Casino-Aktivitäten von Investmentbanken gehen weiter. Es sind reine Nullsummenspiele ohne realwirtschaftlichen oder sozialen Nutzen. Im September 2009 schätzte die Bundesregierung, dass die deutschen Großbanken strukturierte Finanzpapiere SFP im Umfang von 230 Mrd. € halten, die sie in ihrer Bilanz zu niedrigsten oder Null-Marktpreisen bewerten müssen. Die Rating-Agenturen verhalten sich zögerlich bei der Bewertung der SFP und es gibt bisher keine Auslagerungen in externe Zweckgesellschaften, sogenannte Bad Banks, die staatliche Garantien erhalten. Die Mutterbank muss dann aus ihren Gewinnen dem staatlichen Fonds SoFFin bis zu 20 Jahre Anzahlungen für zu erwartende Verluste leisten. Am 5. Oktober wurde eine Aktionärsversammlung der Hypo Real Estate HRE durchgeführt. DieAktionäre mussten ihre Aktien an den Bund abgeben und erhielten für eine Aktie 1,30 €, die ursprünglich mit etwa 50 € bewertet war. Die HRE hatte vom Staat 100 Mrd. € als Nothilfe erhalten und benötigt 2009 noch weitere sieben Milliarden. SoFFin verwaltete seit Juli 2009 den 480 Mrd. € schweren Sonderfonds zur Finanzmarktstabilisierung, aber keine Bank kam bis Oktober, um ihre Müllpapiere abzukippen. Private Bad Banks zur Bilanzentlastung der Mutterbank gibt es schon lange, so zum Beispiel bei der Dresdner Bank die IRU. Die Problemaktiva deutscher Banken wurden schon im April von der Financial Times Deutschland auf 800 Mrd. € geschätzt. Das ist etwa das Doppelte des Eigenkapitals aller deutschen Institute mit 450 Mrd. € lt. Bundesbank.

Das Schlussprotokoll der G-20-Kongerenz in Pittsburgh im September 2009 hatte strenge Maßnahmen zur Finanzmarktkontrolle festgelegt, von denen keine bis Ende 2009 durchgesetzt wurde. Stattdessen wird von einer kleineren Menge umso intensiver wieder gezockt an den Spieltischen des Casinokapitalismus. In den USA erhielten toxische Papiere im Umfang von 90 Mrd. Dollar nach neuer Verbriefung wieder die höchste Bewertung AAA der Ratingagenturen. Auch die Finanzkriminalität vom Format eines *Madoff* blüht weiter. Das Justizministerium teilte im November mit, dass im Jahr 2009 in den USA rund 7600 Täter wegen Finanzverbrechen verurteilt wurden. *Obamas* Regierung sah sich gezwungen, eine neue Task Force gegen Finanzbetrug und Manipulation einzusetzen, die den Ministerien der Justiz und der Finanzen untersteht und die Zusammenarbeit von 20 Bundesbehörden mit Bundespolizei FBI und Kartellbehörde FTC koordinieren soll. Nach seinem Erfolg bei der Gesundheitsreform plant Präsident *Obama* eine Finanzreform. Gegenwind bringt dabei der lobbyistische „Drehtüreffekt", wie es in Washington heißt. 125 ehemalige Kongressmitglieder und Mitarbeiter sowie sogar zwei Senatoren bearbeiten ihre alten Arbeitskollegen im Sinne ihrer neuen Brötchengeber von der Wall Street

Nach der Megakrise kommt eines Tages die nächste, womöglich noch größere Krise. Der Kessel steht unter Druck, dieser wird aber herausgelassen über weitere Entsolidarisierung, Individualisierung, Konkurrenzdenken, Rechtspopulismus und Fremdenfeindlichkeit, also Sündenbockdenken. Auch das nicht mehr zu übersehende Ausmaß des Legitimationszerfalls der Machteliten mit ihren Korruptionsaffairen führt nicht zu aktivem basisdemokratischen Protest bis zur Einflussnahme auf die politischen Strukturen. Die Legislative funktioniert nicht mehr im Interesse tatsächlicher Mehrheiten des Volkes und die Exekutive ist fest in der Hand der tonangebenden Parteien und bereit, das repressive Korsett zu Unterdrückung sozialer Proteste weiter zu schnüren. Es wird jetzt von Zuschauerdemokratie gesprochen, wenn die Medien unisono ein bild- und sensationsbestückt die Stories liefern, die Otto Normalwähler und auch Nichtwähler auf die gewünschte Seite ziehen.

David Harvey, Sozialwissenschaftler von der City University New York bezeichnet das Resultat des Siegeszugs des Neoliberalismus seit den siebziger Jahren als Finanzimperialismus. Der Weltkapitalismus hat sich weitgehend befreit von der Bindung an den Nationalstaat. Stellvertreterkriege der Hauptmacht wie im Irak und Afghanistan haben die früheren Kriege der hochkapitalistischen Länder gegeneinander ersetzt. Die Losung des Anti-Terror-Kampfes dient als ideologischer Überbau zur Stärkung des Überwachungssystems und präventiven Abwehr neuer sozialer Bewegungen. Herrschaft des Finanzimperialismus bietet keine Chance für einen Klassenkompromiss zwischen Kapital und Arbeit. Die Internationalisierung der Arbeitsmärkte forcierte den Arbeitsplatzabbau und die Prekarisierung der Arbeit. Mit wachsender Armut und schreiender Ungleichheit ist es zu einer passiven Haltung vieler eingeschüchterter Opfer des Systems gekommen. Allein in der relativ wohlhabenden EU gibt es 120 Millionen Arme. Die soziale Unsicherheit nimmt weltweit zu, sie zerstört die Ressourcen der Kultur und der gesellschaftlichen Stabilität. Risiko, der Schlüsselbegriff für das Prozedere des Finanzkapitals, ist nun als „Risikogesellschaft" zum Leitmotto sozialer Prozesse geworden. Eine Basis des Finanzimperialismus ist die neue Finanzelite, „Masters of the Universe", die ihre Geschäfte im rechts- und kontrollfreien Raum über die Grenzen hinweg betreibt. Sie verwandelt die Geldwelt in ein globales Casino. Es ist sehr unwahrscheinlich, dass es je zu einer stabilen globalen Regulierungsarchitektur des Finanzwesens kommt. Die Entwicklungsländer zahlen unterdessen die Krise mit Versiegen von Investitionen, rückläufiger Entwicklungshilfe und noch niedrigeren Rohstoffpreisen. In 122 Ländern der Welt leben 85 Prozent der Weltbevölkerung, ihr Anteil am internationalen Handel beträgt nur 25 Prozent. 2005 haben die Industrieländer für 122 Länder der Dritten Welt 58 Mrd. $ öffentliche Entwicklungshilfe gegeben. Im gleichen Jahr haben die 122 Länder 482 Mrd. $ als Schuldendienst überwiesen. Der IWF zog unter dem Einbruch der Finazkrise die Notbremse und sein Verwaltungsrat beschloss am 18. September 2009, von seiner Goldreserve von 3200 t (99 Mrd. US-Dollar) 403,3 t (13 Mrd. USD) zu verkaufen. Das entspricht einem Verkaufspreis von 874 USD je Avoirdupois ounce (Handelsgewicht). Der offizielle Preis der Londoner Börse lag zur gleichen Zeit bei 1012 USD.

Das Fazit des Krisenjahres 2009 ist die vorübergehende Rettung der Großbanken durch den Gesamtkapitalisten Staat und sein realwirtschaftliches Versagen durch wachsende Arbeitslosigkeit und/oder prekäre Beschäftigung. Hinzukommt die drohende Zahlungsunfähigkeit einer großen Zahl von Unternehmen und von ganzen Ländern und Bundesstaaten wie baltischen Staaten, dem EU-Mitglied Griechenland und Kalifornien. Eine der größten Staatshilfen sind die 111,5 Mrd. Euro, die die britische Regierung zur Rettung der Royal Bank of Scotland RBS mit Zustimmung der EU-Kommission aufbringt. Nach wie vor fluten die Notenbanken die Geldmärkte mit vielen Milliarden Dollar, Euro und Yen, um das private Bankengeschäft zu stabilisieren. Die FED hat solche Geldmengen bereitgestellt, dass die Bilanzsumme der Geschäftsbanken von knapp 800 Mrd. $ vor der Lehman-Pleite im September 2009 auf rund zwei Billionen $ zum Jahresende gestiegen ist. Dieser blasenträchtige hyperbolische Anstieg steht in keinem Verhältnis zur Veränderung der realen Wertschöpfung. Aber es gilt der alte Spruch: Ist der Ruf erst ruiniert, lebt es sich ganz ungeniert. Es gibt wieder genug Spiel- und Spekulationsgeld. Adressen von Milliardären und Konzernen stehen für enorme Summen, die wiederum hochrentable Finanzanlagen suchen. Wo es Verlierer im Bankengeschäft gibt, sind erfolgreiche Konkurrenten nicht weit, die über weltweite Verbindungen und damit verbundene Profitchancen verfügen. Man nennt sie „Global Players", einer von ihnen ist die Deutsche Bank, die für 2010 einen Gewinn von zehn Milliarden Euro plant. Zu diesem Erfolgsclub der Bankenkrise gehören die spanische Banco Santander, die französische BNP Paribas, die schweizerische Credit Suisse, die britische Barclays und andere. Die ehedem angeschlagenen Investmentbanken mit ihren faulen Hypothekarkrediten wittern schon wieder Morgenluft. Der Boom bei Gold und Silber, Rohstoffen, Aktien, Firmenanleihen und bei Immobilienmärkten in Asien ermutigt zu neuen Spekulationsstrategien. Es macht offenbar Spaß, eine neue Blase aufzubauen. Nach der Forbesliste der mehr als 1000 Dollarmilliardäre in 55 Ländern der Welt ist im Krisenjahr 2009 das Vermögen der Top Ten um 35 Prozent gestiegen. Das Kapital des Reichsten wuchs in diesem Jahr um stündlich 2,1 Millionen US-Dollar. Dem hyperbolischen Wachstum des Spitzenreichtums kann die Krise nichts anhaben. Ende 2009 hatten deutsche Banken deutlich mehr faule Kredite in ihren Büchern als die europäische Konkurrenz: 213 Mrd.€, in England 155 Mrd. € und in Spanien 97 Mrd. €.

Die US-Wirtschaft hatte im 4. Quartal 2009 einen Zuwachs des BIP von 5,9 % bei nur geringer Reduzierung der Bestände, ein Wachstum der Exporte und der Investitionen ausländischer Anleger. Zugleich aber fallen die Häuserkäufe, der Konsum stagniert und die Arbeitslosigkeit wächst. Im November 2009 wurde es deutlich, dass die Großbanken wieder zocken, der Handel mit riskanten und undurchsichtigen Wertpapieren blüht wieder wie vor der Krise. Dies zeugen die neuen Milliardengewinne von Goldman Sachs, JP Morgan Chase, Deutsche Bank u. a. sowie der ungebrochene Reigen fetter Bonuszahlungen. Mit den enormen Summen der Rettungspakete und dem billigen Geld der Niedrigzinsen wurden Anreize geschaffen, wieder größere Risiken auszuprobieren. Wegen der Krise der Gewerbeimmobilien sind bei dem Fond „Whitehall Street International" von Goldman Sachs laut Jahresbericht 2009 von vormals 1,8 Mrd. $ noch 30 Mio. $ übrig. Es droht eine nächste Welle der Finanzkrise. Nach Berechnungen von Experten schwebt fast jede Dritte der rund 8100 Banken der USA in Gefahr, von pltzenden Darlehen für Gewerbeimmobilien in den Abgrund gerissen zu werden.

Weltweit treiben die Banker die Aktienkurse in die Höhe. Der Dow Jones Industrial stieg um 60 Prozent von März bis September 2009. Früher war der Aktienkurs an die Lage der Unternehmen der Realwirtschaft gebunden, heute signalisiert er das Eigenleben des wieder prosperierenden Finanzmarkts und die Aktivitäten der Spekulationsprofis. Auch die Rohstoffpreise, die früher Indikatoren der Realwirtschaft waren, sind 2009 im freien Flug der Finanzspekulation wie zum Beispiel Kupfer um 133 Prozent, Erdöl um 122 und Zucker um 79 Prozent. Die dahinterstehenden Preise sind Ergebnis der Zockeraktivitäten und nicht realer Marktbewegungen. Die Quelle der neuen Spekulationsblase sind, wie bereits erwähnt, die Staatskassen und die Notenpressen der Zentralbanken. Die Regierungen haben den Banken wertlose Papiere mit faulen Hypothekenkrediten abgekauft, ihnen billiges Eigenkapital aufgedrängt und sie mit Liquidität zu niedrigstem Zinssatz versorgt. Den Banken geht es so gut wie nie zuvor auf Kosten der arbeitenden und steuerzahlenden Menschen. Der Handel mit Derivaten läuft wieder auf Hochtouren. 1100 Banken handeln in den USA mit Swaps, Futures, Options etc. Die Wallstreetbanker haben ein neues Pfandbrief-Risikopapier kreiert, das Re-Remic, das heißt Resecuritization of Realstate Mortgage

Investment Conduit. Die alten unverkäuflichen Wertpapiere werden aufgeschnürt, neu sortiert und mit Bonitätsstufen versehen. Dieser neue Markt umfasste im November 2009 bereits 600 Mrd.$. Die Papiere sind noch komplexer und undurchsichtiger als ihre Vorgänger. Staat und Spekulanten bilden heute eine Zugewinngemeinschaft. Wenn deren Gemeinschaftsblase platzt, kann es zur Hyperinflation kommen.

Die exzessive Ausweitung der Geldmenge in Dollar führt zum Steigen des Goldpreises, der im Dezember 2009 die neue Spitze von 1216,75 $ je Feinunze erreichte, und zum Wertverlust des Dollars gegenüber dem Euro um 15 Prozent seit März. 70 Prozent der weltweiten Dollarbestände werden von ausländischen Banken und Anlegern gehalten. etwa 75 Prozent des gesamten Welthandels werden in Dollar fakturiert. Würden die USA ihren Dollar abwerten, so käme es zu Verlusten der Anleger im In- und Ausland, zugleich aber zur Entschuldung des schwer belasteten Staatshaushalts der USA. Eine Abwertung des Dollars bei steigenden Zinsen und fallenden Börsenkursen würde einen Crash des Finanzmarkts beschleunigen. Die europäischen Länder können keinen Abwertungswettlauf ihrer Währung beginnen, da ihre Goldreserven größtenteils bei der FED in Manhattan liegen. Anfang 2010 versuchen Lobbyisten von Großbanken und republikanische Vertreter des Senats die Finanzaufsichtzuständigkeit der FED zu beschneiden, werden jedoch von Finanzminister *Tim Geithner,* dem früheren Präsidenten der New Yorker FED gebremst. *Paul Volcker,* Chef der FED 1979 – 1987, Berater von Präsident *Obama,* will die verschuldeten Großbanken abwickeln.

Im Ergebnis der Krise und der finanzpolitischen Bankenrettung kam es zur exorbitanten Staatsverschuldung vieler Länder. Japan hat 2009 einen Schuldenberg von 110 % des BIP, Griechenland 110 % und Deutschland 66 %, die 2010 auf 80 % steigen sollen, um nur einige zu nennen. Die 80 Prozent von Deutschland 2010 entsprechen 1,8 Billionen Euro und von 100 € Steuereinnahmen gehen 15 Prozent als Zinsen ab. Die Neuverschuldung der Haushalte mehrerer Euroländer 2009 lag über dem Schwellenwert von 3 Prozent des BIP nach dem Stabilitätspakt. Als Beispiel seien Spanien mit 10 und Griechenland mit 12,7 % genannt. Die Euro-Währung wurde am 1. Januar 1999 von 11 europäischen Staaten eingeführt, heute sind es 16. Die Wirtschafts-, Steuer- und Sozialpolitik der Länder, die eigentliche Basis der Geldpolitik wurde jedoch nicht abgestimmt. Es gab im vergangenen Jahrzehnt Länder mit Niedriglohnpolitik im Wettbewerbsinteresse wie Deutschland und andere wie Griechenland, die Verteilungsspielräume für Lohnerhöhungen nutzten. Der Euro begann zum US-Dollar mir einer Parität von 1 : 1,17, sein Allzeittief lag im Oktober 2000 bei 1 : 0,82 und das Rekordhoch Mitte 2008 bei 1 : 1,59. Interessant ist, dass die Auf- und Abschwünge vor allem äußere Ursachen hatten wie Kosovo- und Irakkrieg, Terroranschlag New York, US-Wirtschaftsdaten.

Der Haushalt des Gesamtkapitalisten Staat mit seinen Einnahmen, Ausgaben und Defiziten ist das Instrument der Konzentration und Organisation der Wirtschaft. Dazu gehören das System der Steuern und Zölle, die Finanzierung der staatlichen Institutionen, die Einnahmen und Investitionen der Staatsunternehmen, die Anleihenfinanzierung, der Kauf von Produkten und Dienstleistungen der Privatwirtschaft, die soziale Umverteilung, die Finanzierung von Bildung, Gesundheitswesen und Forschung. Das Steuer- und das Anleihensystem tragen in sich selbst den für das Kapital typischen Keim und Kern automatischer Progression, der manchmal als moderner Ablasshandel bezeichnet wird. Das Steuersystem ist auch Mittel der Enteignung des Mittelstands und der Bereicherung des Großkapitals durch Steuernachlass. 2009 wurden 36 Mrd. € für Hartz IV ausgegeben, aber 480 Mrd. € als Bürgschaften und Kapitalspritzen für die Rettung von Banken. Staatsprogramme mit den Mitteln der Steuerzahler können reale Wertschöpfung nicht ersetzen, sie bauen ein wachsendes Inflationspotential auf.

Eine gravierende Folge der Krise ist die Arbeitslosigkeit, die Ende 2009 in den 16 Ländern der Eurozone mit durchschnittlich 10 Prozent gleich 15,7 Millionen Personen ihren höchsten Stand seit 1998 erreicht hat. In den 27 EU-Ländern sind es 9,5 Prozent gleich 22,9 Millionen Personen.(Spanien 19 %, Portugal 11 %, Frankreich 10 %, Italien 8 % und Deutschland 7 %). Die USA haben 15 Millionen Arbeitslose und Ende 2009 einen monatlichen Zuwachs von 300 000. Im März 2010 wird die Unterbeschäftigungsquote mit 17 % beziffert. Hoffnungen auf bessere Daten der Beschäftigung im neuen Jahr gibt es nicht. Zugleich aber kommen neue Signale von Unprofessionalität der Verantwortlichen auf immer mehr Gebieten der unverdrossenen neoliberalen Kostensenkungspolitik: In Deutschland sind es Versagen der fahrerlosen U-Bahn in Nürnberg, tiefe S-Bahnkrise in Berlin, Mängel in Neubauten durch fachliches Versagen der Erbauer, Gutachter und Behörden mit Zusammenbruch und Todesfällen (Eissporthalle Bad Reichenhall), Versagen von Millionen Kreditkarten in Automaten, von der Pharmaindustrie und zuständigen Gremien lancierter Riesenflop der Schweinegrippenimpfung, Mangelwirtschaft in der „Überflussgesellschaft"vom Arbeitsmarkt über das schlagartig mitten im Winter fehlende Streusalz bis zum Rückruf von neuen Autos und vieles andere.

Anfang 2010 konnten die Krisenwirkungen des vorangehenden Jahres bilanziert werden. Das Bruttoinlandsprodukt BIP sank nach vielen Jahren des Wachstums weltweit im Jahre 2009 um 2,2 %, darunter in Japan um 6,2 %, in Deutschland um 5,6 %, in Italien um 4,4 %, in Großbritannien um 4,1 %, in Frankreich um 3 % und in den USA um 2,8 % und in den Eurostaaten durchschnittlich um 3,9 %. Der Welthandel brach sogar um 14,4 % ein. Dagegen boomte die Wirtschaft in den „Ländern des Südens", in China, Indonesien, Indien, Brasilien und anderen, die vor allem auf mehr Staat und Regulation und weniger auf ausländisches Finanzkapital setzten. Es stellt sich nun eine neue Phase der Megakrise heraus, die drohenden Staatspleiten von Griechenland, Argentinien, Kalifornien, Spanien, Portugal, Irland, Venezuela, Emirat Dubai, Italien, baltische Staaten und andere. Sie sind vor allem eine Herausforderung für die Währungssysteme und forcieren die Entwertung des Kapitals. Man kann nun die bisherige und voraussichtliche Sequenz der Stadien der Krise mit ihrer Vorgeschichte und zu erwartenden Weiterentwicklung darstellen:

- Fallendes Tempo des Wachstums der Arbeitsproduktivität und sinkende Profitrate.
- Machtwechsel und institutioneller Wechsel zugunsten des Neoliberalismus.
- Verselbständigung der Finanzmärkte.
- Spekulationswelle (Derivate, Hypotheken etc.).
- Börsen- und Bankencrash.
- Staatshilfen für die Banken.
- Extremer Geldmengenzufluss (Weltweit 40fach in 30 Jahren, Gütermenge nur 4fach).
- Zweite Spekulationswelle.
- Hohe Verschuldung der öffentlichen Haushalte und weiter wachsende Arbeitslosigkeit.
- Zunehmende Privatisierung der sozialen Sicherungssysteme im Bereich Gesundheit und Rente.
- Verlust an parlamentarischer Kontrolle, Unterlassen politischen Handelns, sinkendes Vertrauen in die Wählerdemokratie.
- Bereicherung der Hochfinanz durch Aufkaufen von Ressourcen und Sachwerten mit dem niedrigwertigen Dollar.
- Extraprofite aus Monopolpreisen für die vorher billig aufgekauften Werte.
- Wachsende Wahrscheinlichkeit einer Hyperinflation und/oder eines Währungscrashs.
- Währungsumstellung.

Anfang März 2010 wurden drei Ursachen für neue Unsicherheiten auf dem US-Finanzmarkt und die seismischen Bewegungen des Weltwährungsgefüges bestimmt. Dazu gehören die Unwägbarkeiten der Währungspolitik des großen Dollar-Hüters China, die Lage der US-Wirtschaft und die kritische Staatsverschuldung Griechenlands. Es wurde zur Kenntnis genommen, dass die deutsche Regierung mit Hilfe der KfW-Bank Garantien für die bei der Hypo Real Estate, der Eurohypo und der Deutschen Postbank anliegenden griechischen Staatsschulden plant und auch andere Euroländer dazu einlädt. Im März begann der Europäische Rat mit der Ausstiegsstrategie aus dem kreditfinanzierten Konjunkturprogramm von Ende 2009. 20 der 27 EU-Staaten wurden aufgefordert, ihre Haushaltsdefizite durch drastische Einsparungen mit Abspeckung des Sozialstaats bis spätestens 2013 unter drei Prozent ihres BIP zu drücken. Die größten Schuldenberge haben Portugal, Spanien, Italien, Irland und vor allem Griechenland angehäuft. Mit den hohen Staatsschulden profitieren die Banken, die zuvor aus den Folgen ihrer Fehlspekulationen mit Mitteln der Steuerzahler gerettet wurden.

Die US-Währungswächter verfolgen aufmerksam den Dollar- und Eurokurs und seine Einflussfaktoren. Der Euro fiel gegenüber dem Dollar von Ende November 2009 bis Februar 2010 um 11 Prozent auf 1,36 Euro, weil die US-Zehnjahresanleihen mit 3,60 % 50 Basispunkte BP (1 BP = 0,01 %) über dem Ertrag der Zehnjahres-Bundespapiere lagen. Die Analytiker berechneten eine Korrelation von 0,83 zwischen der Differenz des Ertrags der Zehnjahrespapiere und dem Kursverhältnis zwischen Dollar und Euro. Sie widerspiegelt die Unterschiede der Währungspolitik von FED und EZB. Die FED bleibt bei ihren niedrigen Zinsen. Ihre Gewinne betrugen 2009 52 Mrd. $, von denen 46 Mrd. $ an die Staatskasse abgeführt wurden. Die Zweijahrespapiere bringen nur noch 0,812 %. Im krisengebeutelten Griechenland wurden Zehnjahresanleihen mit einer Rendite von 6,17 % und Zweijahresanleihen mit 5,98 % angeboten. Die Renditen bewegen sich gegenläufig zu den Anleihekursen am Kapitalmarkt. Griechenland plante im Februar 2010 die Emission 10jähriger Staatsanleihen im Wert von 5 Mrd. €. Die Nachfrage ist gering, das Land muss aber bis April 2010 20 Mrd. € am Kapitalmarkt auftreiben, für das ganze Jahr sogar 50 Mrd. €.

Gesamtkapitalist Staat in Geiselhaft des Weltfinanzkapitals
Der Zusammenbruch von Lehman Brothers zog einen großen internationalen Schweif von Bankrotten in Finanz- und Realwirtschaft nach sich. Später wurden fällige Insolvenzen mit erneut waghalsigen Finanztricks verschleppt und die Notenbanken pumpten immer mehr Liquidität in die Märkte. Es entstanden riesige Kreditblasen, welche die zu erwartende zukünftige reale Wertschöpfung in Größenordnungen überschreiten. Hinzu kam die wachsende Staatsverschuldung. Kapitalverwertung wird so zu einem Vabanquespiel und zu einer illusionären Basis der Weltwirtschaft. Die Banken leben über ihren Verhältnissen und nicht das einfache Volk, das unter ihren Verhältnissen leben muss.

Im Mai 2010 konnte man die bisherigen Phasen der Krise rekapitulieren. Das Vorspiel war der Aufbau des Risikopotentials ab 2006 bis 2007. In der ersten Phase 2007 bis 2008 kam es zur Panik mit der Immobilienkrise in den USA und dem Platzen der Hypothekenblase, der Insolvenz von Lehman Brothers im September 2008 und der Auto-Überproduktionskrise. In der zweiten Phase 2008 bis 2009 dominierte die weltweite Ausbreitung der Bankenkrise und die schrittweise Erfassung vieler Segmente des Wirtschaftskreislaufs mit Schrumpfung des BSP und des Welthandels. Erste Staatsbankrotte meldeten sich an in Island, den baltischen Staaten, Ungarn und der Ukraine. Die dritte Phase der Stagnation von Herbst 2009 bis März 2010 war verbunden mit mehr oder weniger erfolgreichen Bankenrettungen und vielen zweckoptimistischen Verkündungen vom Ende der Krise. Es folgte jedoch in den ersten Monaten von 2010 der schnelle Aufbau der Staatsschuldenblase als vierte Phase der Megakrise mit Verschuldung der öffentlichen Haushalte der Nationalökonomien im Ergebnis gigantischer Rettungspakete, die wiederum weltweit die Bewegungsmasse des virtuellen Finanzkapitals und den Freiraum der Spekulation verstärkten.

Die Staaten betätigten sich nun selbst als Zocker auf den internationalen Finanzmärkten. Die Gesamtverschuldung der öffentlichen Haushalte beträgt in den USA 12 und in der Eurozone 7,7 Billionen US-Dollar. Der durchschnittliche Schuldendienst an die Gläubiger der Finanzmärkte liegt zwischen 10 bis 20 Prozent der Staatsausgaben mit wachsender Tendenz. Die Quote der kumulierten Gesamtschulden wird auf 60 bis 250 Prozent des jeweiligen BIP beziffert. Im März 2010 verordnen die EU-Staaten Griechenland Marktzinsen, d. h. einen Zinssatz für den Fall des finanziellen Beistands in Höhe von 6 % über der Wachstumsrate, also praktisch den Weg in die Insolvenz.

Der Staat wurde vom gigantischen Weltfinanzkapital in Geiselhaft genommen. man kann sagen, dass sich der Kapitalismus nur noch durch Staatsverschuldung reproduzieren kann, das heißt auf Pump. Der weltweite Umfang der Konjunkturpakete der Krise wird vom Kieler Institut für Weltwirtschaft IfW auf rd. 3 Billionen $ beziffert. Die Banken als Hochburgen des Finanzkapitals haben es seit 2007 in der Krise fertiggebracht, weltweit volkswirtschaftliche Schäden in Billionenhöhe anzurichten, die Generationen abtragen müssen. Es ist den Finanzoligarchen im globalen Maßstab gelungen, einen rechtsfreien Raum für ihre Aktionen zu schaffen und den Regierungen ihren Willen aufzuzwingen. Das ist eine gefährliche friedenbedrohende Ausgangsposition für die mittelfristige Zukunft. Die Regierungen werden gezwungen, mit radikalen Sparprogrammen die sozialökonomischen Existenzgarantien der Unter- und Mittelklasse anzugreifen. Das führt zu sozialen Unruhen und zur politischen Destabilisierung bei Strangulierung der Wirtschaft. Gleichzeitig nehmen rasant hochprofitabler internationaler Waffenhandel, Aufrüstung und wachsendes Engagement in neuen Regionalkriegen (Afghanistan) zu. Die europäische Staatsschuldenkrise ist mit dem Druck auf die zweite Leitwährung Euro eine Steilvorlage für eine drohende Währungskrise als fünfte Phase der Megakrise.

In der ersten Phase der Krise kam es zum Bruch des schwächsten Gliedes der Finanzierungskette mit dem Crash der Investmentbank Lehman Brothers, verursacht durch Spekulanten, die mit aggressiven Leerverkäufen deren Aktienkurs gegen Null drückten. Das neue Paradebeispiel der vierten Phase sind die Wetten der Spekulanten im Akkord mit Journalisten der Boulevardpresse auf die Zahlungsunfähigkeit Griechenlands und Portugals in den ersten Wochen von 2010. Damit schnellten die Zinssätze der griechischen Staatsanleihen hoch von vier Prozent im Oktober 2009 auf bis zu 15 Prozent, und noch höher wurden die Gewinnspannen der Kreditausfall-Versicherungen. Am 5. Mai 2010 stiegen die Zinsen für zehnjährige Staatsanleihen in Portugal auf 5,8 % und tags darauf auf 6,09 %. Portugals CDS-Papiere zur Kreditausfall-Versicherung notierten bei 420 Basispunkten, das heißt es kostet 420 000 Euro, um portugiesische Staatsanleihen von 10 Mio. € zu versichern.

Die Blasen der Staatsverschuldung wuchsen bereits 2009 und im Frühjahr 2010 erwartete die EU-Kommission im laufenden Jahr für die 27 EU-Länder einen durchschnittlichen Rekordstand der Defizite von 7,2 Prozent des BIP. in der EU sank das BIP 2009 um durchschnittlich vier Prozent. Die Neuverschuldung oder das Haushaltsdefizit in Relation zum BIP 2009 betrug in Irland 14,3 %, Griechenland 13,6 %, Großbritannien 11,5 %, Spanien 11,2 %, Portugal 9,4 % und Italien 5,3 %. Die Schuldenstandsquote als prozentuales Verhältnis der kumulierten Gesamtschulden zum nominalen BIP betrug 2009 für die 27 EU-Staaten 73,6 %, die Eurozone von 16 Staaten 78,7 %, die USA 82,9 % und Japan 189,8 %. Italien lag bei 115,8 %, Griechenland bei 115,1 %, Frankreich bei 77,6 %, Portugal bei 76,8 %, Deutschland bei 73,2 %, Großbritannien bei 68,1 %, Irland bei 64 % und Spanien bei 53,2 %. Italien hat eine absolute Gesamtverschuldung von 1,7 Billionen Euro, die höchste unter den europäischen Partnern. Die Krise schlägt nun zurück auf die schwächsten Glieder in der Kette der staatlichen Garanten des Geldes. Die Geldschwemme des überbordenden Spekulationskapitals schürte die Defizitkonjunkturen vieler Staaten. Griechenland hat eine kumulative Gesamtverschuldung von 300 Mrd. €. So viel machen die USA neue Schulden in einem Quartal.

Ursache der griechischen Staatsschuldenkrise ist nicht in erster Linie das subjektive Versagen der griechischen Verantwortungsträger, sondern das Scheitern der Finanzglobalisierung, die wegen der fehlenden Selbstkorrektur und dem freien Flug der Spekulation zum desaströsen Krisenbeschleuniger wird. Es entwickelte sich eine systemische Eigendynamik des de facto unregulierten Finanzwesens, vergleichbar mit dem Ablauf des Schneeballsystems. Die auftretenden Zweifel an der griechischen Solidität wurden von den führenden Medien aufgegriffen und im Ergebnis reagierte der Finanzmarkt mit zunächst noch moderat steigenden Zinsen der griechischen Staatsanleihen. Das wirkte wiederum zurück auf den öffentlichen Zweifelpegel. Ein frontaler Angriff auf die griechische Reputation waren die mutwilligen scharfen Abstufungen Griechenlands durch die keineswegs unabhängigen privaten Ratingagenturen. Die Agentur Fitch senkte im Mai 2010 die Bewertung Athener Staatsanleihen quasi auf Ramschniveau. Das ist wiederum Anreiz für die Spekulanten, die nun wetten auf die Pleite des Landes, was zum Ansteigen der Ausfallprämien und zu weiteren Verlusten der Zahlungsfähigkeit führt. Selbstverstärkung durch Spekulationsdrang, Herdentriebsverhalten bis zu Panikattacken, Medienmacht, selektive Wahrnehmung und globale Verflechtung werden zu einer Spirale ohne Stopp-Optionen. Rating ist eine subjektive Meinung über eine Ausfallwahrscheinlichkeit in der Zukunft auf der Grundlage von Daten und Tendenzen des Marktes sowie Rücksprachen mit Vertretern von Regierungen, Opposition und Wirtschaft. Die drei führenden Agenturen beurteilen 95 Prozent des Marktes. In Wirklichkeit ist Griechenlands Schuldenlast nicht dramatischer als die von Spanien, Portugal, Italien oder Belgien.

Der Euro-Sondergipfel der Regierungen am 8. Mai 2010 beriet reichlich spät über strengere Haushaltsregeln und bessere wirtschaftspolitische Koordinierung der Länder, nachdem der Euro den Attacken der Börsen schon länger ausgesetzt war. Dabei wurde versäumt, Maßnahmen zur Regulation der Finanzmärkte und Bändigung des Casinos zu beschließen. Die Regierungen können Banken retten, aber nicht den Zockern Mores lehren. Die Euro-Währung wurde am 1. Januar 1999 von 11 Staaten eingeführt, heute sind es 16. Die Wirtschafts-, Steuer- und Fiskalpolitik dieser Länder wurde jedoch nicht abgestimmt, das fällt ihnen jetzt auf die Füße. Es gab Länder mit Niedriglohnpolitik im Wettbewerbsinteresse wie Deutschland und andere wie Griechenland, die Verteilungsspielräume für Lohnerhöhungen nutzten. Einen Wettlauf der Länder nach unten gab es auch bei der Unternehmensbesteuerung. Der Euro begann zum US-Dollar mit einer Parität von 1:1,17, sein Allzeittief lag im Oktober 2000 bei 1:0,82 und das Rekordhoch Mitte 2008 bei 1:1,59. Interessant ist, dass die Auf- und Abschwünge vor allem äußere Ursachen hatten wie Kosovo- und Irakkrieg, Terroranschlag Manhattan und US-Wirtschaftsdaten. Diesmal war es wohl der Sinkflug des Dollars und die Rache der Wall Street. Wenn die EZB beginnt, im Rahmen des großen Hilfspakets von 110 Mrd. € in drei Jahren frische Euro in den Kreislauf zu pumpen auf der Grundlage von Ramschanleihen, ist der Anfang einer Inflation nicht mehr weit. Brüssel bezifferte am 10. Mai 2010 das große Rettungspaket für den Euro auf 750 Mrd. €, davon 60 Mrd. Soforthilfe von der EU-Kommission, 440 Mrd. bilaterale Garantien von Eurostaaten und 250 Mrd. vom IWF. Die Aktion bewirkte immerhin, dass die Rendite 2jähriger griechischer Anleihen auf rund 6,8 Prozent zurückging, nachdem sie am 7. Mai noch 18 Prozent betrug. Die Alarmmeldungen wegen des Nachgebens des Eurokurses sind eine von den Regierungen gutgeheißene Medienaktion, um die angeblich über ihre Verhältnisse lebende Bevölkerung auf soziale Einschnitte vorzubereiten. Dabei freut sich die deutsche Exportindustrie über verbesserte Chancen eines im übrigen realistischeren Standes des Euro.

Die Rettungspaketaktionen erscheinen wie das Hin- und Herschieben von Spekulationsblasen, so lange keine grundlegende Regulation der Finanzmärkte erfolgt. Aber selbst mit konsequenter Regulierung schwebt die Finanzsphäre über einer Realwirtschaft mit neoliberalem Kommando, die Quelle krisenauslösender Überakkumulation und Verschuldung ist.

Schon *Paul Krugman* hat 1994 mit seinem Beitrag in Foreign Affairs „Competitiveness: a Dangerous Obsession" darauf hingewiesen, dass das Kampfkonzept des internationalen Handels zwischen Nationalökonomien falsch und gefährlich ist. Der Exportweltmeister Deutschland hat mit niedrigen Lohnstückkosten auf Basis der erzwungenen Lohnzurückhaltung enorme Handelsbilanzüberschüsse erzielt, im ersten Quartal 2010 37,8 Mrd. €, 10,3 Mrd. mehr als vor einem Jahr. Im März 2010 betrug die Warenausfuhr Deutschlands in die EU-Länder 51,4 Mrd. € und der Import nur 42,9 Mrd. Die deutsche Binnenkonjunktur lahmt wegen Arbeitslosigkeit, Kurzarbeit, Leiharbeit, Billigjobs, Hartz IV und reduziert die Nachfrage für das Einfuhrvolumen. Auch in der Leistungsbilanz hat Deutschland im ersten Quartal 2010 einen Überschuss von 31,7 Mrd. €. Netto wurden 4 Mrd. € an Einkommen und Gewinnen aus dem Ausland bezogen. Davon profitieren gut betuchte Gruppen mit einem Vermögensgewinn in Deutschland. Dagegen liegt aber das deutsche Pro-Kopf-Einkommen unter dem mancher europäischer Länder mit geringerer Außenhandelsintensität. Das Handelsungleichgewicht kennt nicht nur siegreiche Lieferländer, sondern auch verlierende Zielländer. Das sind die europäischen Nachbarn, die ihre Schulden nicht mit eigenen Waren oder Leistungen bezahlen können. Nun ist für Griechenland eine Super-Sparorgie angesagt.

Es gibt eine lange historische Kette der verordneten rigiden Austeritäts- oder Sparpolitiken von Regierungen im Auftrag und Interesse des Kapitals und auf Kosten der Bevölkerung in Kriegs- und Friedenszeiten seit dem ersten Weltkrieg, den Notverordnungen des deutschen Reichskanzlers *Brüning* 1930/31, der Senkung der Preise und Löhne in Österreich durch die christlich-soziale Regierung unter Ausschaltung des Vetos des Parlaments am 4. März 1933, der britischen Sparpolitik unter *C. R. Attlee* bis 1951 und *J. H. Wilson* ab 1964, der aufgezwungenen rigorosen Sparprogramme des IWF seit den siebziger Jahren in Afrika, Lateinamerika, ab 1997 mitten in der Krise in Indonesien und Thailand. Ohne kontraktive Fiskalpolitik gab der IWF keine Kredite; dies nach dem Keynesschen Paradigma, dass ein Staat bei einem Konjunkturabschwung eine konsequente Sparpolitik betreiben soll. In der Wirklichkeitt führt der Austeritätsraubzug des Staates zur Abwärtsspirale der Wirtschaft. Der IWF hielt sich an den Washington Consensus mit seinen drei Säulen fiskalische Austerität, Privatisierung und Marktöffnung. Die Erfolge blieben weit hinter den Erwartungen zurück und in Zeiten der Ostasienkrise wurde die Lage nur dort verbessert, wo Diktate des IWF umgangen wurden. Die Maßnahmen der staatlichen Austeritätskampagnen der Geschichte führten stets zu sozialen Verwerfungen und zu Protesten der Volksmassen, weil diese Politik die Lebensbedürfnisse der Mehrheit stranguliert. Ein neuer Höhepunkt ist das Griechenland von der Europäischen Union und dem IWF verordnete Paket von Sparmaßnahmen mit Lohnsenkungen um 15 Prozent im Öffentlichen Dienst und in der Privatwirtschaft, Massenentlassungen im öffentlichen Sektor, Aufkündigung der Kollektivverträge und Abschaffung des Kündigungsschutzes in der Privatwirtschaft, Kürzung der Renten und Pensionen, höheres Rentenalter, Erhöhung der Mehrwertsteuer und Reduzierung öffentlicher Leistungen. Zu den geplanten Sparmaßnahmen Portugals gehören Reduzierung der Militärausgaben und Privatisierung von Staatseigentum im Umfang von sechs Milliarden. Das gigantische Paket der Garantien der Staaten der Eurozone unterliegt einem tickenden Zeitmaß, nach dem die herrschenden neoliberalen Kreise der Geberstaaten sukzessive dafür sorgen müssen, die Staatskassen auf Kosten der Mehrheit zu füllen, um die fällig gewordenen Garantien zu bedienen. In Deutschland folgen auf 28 Mrd. € Steuersenkungen und Subventionen 32 Mrd. € Sozialkürzungen bis 2014. Neun Mrd. € Einkommens-Steuergeschenken stehen u. a. 7,2 Mrd. € gestrichene Rentenbeiträge bei Hartz-IV gegenüber. Bei einer Milliarde Euro Mehrwertsteuerersparnis für Hotelbesitzer bezahlen die Ärmsten mit 1,6 Mrd. € Elterngeldabschaffung. Nach 4 Mrd. € Abwrackprämie werden 4,5 Mrd. € bei der Arbeitsmarktintegration für Langzeiterwerbslose gestrichen. Weitere 15 Mrd. € entsorgen die Arbeitsmarktpolitik.

Erst mit der erneuten Phase der Krise durch die Staatsverschuldung und Währungsattacken gegen den Euro wurde den Regierungen der EU kritisch deutlich gemacht, dass europäische Finanz- und Währungspolitik nicht greifen kann, wenn sich die Länder wie bisher wirtschaftspolitisch in unterschiedliche oder gar in gegensätzliche Richtungen bewegen. Handelsungleichgewichte und konträre Lohn- und Steuerpolitik müssen korrigiert werden, erst dann wird die ordnungspolitische Zähmung der Finanzmärkte eine Chance auf Erfolg haben. Die Geldschwemmen des Spekulationskapitals schürten die Defizitkonjunkturen. Das zeigt das phantastische und selbständige Dasein des Geldes, das sich mit dem Zocken immer weiter vom realwirtschaftlichen Wert entfernt und immer krisenträchtiger wird, wie schon *Marx* zeigte. Das virtuelle Kreditgeld der Finanzblasen ist weit entfernt von der Arbeitssubstanz des Wertes, seine Kaprizen können nur noch durch staatliche Garantien zeitweise kompensiert werden.

Was kommt danach?

Die Geschichte des Geldes und seiner wirtschaftlichen, sozialen und politischen Zusammenhänge ist jahrtausendealt, wie zu Beginn dieser Studie angedeutet wurde, die sich jedoch auf die letzten 160 Jahre und vor allem auf die aktuelle Megakrise konzentriert. Der Einzigartigkeit dieser menschlichen Erfindung und ihrer positiven zivilisatorischen Wirkungen stehen die unzähligen Beispiele ihrer wachsenden sozialen und kulturellen Destruktivität in der Neuzeit gegenüber. Dieses Hin und Her, Auf und Ab war so lange zu ertragen, wie es bei Zuspitzungen lokalisiert und eingeschränkt werden konnte. Mit der Globalisierung, der zunehmenden Vernichtung der Subsistenzwirtschaft und anderer Nichtgeldformen der Wirtschaft sowie der steigenden Waren- und Geldförmigkeit von Kultur, Kommunikation und Lebensweise wird diese Geldgeschichte zum Untergangsszenario, wenn sie nicht von Grund auf hinterfragt und entkoppelt wird. *Eric Hobsbawm* hat in einer Vorlesung in Oxford 1994 gezeigt, dass die Re-Barbarei, der Verlust der Zivilisation seit dem 20. Jahrhundert im Vormarsch ist und damit auch die Absage an das Erbe der Aufklärung. Dazu gehören wachsende Gewalttätigkeit, Chauvinismus, Rassismus, Fremdenfeindlichkeit, gesteigerte Repression, Legalisierung von Folterpraktiken, Abschied von Normen des Völkerrechts (Guantanamo etc.), aufs Geld reduzierte menschliche Beziehungen und Ellbogenmentalität. Der kapitalistische Liberalismus verzichtet auf erzieherische Einflussnahme, das Beibringen ethischer, universaler Ideale. Seine Wortgeber verhöhnen den kommunistischen Gedanken des neuen Menschen in einer neuen Gesellschaft, die die freie allseitige Entwicklung des Individuums, die Überwindung der „selbstverschuldeten Unmündigkeit" (*Immanuel Kant*) ermöglicht. Wo ist aber das Subjekt der notwendigen Veränderungen, ist überhaupt eine mächtig werdende Graswurzelbewegung möglich, vergleichbar mit dem Aufsteigen der zunächst kleinen, marginalen Industriearbeiterschaft im 19. Jahrhundert. Die menschliche Natur kann, wie die Geschichte zeigt, rebellisch werden in Katastrophenzeiten, sie kann aber nur kollektiv in solchen Bewegungen oder neuen Organisationen zu wirksamen Umgestaltungen beitragen. Wenn die Menschen ein WIR-Erlebnis haben und merken, dass sie nicht allein sind, dann können sich die gemeinsamen Aktionen verstärken. Im vergangenen Jahrhundert konnte das Kräfteverhältnis zwischen Kapital und Arbeit nur zweimal nach Weltkatastrophen zugunsten der Arbeit verschoben werden, nach dem Ersten und Zweiten Weltkrieg.

Nach der Krise kommt die nächste Krise, der Tendenz des hyperbolischen Wirtschaftswachstums durch kumulative Rückkopplung folgende noch verheerendere Krise. Die bisherigen Nachrichten über die Reaktion der Regierungen und herrschenden Eliten auf die Krise zeugen davon, dass es nur um Palliative zur Minderung der Folgen und nicht um ein Konzept für eine Umorganisation sozial relevanter Institutionen geht. Sie wollen dem Wesen nach so weitermachen wie bisher und verstehen nicht, dass diese Wirtschaftskrise eine gesellschaftspolitische Herausforderung von historischer Dimension ist. Es handelt sich um eine Krise der kapitalistischen Produktionsweise und Gesellschaftsordnung. Ihre fatale lebensbedrohliche Eigenschaft ist die Grenzenlosigkeit des Naturressourcenverbrauchs durch wachsende Massenproduktion, unablässige Steigerung der Arbeitsproduktivität und des Profits sowie des Massenkonsums. Das System kennt keinen Limes für die angebliche Allmacht des wissenschaftlich-technischen Fortschritts, der seine Funktionsweise füttert. Schon *Aristoteles* hat die Schrankenlosigkeit der Geldwirtschaft im Vergleich zur natürlichen Hauswirtschaft hinterfragt (Politik S. 21). Ihr absolutes Gesetz ist die Produktion von

Mehrwert oder die Plusmacherei. Die Zirkularität Wachstum-Profitzuwachs-Akkumulation-Kredit-Zins-mehr Wachstum ist expansiv oder kumulativ rückkoppelnd vom Prinzip her. Ihr quantitativer Ausdruck ist der hyperbolische Verlauf. Die Folge ist die diesem Prozess innewohnende ökologische Entropie, die Übernutzung der Naturressourcen und die soziale Entropie, der Verlust des gesellschaftlichen Gleichgewichts. Beide Formen der Entropie des planetaren Systems hängen eng zusammen. Der Zusammenbruch des Weltklimas, das Schwinden der Biodiversität, die Verarmung nicht nur in Entwicklungs- und Schwellenländern signalisieren die dringende Wende der Wirtschaftspolitik auf globaler, nationaler, regionaler und kommunaler Ebene in Richtung auf die Einheit von ökologischer und sozialer Verantwortung. Dabei sind drei verhängnisvolle Wertorientierungen in den Köpfen und in der Realität zu überwinden. Erstens die Vorstellung, dass Wirtschaftswachstum automatisch die Grundprobleme löst. Zweitens die trügerische Hoffnung, dass technische Innovationen als Wundermittel zusammen mit ihrer angeblich „kreativen Zerstörung" des Alten die ökologische Modernisierung und den sozialen Ausgleich garantieren. Drittens die Globalisierungseuphorie, die uns sinnlose ressourcenvergeudende Transportströme und weiteres Ansteigen der Weltarmut bescherte.

Folgen und Phasen der Megakrise

Es ist schwierig, heute etwas auszusagen über die weitere Entwicklung und die Folgen der Megakrise im 21. Jahrhundert. Die Krise durchlief bisher zwei Phasen, die erste 2007 bis Mitte September 2008, die zweite bis Juni 2009 mit zunehmenden Erwartungen einer Leitzinserhöhung, Anstieg von Aktienkursen und Rohstoffpreisen einerseits und Inflationsfurcht andererseits. Der Boom der Aktienkurse 2003 bis 2007 war in Europa größer als in den USA. Der DAX wuchs auf mehr als das Dreifache. Es begann die Spekulation mit Aktienderivaten. Weltdurchschnittlich stieg ein Aktienwert gemessen in Euro von 100000 € vom 1. Januar bis 30. Juni 2009 auf 108 590 €, bei peruanischen Aktien auf 191 770 €, brasilianischen Aktien auf 163 800 €, chinesischen Aktien auf 162 950 € als Spitzenwerte. Gold lag bei 104 580 € und Silber bei 118 810 €. Einer der Rückgangswerte ist der Dow Jones mit 97 350. Euphorisch werten Optimisten den Aufwärtstrend der Aktienkurse und den Anstieg des Ifo-Geschäftsindex als ein Indiz für das Ende der Talsohle, wurden aber widerlegt durch eine aktuelle Bundesbankprognose, nach der das preisbereinigte BIP im Jahr 2009 um 6,2 Prozent zurückgehen wird. Zwischenerholungen während einer längeren Krise hat es in der Vergangenheit oft gegeben. Mitten in der Krise gibt es im Juli 2009 wieder exzessive Bonuszahlungen der Banken. Der Staat reanimierte das alte System mit seinen Kapitalspritzen. Die Konjunkturprogramme konzentrieren sich auf Straßenverkehr, Abwrackprämien, Subventionen für die Autokonzerne und Steuererleichterungen für die Großunternehmen.

Das Spiel mit den Milliarden wird munter fortgesetzt. In der Abfolge der Krise waren Hypothekenkrise, Bankenkrise und Realwirtschaftskrise unterscheidbar. Es ist durchaus möglich, dass die nächste Phase als Weltwährungskrise kommen wird. Der Goldpreis in Dollar je Feinunze hat im Oktober 2009 einen langjährigen Höchststand erreicht. Der Fall des Dollars ging zunächst weiter, er wurde bisher vor allem durch die Nachfrage Chinas abgebremst. China hat Ende 2009 einen Dollar- und Devisenschatz von 2400 Mrd. $, 65 Prozent davon sind Dollar. Der Zuwachs der Devisenreserve im Jahre 2009 betrug 453 Mrd. $ oder 18,8 %. Die politische und militärische Dominanz der USA in der Welt stützte sich bisher auf seine ökonomische Stärke. Der Dollarfall und andere Schlüsseldaten signalisierten, dass die politische und militärische Dominanz im Verhältnis zur wirtschaftlichen Potenz überdehnt ist. Ursachen dafür sind die hohe Staatsverschuldung nicht zuletzt durch die Kriege in Irak und Afghanistan, die enormen Importe für den Inlandskonsum vor allem von China, das sehr hohe Außenhandelsdefizit von 952 Mrd. $ 2008 seit 110 Mrd. $ im Jahre 1989, der Rückgang des Anteils am Weltwarenexport und die Deindustrialisierung.

Manche Ökonomen oder Historiker sprechen in diesem Zusammenhang von einer Hegemoniekrise. Im Jahre 2009 erreichen die USA unter dem Präsidenten und Friedensnobelpreisträger *Obama* Militärausgaben von 680 Mrd. $, etwa die Hälfte der weltweiten Militärausgaben. Nun hat sich aber für den Dollar die Wetterlage durch den Fall des Euro verändert. Im Ergebnis wurde sofort der Absatz langfristiger US-Anleihen und Aktien an ausländische Investoren (China, Japan, Großbrittanien) erhöht. Andererseits betrug die amerikanische Staatsverschuldung im Haushaltsjahr 2008/09 1,42 Billionen $ gegenüber 454,8 Mrd. $ im Haushaltsjahr 2007/08. Auch das Handelsbilanzdefizit der USA wächst weiter und die Spekulationsblase im Immobiliensektor belastet weiter das Finanzsystem.

Im Juni 2010 warnte die Basler Bank für Internationalen Zahlungsausgleich BIZ in ihrem Jahresbericht von einer neuen Krisenwelle. Sie hatte schon im Sommer 2007 die kommende Krise vorhergesagt. Nach der aktuellen Einschätzung der BIZ hat das globale Finanzsystem die „Notaufnahme" verlassen, liegt aber immer noch auf der „Intensivstation". Die Problemfaktoren sind die weiter fehlenden Regulierungen, das ungehinderte Nutzen der risikoreichen Finanzinnovationen, die Schwemme billigen Geldes durch extrem niedrige Leitzinsen, der durch China angeheizte Devisenmarkt, die bevorstehende Begleichung der milliardenschweren Rettungspakete un die Staatsverschuldung, das unzureichende Eigenkapital der Banken. Der Schuldenstand in Prozent des BIP für 2011 wird von der OECD mit dem Durchschnitt von 80,8 angegeben, Japan mit 205, Griechenland 139, Italien 135, Frankreich 99 und Deutschland 84.

Wir wissen, dass unsere Gegenwart grundsätzlich wie stets schon durch Prozesse beeinflusst wird, die einmal die Zukunft gestalten werden. Eine erste Frage ist, ob es überhaupt möglich ist, das gigantische Finanzmarktkapital zu bändigen oder besser als Privatkapital abzuschaffen. Die Frage ist, ob die Institutionen der parlamentarischen Demokratie und der Zivilgesellschaft den Willen, das Niveau, die Ausbreitung und die Kraft haben, die sie zur Lösung der großen Menschheitsprobleme benötigen. Wie lang ist die Geduld der vom totalitären Regime des Kapitals Beherrschten. Warum sind die kritisch und weiter denkenden Kräfte so wenig aktiv und so wenig einig im Vergleich zum Unisono der kapitalbeherrschten Medien. Es ist doch klar, dass der Abbau des Sozialstaats in den letzten beiden Jahrzehnten ermöglicht und verstärkt wurde durch den Zusammenbruch des europäischen Staatssozialismus, der großen Gegenkraft. Das kapitalistische System hat seit Jahrzehnten alles getan, um die neue Gesellschaft zu zerstören, vom Embargo, Druck auf den Rüstungswettlauf, Krieg (Korea, Vietnam) und massiver Medienkampagne des Kalten Krieges.

Es wird oft die Frage gestellt, warum die Menschen sich heute nicht aktiver wehren gegen eine Politik, die weder den Frieden noch das soziale Gleichgewicht, Bildung und Kultur nachhaltig sichert. Es gibt dafür mehrere Gründe. Erstens die Rolle der Massenmedien, die de facto zum größten Teil ökonomisch und ideologisch freiwillig viel mehr mit dem mainstream gleichgeschaltet sind als das je im bürokratischen Staatssozialismus mit seinen administrativen Verfahren möglich war. In zunehmendem Maße wollen heute die Bürger das, was sie sollen. Sie werden dazu konditioniert durch ständige Wiederholung von Lügen und Halbwahrheiten. Ihnen wird von den herrschenden Eliten beigebracht, dass alle in einem Boot sitzen. Zweitens die Tatsache, dass Mehrheiten in der Bevölkerung gegen politische Entscheidungen von Bundestag und Regierung chancenlos sind, weil Volksentscheide auf Bundesebene verfassungsrechtlich nicht vorgesehen sind. Drittens ist im System der Kapitalwirtschaft der anonyme Existenzzwang für die Menschen umso stärker, je tiefer man nach unten in die zahlreicheren ärmeren Schichten der Gesellschaft schaut. Viertens sind die tausendfachen Ablenkungen und Verlockungen der Spaßgesellschaft und des Konsumismus nicht geeignet, selbständiges Denken und Handeln zu fördern. Fünftens ist die menschliche Kommunikation in diesem System so vom Tunnelblick des Geldes vergiftet, dass man sich unwillkürlich an die erlebten anders gepolten menschlichen Beziehungen in der kleinen DDR erinnert. Sechstens waren in der Vergangenheit Kriege, Krisen, Hyperinflation und politische Zusammenbrüche für die arbeitenden Menschen und ihre Familien mit massiven Verschlechterungen ihrer Lebensbedingungen verbunden. Wer diese Erfahrung machen musste, wie die Millionen der Bevölkerung in den kollabierend gemachten ehemaligen Planwirtschaften, ist nicht bereit, radikalen Vorschlägen zur Veränderung der Zustände zu folgen. Im Ergebnis dieser Faktoren dominiert politischer Absentismus mit geringerer Wahlteilnahme. Damit entsteht ein Machtvakuum, das sofort besetzt wird durch Gruppen, die mit Demokratie nichts im Sinn haben.

Heute sehen wir uns einem Knäuel von lebensbedrohenden Perspektiven auf unserem Planeten gegenüber, die von Krieg und Gewalt, Arbeitslosigkeit plus Armut, Umweltzerstörung bis zum Verfall der menschlichen Kultur reicht. Der gigantische Verbrauch von Naturressourcen durch exzessiven Konsumismus, Fortführung von Aufrüstung und globalen Waffenhandel wird nicht nachhaltig eingeschränkt. Die größte Waffenschmiede der Welt ist die aus British Aerospace und Marconi Elektronic System hervorgegangene BAE Systems, die 2008 einen Gewinn vor Steuern von 2,4 Mrd. Pfund Sterling erzielte.

Der Global Report der Weltbank 2008 weist bei 42 von 59 untersuchten Ländern nach, dass sich die Kluft zwischen Arm und Reich weiter vergrößert hat. Nach dem Bericht des Sonderbeauftragten der UNO für das Recht auf Nahrung *Olivier De Schutter* vom 6. April 2009 leiden mehr als eine Milliarde Menschen unter chronischem Hunger und ebensoviele haben keinen Zugang zu sauberem Trinkwasser. Es sind 642 Mio. in Asien, 265 Mio. im südlichen Afrika, 53 Mio. in Lateinamerika und 15 Mio. in den Industrieländern. In Kalifornien gibt es 600 000 private Swimmingspools. Alle sechs Sekunden stirbt ein Kind an Unterernährung. Berechnungen von Fachleuten der UN-Organisation für Ernährung und Landwirtschaft FAO zufolge würden 14 Mrd. $ pro Jahr ausreichen, um ein signifikantes landwirtschaftliches Wachstum zu erreichen und den Hunger in der Welt zu halbieren. Schuld daran ist vor allem der für die Entwicklungsländer unfaire internationale Handel. Eine importierte Tonne Mais aus den USA kostet 812 $, während Saatgut, Dünger und Bewirtschaftung in Afrika nur 135 $ je Tonne Mais kosten.

Der finanzdominierte Kapitalismus forcierte das Wachstum der Arbeitslosigkeit und der Weltarmut. Nach groben Schätzungen in dem Buch von *E. Benjamin Skinner* leben heute etwa 27 Millionen Menschen im Zustand der Sklaverei, besonders in Indien und im Sudan. Nach Daten der UNICEF gibt es in Haiti 300 000 Kindersklaven. Das sind Schritte auf dem Weg in die Barbarei. Im Jahre 2008 erlebten wir einen Temperaturanstieg von 5° C in der Arktis, der Klimawandel verstärkt sich. Die Menetekel einer weltweiten Gesellschaftskrise und Umweltkrise mit ihrer Quelle in der Ökonomie sind längst nicht mehr zu übersehen. Die Wirtschaft sitzt gewissermaßen in der Mitte und konzentriert sich auf ihre eigenen Sorgen, wenn es nach ihren Beherrschern geht. Neben Friedenssicherung, gesellschaftlicher Arbeitsreform, Armutsbekämpfung, Umweltschutz ist die Erhaltung der überlieferten menschlichen Kultur die fünfte und in ihrer Bedeutung nicht weniger wichtige Herausforderung. Die Geschichte der Menschheit hält genügend Lehrbeispiele bereit, wo, wie und warum die Lunte der sozialen, ökonomischen, ökologischen und kulturellen Konflikte brannte und zur explosiven Lösung führte. Das sollte eine Warnung sein.

Jetzt, in der Zeit der Krise, ist der von Arbeitsminister *Norbert Blüm* kraft seines Amtes vor 20 Jahren triumphierend totgesagte *Karl Marx* („Jesus lebt, Marx ist tot") als Kritiker der Politischen Ökonomie wieder en vogue. *Marx* hat den historischen Materialismus auf die evolutorischen Zusammenhänge des Kapitalismus in der Gesellschaft des 19. Jahrhunderts angewandt. Seine politische Zukunftshoffnung war mit der damals aufkommenden neuen Klasse der Industriearbeiterschaft verbunden, die 1850 in Deutschland noch einen Anteil von nur vier Prozent an den abhängig Beschäftigten in Deutschland hatte, der bis 1895 auf 87 Prozent wuchs und seit 75 Prozent im Jahr 1925 sowie 61 Prozent 1961 und 55 Prozent 1970 bis auf 39 Prozent 1998 zurückging. Als das 20. Jahrhundert begann, haben *Rudolf Hilferding, Rosa Luxemburg, Karl Kautsky* und *Wladimir Iljitsch Lenin* die

Marxsche Methode genutzt, um die neuen Verhältnisse in der veränderten Gesellschaft zu analysieren. Das hat zweifellos dazu beigetragen, den gesellschaftlichen Kräften für sozialistische Umgestaltungen Orientierungen zu geben. Eine historische Mission der Arbeiterklasse gibt es heute nicht mehr.

Gescheiterter Staatssozialismus und neue globale Herausforderungen

Betrachten wir den in Europa nach dem ersten Weltkrieg entstandenen und 1989 /90 zusammengebrochenen bürokratischen Staatssozialismus, so war es eine Zeit der Kanonisierung und Dogmenbildung mit Hilfe des staatsoffiziellen Marxismus-Leninismus ML, weit entfernt von der kreativen Anwendung der Marxschen Methode auf die neuen Phänomene. Die ML-Verwalter waren die Hüter der Dogmen. *John E. Roemer* gehört zu einer Gruppe von an *Marx* interessierten amerikanischen Wirtschaftswissenschaftlern. Er schrieb 1981 in seinem bemerkenswerten ökonomisch-mathematischen Werk ohne abstrakte Gleichgewichtsmodelle „Analytical foundations of Marxian economic theory", dass die Marxsche Theorie, wie sie betrieben wird in den Ländern der Planwirtschaft „ ... aus der Sicht des 20. Jahrhunderts in einer Ptolemäischen Krise ist, einer Krise, in der manche glauben, dass es mit wenigen Veränderungen der alten Ansätze möglich ist, das Neue zu verstehen. Von allen Methodologien müsste der Marxismus mit seinem Bestehen auf Nichtuniversalität und Vergänglichkeit der entsprechenden historischen Kategorien die letzte sein, die in diese Falle tappt." (S. 209 f, Übersetzung HDH). Wie wahr, wie wahr, sagt man, wenn man seine Botschaft am Ende des Buches liest, man müsse den historisch-materialistischen Kern der Theorie von *Marx* auf die neuen Bedingungen von heute anwenden. Schon *Marx* hatte sich 1882 gegenüber *Paul Lafargue* empört über die enge und dogmatische Auslegung seiner damals erstmalig als „Marxismus" bezeichneten Ideen durch französische Sozialisten mit den Worten: „Ce qu'il y de certain c'est que moi, je ne suis Marxiste" – Wenn das Marxismus ist, bin ich sicher, dass ich kein Marxist bin." (MEW Bd. 35, S. 388).

Die ideologische Starrheit des Staatssozialismus äußerte sich ebenfalls in der bürokratisierten Wirtschaftspolitik, die freilich auch durch die Rüstungswirtschaft der dreißiger und vierziger Jahre und im Kalten Krieg verstärkt wurde. In Kriegszeiten ist zentralistische Planung bestens geeignet, wie es in Deutschland schon im ersten Weltkrieg gezeigt wurde. Die positiven Anfänge mit der neuen ökonomischen Politik NÖP, dem langfristigen und erfolgreichen GOELRO-Plan und dem von *Lenin* gegründeten und von *Kondratjew* geleiteten Konjunkturinstitut waren in der Sowjetunion längst vergessen. Eine bürokratische Planung von der Zentrale aus ohne Korrektive und Freiräume für Kreativität und spontane evolutorische Veränderungen und Vereinbarungen von unten musste in normalen Zeiten scheitern, so wie ein Markt ohne Regulative und professionale Unternehmensplanung auf längere Sicht nicht funktionieren kann. Der Markt dient der Abstimmung von Angebot und Nachfrage. Er ist aber nicht in der Lage, langfristig gesamtgesellschaftlich notwendige Proportionen zu sichern. Der Plan lässt sich wie der Markt perfekt theoretisch ausgehend von bestimmten Prämissen begründen. Der Pferdefuß besteht darin, dass bei jeweils einseitigen Theorien die entscheidenden praktischen Kontrapunkte vergessen werden. Heute ist die gesellschaftliche Planungsfrage wieder aktueller denn je und sie muss auf neue Weise unter Beachtung der historischen Erfahrungen gelöst werden. Eine ökologisch ausgerichtete Planwirtschaft erfordert so viel Zentralismus wie nötig und Regionalisierung der Kreisläufe wie möglich. Die langfristige Planung besitzt Rationalität, wenn sie eine dialektische Beziehung zum Markt besitzt und vice versa.

Die Kritik am bürokratischen Staatssozialismus ist berechtigt, auf keinen Fall jedoch eine pauschale Verketzerung. Denkt man nach über die Zukunft, dürfen die Plusfaktoren des vergangenen Systems im Vergleich zu heutigen Negativfaktoren nicht vergessen werden. Dazu gehören die Alphabetisierung der Massen und ein Bildungssystem ohne Privilege für Betuchte, Gleichheit und Gleichberechtigung als verpflichtendes Prinzip für Mann und Frau, keine Prekarisierung menschlicher Existenzen, ein soziales Gesundheitssystem, keine grassierende Arbeits- und Obdachlosigkeit, kein Einstieg in Angriffskriege, keine Beschränkung und Verweigerung von Grundrechten, soziale Sicherheit, eine vorbildliche Sozialleistungsorganisation, Abschaffung des Berufsbeamtentums, Trennung von Kirche und Staat und keine Re-Klerisalisierung, Zugang zu Kultur und Sport für alle, genossenschaftliche Eigentums- und Betriebsformen, keine organisierte und Drogenkriminalität, keine Superreichtumsmaschine der Spekulation, aber mehr einfache menschliche Hilfsbereitschaft als im derzeitigen System, Vorrang der Schiene vor der Straße u. a. m.

Die fünf genannten heutigen globalen Herausforderungen sind miteinander aufs engste verbunden. Bei der Friedenssicherung geht es um die Beendigung der ideologisch kaschierten imperialen Abenteuer in Afghanistan und im Irak sowie der immer wieder aufflackernden Bürgerkriege. Allein im Irak gab es bis Ende 2007 in der Zivilbevölkerung 654 965 Tote, wie das New England Journal of Medicin berichtete. Nach *Josef Stiglitz* erreichen die Gesamtkosten des Irak-Kriegs 3 bis 5 Billionen $, während die Entwicklungshilfe des Westens seit 60 Jahren dem Wert von 2,3 Billionen $ entsprach. Auch der individuelle Terror mit seinen Selbstmordattentaten, Kommandoaktionen, Piratenüberfällen und immer neuen Variationen ist globalisierter Bürgerkrieg, ausgelöst durch soziale Konflikte und Perspektivlosigkeit für junge Menschen. Er wird heute beantwortet mit dem High-Tech-Krieg militärisch überlegener hochgerüsteter Staaten, der wiederum in einer Endlosschleife den Bürgerkrieg anheizt und zuhause den Bürgern als Verteidigungskrieg verkauft wird. Waffenhandel und Krieg sind Vorzugsgebiete der Profitquellen des Kapitals, den Begriff militärisch-industrieller Komplex hat schon Präsident *Dwight D. Eisenhower* (1890-1969) geprägt. Es gibt potentielle globale Kriegsszenarien wie die Bedrohung von Iran, Palästina, US-Militärbasen gegen China und Russland. US-Atomwaffen sind nach wie vor in Deutschland stationiert. Der weltweite Waffenverkauf betrug 1999 bereits 65 Mrd. $, davon 25,3 Mrd. $ durch die USA, Russland 10,2 Mrd. $ und Deutschland 8,5 Mrd. $. Die BRD erteilte 2007 Ausfuhrgenehmigungen für Rüstungsgüter auch für Länder, die in schwere Gewaltkonflikte verwickelt sind. Der Profit aus dem internationalen Waffenhandel ist so groß wie das Einkommen der Weltbevölkerung. Die Friedenssicherung ist mit der notwendigen gesellschaftlichen Arbeitsreform der Schlüssel für die Bekämpfung der Weltarmut.

Kapitalistischer Kult der Arbeitsproduktivität

In der langen historischen Periode der Industrialisierung vor der informationstechnischen Umwälzung und auch danach war die Arbeitsproduktivität die Schlüsselgröße für den wirtschaftlichen Fortschritt. Nach den Berechnungen von *Jürgen Kuczynski* (1904-1997) wuchs sie in den Industrieländern von 1840 bis 1900 im Jahresdurchschnitt um 1,5 Prozent, von 1900 bis 1943 um 2,2 Prozent und von 1946 bis 1964 um 3,5 Prozent. Von den vier technischen Funktionen der menschlichen Arbeit wurde zuerst die energetische Funktion durch mechanischen Antrieb ersetzt, dann die ausführende Funktion durch Arbeitsmaschinen und im zwanzigsten Jahrhundert zunächst Teile der Kontrollfunktion. Das führte zum langfristigen Trend steigender Wachstumsraten der Produktivität. Mit der Informationstechnologie kam es in der zweiten Hälfte des Jahrhunderts zur Ersetzung der Kontrollfunktion und ersten Teilen der vierten, logischen Funktion mit Hilfe der Computer und der Digitaltechnik, die ein noch höheres Tempo des Produktivitätswachstums ermöglichten. Im 21. Jahrhundert geht die Ersetzung der logischen technischen Funktion mit großen Schritten voran, in sogenannten hybriden Systemen nimmt die autonome Technik dem Menschen sogar Entscheidungen wie Notbremsung ab. 1960 waren 64,5 % und 2000 nur noch 45 % der Erwerbstätigen der BRD der Gruppe der ersten drei technischen Funktionen zuzuordnen. Die fordistische Erfolgsgeschichte in den USA seit den 20er Jahren war mit enormen Wachstumsraten der Arbeitsproduktivität verbunden, die aufgrund einer Überfülle von billigen natürlichen Ressourcen und Räumen möglich wurden. Diese zentrale ökonomische Kenngröße ist in Wirklichkeit einseitig und unvollkommen. Der Input ist Anzahl der Arbeitskräfte oder Arbeitszeit und der Output ist das Produkt. Eigentlich gehören aber zum Input auch die Atemluft und andere natürliche Faktoren, zum Output Emissionen in die natürliche Umwelt.

Die Arbeitseinsparung als Paradigma des Industrialismus begann an die sozialen Grenzen zu stoßen, der Überfluss der Warenwelt erreichte den Menschen selbst. *Wassily Leontjew,* russisch-amerikanischer Nobelpreisträger der Wirtschaftswissenschaften 1973, hat schon vor einigen Jahren festgestellt, dass der Stand der Automatisierung in der Produktion um 1990 etwa dem Stand der Mechanisierung von 1820 entspricht. Es ist also jedesmal ein Anfangszustand. Was wird erst passieren, wenn die logische technische Arbeitsfunktion des Menschen nun massenhaft ersetzt wird. Damit wird die klassische Industriearbeiterschaft mitsamt einer Mehrzahl von Angestellten immer schneller überflüssig gemacht. Bereits von 1995 bis 2002 gingen laut *Jeremy Rifkin* über 31 Mio. Industriearbeitsplätze in den 20 größten Volkswirtschaften verloren, während die globale Industrieproduktion um 30 Prozent wuchs. Das zeugt von einem rasanten Wachstum der Arbeitsproduktivität. Die neue Berufsgruppe der Informatiker kann eine solche sich ergebende strukturelle Arbeitslosigkeit nicht kompensieren. Das ökonomisch notwendige und ökologisch sinnvolle globale menschliche Arbeitsvolumen nimmt mit der technischen Entwicklung ab. Die Arbeitszeit muss gekürzt werden ohne Reduzierung der Löhne. Sie ist kein knappes Gut mehr, weil sie durch die Technik ersetzt wird. Umso größer wird die Belastung der Naturressourcen und des Menschen durch Mangel an sauberem Wasser, reiner Luft und reinen Lebensmitteln. Arbeit unter kapitalistischen Bedingungen zerstört Menschen und Natur.

Es muss zur Veränderung der gesellschaftlichen Betriebsweise kommen, zum Druck auf veraltete Institutionen, die durch neue ersetzt werden müssen. Die klassische Lohnarbeit des Kapitalismus muss durch neue Formen der Arbeit ersetzt werden. Den historischen Begriff Arbeit unbedingt durch „Tätigkeit" zu ersetzen ist falsch, man tut dann so, als ob Arbeit immer Lohnarbeit ist. Die Proklamation vom Ende der Arbeitsgesellschaft schlechthin in den 90er Jahren (*Kurz, R.* 1991 S.238) war inakzeptabel, weil eine Gesellschaft ohne kapitalistische Lohnarbeit denkbar ist, aber keine Gesellschaft ohne menschliche Arbeit. Arbeit ist Teil der Menschwerdung, der Selbstverwirklichung und der Gemeinschaftlichkeit. Ihre historischen Formen waren Sklavenarbeit, Fronarbeit, Kinderarbeit, Zwangsarbeit, kapitalistische Lohnarbeit, Eigenarbeit, künstlerische und geistige Arbeit, öffentliche Arbeit und andere. Daher kommt die anfängliche Bedeutung des germanischen Wortes „arabeit" als Mühsal, schwere Anstrengung. Arbeit ist Stoffwechsel des Menschen mit der Natur und zugleich Aktion im gesellschaftlichen Leben, die *Hannah Arendt* als Handeln bezeichnete. Handeln meint in diesem Zusammenhang sprechen, entscheiden, durchführen oder aus eigener Initiative etwas Neues anfangen. Im Kapitalismus erreicht die Entfremdung des Menschen von der Arbeit den Gipfel des Irrsinns, weil viel mehr produziert als gebraucht wird und die Arbeit dann immer mehr zur Zerstörung intakter Gebrauchswerte und zur Katastrophenbewältigung notwendig wird. Hinzu kommt der Marsch in moderne Sklaverei in der Leih- oder Zeitarbeit mit 800 000 Beschäftigten 2007 in der BRD. Durch die Leiharbeit wird die Warenförmigkeit der Arbeitskraft auf die Spitze getrieben. Mit dem Begriff Flexibilisierung wird die Fremdbestimmung verschleiert. Biegsam machen klingt gut. Es ist eine Methode, die es dem Kapital ermöglicht, bisherige soziale Schranken des Ortes, der Zeit und des Einkommens, die die Ausbeutung stören, zu beseitigen. Leiharbeiter wurden von wesentlichen sozialen Schutzrechten des Staates ausgeschlossen. Die Leiharbeiter sind nicht organisiert, können als Streikbrecher eingesetzt und bei sinkenden Umsätzen problemlos entlassen werden. Das erste Land der Welt, das die im 20. Jahrhundert entstandene und rasch gewachsene Leiharbeit 2009 verbietet ist Namibia mit 16 000 Leiharbeitern. Das neue Gesetz stellt unter Strafe, dass jemand gegen Entgelt eine Person anstellt in der Absicht, sie einer dritten Person als Arbeitskraft zur Verfügung zu stellen. Der Wert der Ware Arbeitskraft wird im globalen Maßstab verhandelt, eine der vielen Segnungen der Globalisierung für das Kapital.

Eine weitere Form des Marktradikalismus ist eine neue Stufe der Durchkapitalisierung des Menschen selbst, indem die aus dem kapitalistischen Management stammende Konzeption des unternehmerischen Handelns und Verhaltens auf die Subjekte der Arbeitswelt übertragen wird. „Kapitalismus wagen" heißt der von *F. Merz* ausgegebene Slogan. Merkmale der neoliberalen Unternehmermentalität sind Orientierung auf schnelle Profite, Ellbogeneinstellung, Raffinesse und soziale Indolenz. Damit will man, dass sich gut ausgebildete junge Arbeitslose, deren Anzahl steigt, als Arbeitskraftunternehmer verstehen und sich selbst vermarkten, ohne dass Gesellschaft, Kommune oder Staat eine Verantwortung für das Vermeiden brachliegender Bildungspotentiale durch Schaffung von Arbeitsplätzen tragen. Die erzwungene Mobilität ist ein weiterer Posten der langen Kette der immer neuen Ausbeutungsmethoden.

Es gibt neben der erwähnten ersten Gruppe der vier technischen Funktionen der menschlichen Arbeit in Industrie, Handwerk, Transport und Handel zwei weitere Gruppen, die wissenverarbeitenden, wissenvermittelnden und wissengenerierenden Funktionen in Bildungswesen, Publikation, Forschung und Entwicklung sowie in der Kunst (1960 18 % und 2000 32,2 % der Erwerbstätigen) und die sozialen Funktionen in der Rechtspflege, dem Gesundheitswesen, dem Sicherheitswesen, der Betreuung, Beratung und Unterhaltung.(1960 17,5 % und 2000 22,8 %). Ferner gibt es Eigenarbeit, Nachbarschaftsarbeit und die Arbeit in den wenigen auf dem Globus verbliebenen Subsistenzwirtschaften. Dies alles sind die in Zukunft erschließbaren Quellen der menschlichen Arbeit unter der Bedingung, dass das derzeitige System der kapitalistischen Lohnarbeit abgeschafft wird.

Es ist eine neue gesellschaftliche Betriebs- und Lebensweise mit sozial relevanten Institutionen zu schaffen, die eine gesellschaftlich oder genossenschaftlich bezahlte zusätzliche Beschäftigung garantieren. Große Teile der zweiten und dritten Gruppe von Arbeitsfunktionen gehören zur wertverbrauchenden Arbeit wie die Arbeit eines Lehrers, eines Arztes, Trainers oder Richters. Wertschöpfende Arbeit wird es immer geben, auch in einer möglichen künftigen solidarischen oder kollektivistischen gemischten Markt- und Planwirtschaft ohne Dominanz des Finanzkapitals und mit der Nachhaltigkeit als conditio sine qua non. Eine Solidargesellschaft ohne Konflikt mit den natürlichen Kreisläufen und ohne Dominanz des Privateigentums an den Produktionsmitteln kann nur durch demokratischen Diskurs über die notwendigen Regeln, Institutionen und Nutzung kreativer Ideen der Basis entstehen. Das derzeitige Gesellschaftssystem verzeichnet riesige Massen kapitalistisch unproduktiver Arbeit, zu denen Wissenschafts- und Ausbildungsarbeit, soziale Arbeit und Arbeitsinhalt von mit Finanzblasengeld gekauften Überproduktionserzeugnissen gehören. Die Arbeiten der zweiten und dritten Gruppe zu privatisieren ist keine Lösung, weil die entstehenden Profite aus der gesellschaftlichen Mehrwertmasse der realen Produktion alimentiert werden müssen. Die Balance von wertschöpfender und wertverbrauchender Arbeit einzuhalten ist eine volkswirtschaftliche Aufgabe der gerechten Verteilung des gesellschaftlichen Gesamteinkommens. Darum ging es in allen sozialen Kämpfen seit der Zeit der frühen Hochkulturen. Eine Renaissance arbeitsintensiver Prozesse kann ferner die Folge der zukünftigen Begrenzung der Energiereserven sein.

Der Produktionsfaktor Arbeit mit seiner Messgröße Lohn ist eine zentrale soziale und ökologische Schaltstelle in der Volkswirtschaft. Man muss Nominallohn, Reallohn und Reproduktionslohn unterscheiden. Reproduktionslohn ist das notwendige Lohnniveau zur Selbsterhaltung und Reproduktion der Arbeitskraft unter den wachsenden Anforderungen der Produktion und der Gesellschaft bei wechselnden historischen Bedingungen. Zum Reproduktionslohn gehören die Geldbeträge, die der Beschäftigte für seine lebensnotwendige Kaufkraft, Gesunderhaltung, Bildung und Weiterbildung, Teilnahme am Kulturleben und zur Versorgung der Kinder benötigt. Die Balance zwischen Reallohn und Reproduktionslohn wurde von der neoliberalen Konterrevolution seit 1980 systematisch ausgehebelt. Die Basis dafür waren die Veränderungen im Kräfteverhältnis Kapital und Arbeit und in der Machtrelation von Großkapital und Regierung. Immer mehr Anteile des Reproduktionslohns wurden vom Kapital dem Staat, seinen Sozialsystemen und damit dem Steuerzahler überantwortet. Gleichzeitig wurde die „Steuerlast" des Kapitals reduziert. In verschiedenen Formen vollzieht sich seitdem die Senkung des Reallohns im neoliberalen Programm. Erstens durch Massenentlassungen von Belegschaften. Zweitens durch Verwandlung normaler Arbeitsplätze in geringer bezahlte Zeitarbeitsplätze. Drittens durch Lohndrückerei. Viertens durch Befreiung des Kapitals von seinem Anteil an der Erstattung der Lohnnebenkosten. Fünftens durch Preistreiberei und weitere Methoden.

Man muss sich vorstellen, wie sich im volkswirtschaftlichen Kreislauf grundlegende Kopplungen und Rückkopplungen verändert haben. Mit dem Druck der marktradikalen Durchrationalisierung der Arbeitsprozesse ist es gelungen, das Wachstumstempo der Arbeitsproduktivität in vielen Bereichen wesentlich zu beschleunigen. Das ist einer der Hauptfaktoren zur Erhöhung der Rendite des Realkapitals. Gleichzeitig wächst die Arbeitslosigkeit, die Arbeitintensität und der Anteil prekärer Arbeitsplätze. Dies wiederum erhöht die Sozialkosten und belastet die öffentlichen Haushalte sowie Sozialversicherungssysteme. Die Durchrationalisierung betrifft auch die gesamte Logistik, trägt über „just in time" zur Erhöhung des Verkehrsaufkommens bei und belastet die Umwelt über schnell wachsenden Energie- und Materialverbrauch.

Überflüssigkeit der Arbeitskraft ist auf der Welt Ergebnis kapitalistischer Verwertung mit dem Renditekriterium, keineswegs als Überflüssigkeit im Verhältnis zu dem, was Menschheit und Natur an Arbeitskraft brauchen zur Befriedigung von Bedürfnissen. Eine bedürfnisorientierte Ökonomie umfasst die solidarisch organisierte Arbeit für die öffentliche Gesundheit, Bildung und Erziehung, soziale Dienste, Forschung, Pflege und Schutz der natürlichen Umwelt. Renditebezogene Effizienz muss ersetzt werden durch Suffizienz oder Genügsamkeit. *Jeremy Rifkin* bezeichnet das als einen notwendigen Übergang von globaler Entropie zur Empathie. Die gesellschaftliche Arbeitsteilung umfasst die Erwerbsarbeit und die Reproduktionsarbeit, das heißt alle Tätigkeiten der Sicherung der menschlichen Lebensweise in Familie, Kindererziehung, Pflege, Bildung, Gesundheit, sozialen Bereichen, Gestaltung lebensfreundlicher Umwelt, ehrenamtlichen Engagement und solidarisches Handeln. Nach Erhebungen des Statistischen Bundesamtes werden jährlich 56 Milliarden Stunden bezahlter Erwerbsarbeit und 96 Milliarden Stunden unbezahlter Arbeit erbracht. Daraus folgt, wie realistisch die Forderung nach einem bedingungslosen Grundeinkommen ist. Die Solidarität zwischen Beschäftigten, Leiharbeitern, Prekären, Soloselbständigen und Erwerbslosen zu entwickeln ist ein sozialpolitisches Gebot der Gegenwart. Die Ausübung der Reproduktionsarbeit muss gesichert werden durch Neubewertung und Vergütung oder Lastenausgleich. Es sind sozialökonomische Erfindungen notwendig für eine neue Reproduktionsarbeitswelt.

Ressourcenproduktivität und Arbeitshaltigkeit des Stoffstroms

Wettbewerb und Technologie führen die Menschheit zur Grenzüberziehung und letztlich zum Kollaps, wenn sie nicht eingebunden werden durch überwachende Institutionen, die soziale Gerechtigkeit und ökologisches Gleichgewicht im demokratischen Konsens der Gesellschaft anstreben. Die globalen Grenzen menschlicher Zivilisation hängen zusammen mit der Klimaerwärmung, der Endlichkeit nichtregenerierbarer Naturressourcen an Roh- und Brennstoffen und der Belastbarkeit des Menschen. Ein allgemeines Maß für den stofflich-energetischen Kreislauf der Wirtschaft ist der Stoffstrominput an Primärmaterialien in Tonnen NR, zu dem mineralische und nichtmineralische Roh- und Brennstoffe, Baustoffe, Wasser, Luft, Erdmassen und biotische Rohstoffe gehören. Das ist die gesamte Masse an

Naturstoff und Naturenergie, die der Mensch jährlich der Erde entreißt und in den wirtschaftlichen Kreislauf einspeist. Für dieses Kalkül wird auch der Primärenergieaufwand in Tonnen Rohöleinheiten (1 kg RÖE = 41868 kJ das heißt Kilojoule) umgerechnet. Bezogen auf die Produkte werden die im ganzen Lebenszyklus von der Rohstoffgewinnung und Herstellung bis zur Nutzung und Entsorgung anfallenden Stoffströme berechnet. So hat zum Beispiel eine Tonne Zement einen „Stoffstromrucksack" von sieben Tonnen. Wenn wir den Lichtschalter betätigen, lösen wir einen technischen Prozess aus, dem ein Stoffstromäquivalent entspricht. Auch jeder wirtschaftlichen Transaktion entspricht die direkte oder indirekte Auslösung eines stofflich-energetischen Aufwands, der in Tonnen gemessen wird. 1000 US-Dollar Bruttoprodukt entsprechen annähernd 32 Tonnen Stoffstrom aus der Natur. Während in den ärmeren Entwicklungsländern der jährliche Stoffstromverbrauch pro Kopf 10-40 Tonnen beträgt, liegt er in den OECD-Ländern bei 800 Tonnen, darunter in den USA bei mehr als 1100 Tonnen. Der schnell steigende Verbrauch an Naturressourcen ist verbunden mit der Freisetzung von Schadstoffen wie Kohlendioxid, der Dissipation wertvoller Stoffe und der Erzeugung von Müllbergen.

Die Werbebranche ist ein Beispiel für die extreme Naturressourcenverschwendung. Die weltweiten Werbeausgaben stiegen von 57,1 Mrd. $ im Jahre 1950 bis 820 Mrd. $ im Jahre 2008, also um das 14fache. Sie wachsen schneller als das BIP und übertreffen schon lange die Bildungsausgaben in den führenden Industrieländern. Das zeigt zugleich, wie ungeeignet der theoretische Begriff des Marktes als Ausgleich von Angebot und Nachfrage ist. In Wirklichkeit gestalten die Produzenten das Angebot nach dem Prinzip des größtmöglichen Profits. Potentielle Bedürfnisse oder Wünsche der Abnehmer werden durch die Werbung konditioniert, verstärkt und sogar erfunden.

Ein anderer Faktor der Umweltbelastung ist die logistische Revolution der kapitalistischen Wirtschaft, die Steigerung des Profits durch höhere Umschlagsgeschwindigkeit des Kapitals. Das wurde erreicht durch Erhöhung des Anteils des Straßengüterverkehrs von 37,7 Prozent im Jahre 1950 auf 72 Prozent 2007. In diesem Jahr haben deutsche Lkw und Sattelzüge 63 Mrd. km zurückgelegt. Das entspricht einem Dieselverbrauch von 1,3 Billionen Liter. Hinzu kommt die Entwertung der früher genutzten Lagerkapazitäten. Eine bisher nicht artikulierte Reserve der Naturressourceneinsparung sind die Abschreibungssätze für Sachanlagen, die im Handelsrecht, in den Bilanzvorschriften, im Steuerrecht und in wirtschaftspolitischen Sonderregelungen institutionell festgelegt sind und in den Afa-Tabellen fixiert sind. Eine ökologische Korrektur der oft viel zu geringen Abschreibungsdauer gibt es bisher nicht. Durch die Ressourcenverschwendung werden Naturkreisläufe in einer Weise gestört, dass nun die Anzahl und die Schwere regionaler Katastrophen ansteigen. Nach Angabe der Münchner Rück hat sich ihre Anzahl seit 1980 verdreifacht und 2008 betrug der wirtschaftliche Schaden 140 Mrd. € bei 220 000 Toten. Die Schweizer Rückversicherung hat schon 1990 die Anzahl und Kosten der weltweiten Schadensereignisse erfasst und festgestellt, dass sich eine exponentielle Kurve ergibt. Schrumpfung ist für die Zukunft angesagt, Freihandel und Wegwerfmentalität gehören abgeschafft. Auch die Versprechungen der Protagonisten der Informations- und Kommunikationstechnologie IKT auf die positiven ökologischen Wirkungen haben sich nicht erfüllt. So schluckt die IKT in Deutschland mehr als zehn Prozent des Stromverbrauchs und erzeugt pro Jahr 33 Millionen Tonnen CO_2, das heißt soviel wie der gesamte innerdeutsche Flugverkehr. Zur Zeit wird das Verbuddeln von CO_2 – Abscheidungen geplant, dieses Patentrezept erinnert an den schwarzen Humor von *Keynes* mit seinem Vergraben alter Flaschen mit Papiergeldscheinen. Seit 650 000 Jahren lag der Anteil von CO_2 in der Atmosphäre mit vielen Schwankungen von 180 bis 300 ppm (parts per million) und unsere Industriezivilisation hat ihn in nur 200 Jahren bis 2006 von etwa 280 auf außerordentliche 381 ppm erhöht mit weiterer Steigerung von 1,5 bis 2 ppm pro Jahr, die den Treibhauseffekt verstärkt. Nach den Angaben der Forscher vom Global Carbon Project GCP betrug der Ausstoß von CO_2

im Jahre 1990 6,17 Mrd. t, 2000 6,74 Mrd. t und 2008 8,7 Mrd. t. Man kann generell feststellen, dass High Tech einen großen Stoffstromrucksack beansprucht. Neuerdings wächst das Interesse für Low Tech mit geringem Stoffstromrucksack. So hat die dänische Firma Gamle Mursten 2007 eine Million alter Mauersteine lieferte. Ihre Wiederverwendung spart eine Menge CO_2, das beim Brennen neuer Steine freigesetzt wird. Eine andere Firma hat 2 m hohe Mini-Windräder entwickelt, die pro Jahr 1400 kwh liefern können.

In der Carnoules Deklaration von sechzehn internationalen Umweltexperten des Factor 10 Club im Jahre 1994 wurde angesichts der drohenden Zerstörung des Gleichgewichts der Naturkreisläufe gefordert, bis zum Jahre 2045, also in fünfzig Jahren den globalen Stoffstrominput NR des Wirtschaftssystems zu halbieren. Im Jahre 1990 lagen die Wirtschaftsdaten bei einem Weltbruttoprodukt von 20,1 Billionen $, einem Weltfinanzvermögen von 51,8 Billionen $ und einer Arbeitszeit von 12,19 Billionen Stunden. Dem entsprachen ein globaler Stoffstrominput (Material und Energie) von 2512,5 Billionen Tonnen, pro Kopf der Weltbevölkerung 477 Tonnen. Der Primärenergieverbrauch betrug 321,1 Exajoule EJ und pro Kopf 60,7 Gigajoule GJ. Das Verhältnis des Stoffstroms zum Primärenergieverbrauch betrug 7,82 kg / MJ. Im Jahre 2000 betrugen diese Werte 423,5 Exajoule EJ und 70,3 Gigajoule GJ. Es ist erschreckend, wenn die OECD in ihrem World Energy Outlook einen Anstieg des Primärenergieverbrauchs von 45 Prozent voraussagt.

Im kapitalistischen Industriesystem dominiert mit dem technischen Fortschritt die Ökonomie der Zeit. Gemeint ist die Zeit der lebendigen Arbeit. Die Macht der wissenschaftlich-technischen Agenten wächst schneller als der Arbeitsaufwand für ihre Entwicklung, Herstellung und Einführung. Zugleich aber wächst der Verbrauch von Naturressourcen fast im gleichen Tempo wie die Wertschöpfung. Die Kehrseite des schnellen Wachstums der Arbeitsproduktivität ist in den letzten Jahrzehnten die Stagnation der Ressourcenproduktivität, des Verhältnisses der Nettowertschöpfung in konstanten Preisen zum gesamten Stoffstrominput der Wirtschaft in Tonnen pro Jahr. Sie wuchs von 1960 bis 2000 nur um 0,3 Prozent p. a. Gleichzeitig sank die Arbeitshaltigkeit des Stoffstroms, die Anzahl der Erwerbsarbeitsstunden EA je Tonne Stoffstrominput an Naturressourcen NR um – 3,1 Prozent p. a. Das bedeutet, dass die Arbeitsproduktivität (Nettowertschöpfung in konstanten Preisen je Stunde Erwersarbeitszeit) um 3,4 Prozent schneller als die Ressourcenproduktivität wuchs. Bereiche hoher Arbeitshaltigkeit EA/NR sind dagegen die Formen der Subsistenzwirtschaft, des ökologischen Landbaus, der kommunalen Verkehrssanierung, der Katastropheneinsätze und der besonders stoffsparenden Technologien, wie zum Beispiel der Mehrwegverpackung. Nachhaltigkeit ohne bloße Rhetorik heißt höhere Arbeitshaltigkeit des Stoffstroms, die ein soziales mit einem technisch-naturbezogenen Maß verknüpft. Die Grundbeziehung des harmonischen Wachstums des Sozialen und Ökonomischen ist das Verhältnis der relativen Zuwachsraten in den Ungleichungen **ΔEA / EA > ΔNR / NR** und für den Index des Naturressourcenverbrauchs **NR' ≤ 1**. Das heißt zugleich, dass das absolute Niveau des Ressourcenverbrauchs mindestens gleichbleiben muss. Diese Erkenntnis findet sich leider in keiner Publikation der Umweltexperten, auch nicht bei *Donella* und *Dennis Meadows*.

Nur bei wachsender Arbeitshaltigkeit kann die Ressourcenproduktivität, wie es notwendig ist, schneller wachsen als die Arbeitsproduktivität und vice versa! Geht man von einem künftigen Wachstum der Weltproduktion in konstanten Preisen von 3,2 % p. a. und einer notwendigen absolutan Halbierung des Stoffstrominputs in 50 Jahren aus, so kommt man zu einem erforderlichen Anstieg der Ressourcenproduktivität von 4,7 % p. a. Das entspricht dem Faktor 10 der Carnoules Deklaration, das heißt der zehnfachen Erhöhung der Ressourcenproduktivität in fünf Jahrzehnten. Im Jahre 2050 muss nach den Berechnungen des Carnoules-Instituts ein Mensch höchstens 5-6 Tonnen Naturressourcen pro Jahr verbrauchen. Bei einem Wachstum der Erwerbsarbeitszeit um 0,5 % p. a. wächst die Arbeitsproduktivität um 2,7 % p.a. und die Arbeitshaltigkeit steigt um 1,9 % p. a. Wenn es gelänge, dieses Programm zu realisieren, wäre es eine grundlegende ökologische Umsteuerung des wirtschaftlichen Kreislaufs.

Die globale Maschine der Umweltzerstörung

Stofflich-energetischer Kreislauf und Wertschöpfungskreislauf werden heute angetrieben durch die globale Maschine des grenzenlosen Wirtschaftswachstums mit dem Motor des notorisch unbegrenzten Finanzkapitals, der auch zunehmend den Kreislauf des Realkapitals steuert. Politik ist eine dienstbare Funktion der Megamaschine. Genau dieser Kern der globalen Umweltproblematik wird bisher kaum thematisiert. Erstmalig wurde eine Begrenzung des ungehemmten Wirtschaftswachstums 1972 im ersten Bericht des „Club of Rome" gefordert. Die Autoren *Donella* und *Dennis Meadows* haben zwei Jahrzehnte später (mit *Jørgen Randers*) in „Die neuen Grenzen des Wachstums" Bilanz einer Welt gezogen, die immer noch dem alten Expansionscredo verpflichtet ist. Sie verweisen auf das unbeschränkte Wachstum des Kapitals, das langfristige Schwinden der Bodenschätze, den Treibhauseffekt, die trügerischen Hoffnungen auf das Wirken von Ökosteuern und das Ignorieren der grundsätzlichen Limite des Planeten. Leider schreiben sie in ihrer Studie auch:„Armut schafft Bevölkerung – Bevölkerung schafft Armut. Wenn das Kapital schneller wächst als die Bevölkerung, steigt der Lebensstandard der Menschen" (*Meadows* 1992 S. 61). Inzwischen sind wieder fast zwei Jahrzehnte vergangen. Der hyperbolische Aufschwung des Weltfinanzkapitals seit 1980 wirkt als Sogstrudel der kapitalistischen Wachstumseuphorie in einer Zeit der schnell zunehmenden Gefährdung des ökologischen und sozialen Gleichgewichts. Damit ist die derzeitige Megakrise zugleich eine Etappe der Evolutionskrise der Menschheit (*Haustein* 1997. S. 24). Dringend notwendig ist es, die Zusammenhänge zwischen der fundamentalen Störung des Kreislaufs Menschheit – Natur, den Kreisläufen der Wertschöpfung, des Realkapitals, Finanzkapitals, der Staatshaushalte und der gesellschaftlichen Institutionen kritisch zu hinterfragen. Es gibt für eine neue Aufklärung keine wichtigere Frage als die entschiedene Beziehung des Ökonomischen und Sozialen. So wie vor zwei Jahrhunderten das „Zurück zur Natur" des *Jean-Jacques Rousseau* von den Herrschenden gründlich missverstanden wurde, geschieht es heute mit der modisch gewordenen Formel von der Nachhaltigkeit. Sie wird ähnlich wie die Benthamsche Nützlichkeit als allgemeines Prinzip der Naturbewirtschaftung, abgeleitet von der Forstwirtschaft, dargestellt. Nachhaltigkeit wird interpretiert im Sinne des „Weiter so", bloß eben mit Material- und Energieeinsparung, die wiederum in wachsende Umsätze und schneller wachsende Profite verwandelt werden kann. Die militante Standortwettbewerbslogik fordert den Kampf um die Monopolisierung dieser Wachstums- und Profiteffekte für die Gewinnerstaaten. Das alles nennt man „zukunftsfähig". Demgegenüber muss deutlich gemacht werden, dass es ohne Neugestaltung der gesellschaftlichen Arbeit keine Zukunftsfähigkeit geben kann.

Ein Muster für die Anbetung des Götzen Markt anstelle von mittel- und langfristiger Planung ist die Ignoranz gegenüber negativen ökonomischen und ökologischen Neben- und Fernwirkungen neuer technischer Modetrends. Es gibt fatale wirtschaftliche Rückkopplungsschleifen, in denen der Finanzmarkt mitgemischt und die schädlichen Wirkungen verstärkt hat. Ein Beispiel ist der Biokraftstoff-Trend. Die Nutzung der nachwachsenden Rohstoffe der Nahrungsmittelkette für Biokraftstoffe wurde mit Subventionen gefördert. Sie führt zur Verringerung der Anbauflächen für den menschlichen Lebensmittelbedarf, zur Rodung von Wäldern, zur Erhöhung der Nahrungsmittelpreise und spekulativen Wellen an der Rohstoffbörse. Verknappung und hohe Preise vermehren die Zahl der Hungernden in der Welt. Biorhetorik verdeckt nicht selten Quellen der Umweltzerstörung. In dem Maße, wie der Mensch die Gleichgewichte der Natur zerstört, verwandeln sich seine Produktivkräfte immer mehr in Destruktivkräfte.

Der Weg zu einer Wende im Verhältnis von Natur und Arbeit führt über die Entkopplung von Profitstreben und Naturressourcenverbrauch durch eine Reform der gesamten Regulierungsweise, über den sozialen Ausgleich, das Umsteuern der technischen Entwicklung, die Verabschiedung von der Wachstumsideologie und eine andere Lebensweise. Die Kernbewegungsgröße des Kapitalismus, die kapitalbezogene Profitrate hielt *Marx* für tendenziell fallend, in dem neuen Jahrhundert wird sie durch Überproduktion, Klimawandel, Vervielfachung regionaler und lokaler Naturkatastrophen, Versiegen natürlicher Vorräte, Vermüllung und Zunahme sozialer Katastrophen mit großer Wahrscheinlichkeit eindeutig fallend. Eigentlich ist sie es formal heute schon, wenn in dem Quotienten der Rate nur der Realprofit im Zähler und das Gesamtkapital, das heißt Eigen- und Fremdkapital im Nenner eingesetzt wird.

Fakten über den künftigen Klimawandel zeigen, dass das Umweltproblem viel drohender ist, als es zur Zeit rezipiert wird. Der Zusammenhang zwischen Naturressourcenkreislau und Wirtschaftskreislauf ist eindeutig, aber die Frage nach der Art der Steuerung dieser Kopplung wird verschieden beantwortet. Die Markt-, Preis- und Steuerstrategien bewähren sich nicht auf dem Klimaschutzgebiet. Handelbare Lizenzen für Emissionen mit schrittweiser Einschränkung des Gesamtvolumens, Steuerformen oder Ökopreise werden angeboten. Verschmutzungsrechte im Emissionshandel bedeuten, dass hochsolvente Unternehmen ohne Probleme Geld gegen Umweltbelastung tauschen. In Europa waren es 2009 im ersten Halbjahr 29 Mrd. €. Das sind aber im Grunde Palliative nach der Devise „Der Markt wird es schon richten". Sie greifen nicht dort ein, wo der eigentliche Ansatzpunkt für die Unterbindung der Überakkumulation und Überproduktion auf Kosten der Umwelt ist. Die Preise im Emissionshandel seit 2005 bewegen sich viel zu chaotisch und unvorhersehbar. Folgt man dem MIPS-Konzept von *Friedrich Schmidt-Bleek,* so ist die Ressourcenproduktivität bzw. ihre Wachstumsrate eine universelle Messgrösse des Naturressourcenverbrauchs der Produktion, denn sie ist auch korreliert mit den Emissionen. Die empfindlichsten und universellen Messgrößen des wirtschaftlichen Kreislaufs und seiner Veränderung aus der Sicht der Unternehmen sind die Rendite auf das Gesamtkapital des Unternehmens und die Zinsrate i für das aufgenommene Fremdkapital.

Die Bewegungsrichtung von Geld und Kapital geht immer in Richtung des größten Haufens, dafür sorgt schon der Zinsmechanismus. Das ist auch die Ursache der Bevorzugung der Ersten anstelle der Dritten Welt. In der lebenden Natur dominieren ausgleichende Prozesse mit Sättigungsgrenzen, die *Aristoteles* in Analogie zu seiner Humanethik „kosmische Gerechtigkeit" nannte. Auch die Menschheitsgeschichte begann mit Gegenseitigkeit und Kompensation. Das ist aber nicht das Prinzip der Geldgesellschaft, die den Menschen nicht als Einheit von Leib, Kopf und Seele, sondern als bezifferbares „Humankapital" betrachtet. Die Entmachtung der heutigen Form der Zinswirkungen des Geldes ist die Grundaufgabe der Menschheit, wenn sie eine Zukunft haben will.

Für jede Branche könnte der Zins als ökologische Stellgröße i(U) staatlich ermittelt und jährlich festgelegt werden. Die ökologische Zinsrate müsste am höchsten sein bei negativem oder Nullwachstum der Ressourcenproduktivität, mindestens so hoch wie die Durchschnittsrendite der Branche und am geringsten oder negativ bei überdurchschnittlichen Wachstum der Ressourcenproduktivität des Unternehmens. Das bedeutet, dass die Banken ihr Leihkapital nur mit dem Ökozins versehen dürfen. Die Einnahmen aus dem Ökozins werden ausschließlich für ökologische und soziale Zwecke verwendet. Firmen bekommen nur dann Fremdkapital und können damit expandieren, wenn sie ihr Wachstum der Ressourcenproduktivität erhöhen. Die konkrete Ökozinsrate einer Branche wird auf der Grundlage sorgfältiger Untersuchungen aller umweltrelevanter Bedingungen ihrer Produktion und ihrer Marktaktivitäten festgelegt. Sie ist die Kerngröße einer strengen staatlichen Umweltregulierung, die das schwelende Feuer der stetigen die Nachhaltigkeit zerstörenden Aktivitäten löscht, bevor es zur weltweiten Flammenkatastrophe wird.

Wie wird es nun mit der Krise weitergehen? Rezessionen, die es in der Wirtschaftsgeschichte der BRD mehrfach gab, wurden abgelöst durch Erholungs-, Stabilisierungs- oder Aufschwungphasen, die mit dem Abschwung einen V-förmigen Verlauf bildeten. Dabei gingen die durchschnittlichen Wachstumsraten der Produktion dieser Zyklen seit 1986 immer weiter zurück, wie im Abschnitt Menetekel gezeigt wurde. Manche Ökonomen verbreiten Optimismus, indem sie voraussagen, dass der kommende Aufschwung umso größer sei, je tiefer der jetzige Einbruch wird. Die „Mutter der Krisen" in den 30er Jahren in den USA hatte dagegen einen L-förmigen Verlauf, eine lange Depression folgte dem Einbruch.

Wenn man versucht, auch mittelfristig etwas über die heutige Megakrise auszusagen, muss man die längere Vergangenheit mit ihren evolutorischen Mustern befragen ohne den Anspruch, einen Automatismus oder eine Universalerklärung der Wirtschaftsgeschichte zu finden.

Der jahrzehntelang ignorierte *Keynes* ist wieder en vogue, vor allem mit der nachfrageorientierten Rhetorik der Wirtschaftspolitik. Fehlende Nachfrage ist eine wesentliche Ursache des Wirtschaftseinbruchs 2009. Der Exportmotor lahmt wegen der weltweiten Krise. Die Binnennachfrage stagniert wegen rüden Lohndumpings und radikalen sozialen Einschnitten. Öffentliche Investitionen wurden reduziert. Im Jahre 2009 wurden Niedrigverdiener mit Einkommen bis zu 10 000 € um 0,15 Mrd. € entlastet, dagegen erhielten Bezieher von Jahreseinkommen über 53 000 € einen Goldregen von 1,5 Mrd. €. Der private Konsum stagnierte 2009, er wäre ohne die Abwrackprämie um 0,5 % eingebrochen.

Ein neuer Kondratjew?

Seit Beginn der Industrialisierung gibt es neben der Abfolge von Handels-, Produktions- und Finanzkrisenzyklen die sogenannten Langen Wellen oder „Kondratjews" nach dem Namen ihres Entdeckers, dem russischen Ökonomen *Nikolai Kondratjew* (1892-1938), der langfristige Zeitreihen der Getreidepreise analysiert hatte. Schon *Marx* hatte langfristige Schwingungen der allgemeinen Profitrate konstatiert. (Bd. III. S. 191). Es sind die jeweils etwa 40 bis 60 Jahre umfassenden Bewegungen der Wirtschaftsleistung auf dem Hintergrund des Gesamttrends, die in Wechselwirkung mit neuen Basisinnovationen und allgemeinen Wirkfaktoren, technologisch-organisatorischen Veränderungen und Wertrevolutionen sowie vor allem mit gesellschaftlich-institutionellen Wechseln stehen. Sie begannen mit dem 1. Kondratjew der Mechanisierung um 1790-1840, gefolgt vom 2. Kondratjew des Eisenbahnbaus um 1840-1890, dem 3. Kondratjew der Elektrifizierung um 1890-1940, dem 4. Kondratjew der Einzweck-Automatisierung um 1940-1990 und dem 5. Kondratjew der Information und Kommunikation mit den sogenannten TIME-Technologien (Telekommunikation, Informationstechnologien, Medien) und der flexiblen Automatisierung von 1990 bis 20??. Jeder Kondratjew kann grob in die Phasen der Prosperität, Rezession, Depression und Erholung unterteilt werden.

Der absehbare und notwendige 6. Kondratjew der Umwelttechnik, Solarenergie und Biotechnologie USB ist noch weit vor den Startlöchern, er baut vorerst keine durchgreifende neue Wachstumsphase auf. Die Gefahr besteht darin, dass sich die begrenzten Naturressourcen schneller erschöpfen als es gelingt, die notwendigen Potentiale erneuerbarer Energien EE aufzubauen. Die Finanzkrise macht um Nachhaltigkeit, Klimapolitik und erneuerbare Energien keinen Bogen. So hat das deutsche Solarunternehmen Q-Cells 2008 drei Viertel seines Marktwerts verloren. Das Mais-Ethanolprogramm der USA ist gescheitert. Es ist eine blanke Illusion, wenn die Grünen einen „Green New Deal" als Mittel zur Überwindung der wirtschaftlichen und ökologischen Krise vorschlagen. Sie meinen, man könne Wachstum und Naturressourcenverbrauch NRV entkoppeln, indem man statt mehr vorhandener innovativer Technologien der EE neue höherinnovative Technologien der Umweltentlastung entwickelt und einsetzt. Es ist aber notwendig, die Problematik dieser Strategie für erneuerbare Energien EE zu untersuchen. Erstens brauchen EE Subventionen, deren Wertschöpfung größtenteils aus der normalen umweltlastigen Wirtschaft kommt. Zweitens wird der materielle und energetische NRV der Herstellung der Produktionsmittel von EE, ihr ökologischer Rucksack kaum berechnet. Statistik und konkrete Bilanzen des NRV der neuen Technologien sind noch sehr rar. Es gibt nur die Information über Energiebereitstellung, Energiepreise und Fördermittel. Eine ökologische statt nur betriebswirtschaftliche Bilanz der Solartechnik muss schon bei der Produktion der Bagger anfangen, die den Sand zur Siliziumherstellung fördern. Drittens sind die EE Solarstrom, Windstrom, Bioenergie, Wasserkraft, Erdwärme, Gezeitenenergie für die Zwecke der Wirtschaft nicht direkt nutzbar. Sie werden von der natur in sehr dissipierter und damit hochentropischer Form bereitgestellt und müssen außerdem energetisch und materiell erfasst, konzentriert und transportiert werden. Auch das wäre mit materiellen und energetischen NRV-Bilanzen neben den Kostenbilanzen zu analysieren. Viertens gibt es keine gründlichen Analysen des extremen NRV durch immer höhere Abschreibungsnormen alias kürzere Gebrauchszyklen, die unmittelbar die Rendite durch Steuereinsparung erhöhen und eine Form der Anti-Nachhaltigkeit der kapitalistischen Wirtschaft sind. Fünftens ist die Rendite die universelle Messgöße des Kapitals, die assistiert wird durch die Arbeitsproduktivität. Die universelle ökologische Messgröße ist die Ressourcenproduktivität $RP = BIP / NRV$, wobei das BIP im Geldmaßstab und NRV materiell in Tonnen und energetisch in Joule gemessen wird. Die RP ist das Produkt von Arbeitshaltigkeit (Gesamtarbeitszeit / NRV), Arbeitsproduktivität (BIP / Erwerbsarbeitszeit) und der Erwerbsquote (Erwerbsarbeitszeit / Gesamtarbeitszeit). Wenn es gelänge, das wirtschaftliche Volumen der ökologischen Verschwendung in BIP – Einheiten zu berechnen, könnte man einen Suffizienzgrad zum Vergleich verschiedener Volkswirtschaftenbestimmen.

Die ökologische Effizienzsteigerung der Verbrauchsprozesse wird durch die weitere Ausdehnung des NRV im Wirtschaftswachstum mehr als kompensiert. Das wird in der Umweltforschung als Reboundeffekt bezeichnet. So ging weltweit von 1990 bis 2004 der Energieverbrauch pro Flugkilometer um 29 % zurück. Der gesamte Verbrauch von Treibstoff erhöhte sich dagegen in der gleichen Zeit von 3,8 auf 5 Mio. Barrel pro Tag, also um 31,6 %. Nach EU-Erhebungen steht Energieeffizienz an letzter Stelle der Ziele, die Unternehmen bei ihren Innovationsvorhaben nennen. Von allen Patenten fielen in den vergangenen Jahren weltweit nur 2,15 Prozent in die Kategorie Umwelttechnologien. Die Elektrizitätswirtschaft mit ihrem hohen Anteil am CO_2-Ausstoß steckt sehr wenig Mittel in die Forschung, ihr Anteil an den globalen Unternehmensausgaben für Forschung und Entwicklung beträgt seit Jahren nur noch 0,5 Prozent.

Umweltfreundliche Technologien oder CleanTech CT können die wissenschaftlich-technische Basis einer Langen Welle bilden, wenn damit auch zugleich die Krise der Arbeitsgesellschaft überwunden wird. CT hat jedoch besondere Merkmale im Vergleich mit den historischen Vorläufern. Erstens ist CT anders als bisher keine Branche, es ist ein Konzept und Betätigungsfeld für alle Branchen. Es handelt sich um Technologien, die wachsende Arbeitshaltigkeit ermöglichen, das heißt schnelleres Wachstum der Ressourcenproduktivität im Vergleich zur Arbeitsproduktivität. Damit werden Produktionswachstum und Umweltbelastung entkoppelt. Zweitens ist CT von Anfang an ein Konzept für die Verbindung des globalen Kreislaufs der Naturressourcen mit dem Wirtschaftskreislauf. Drittens ist CT kein Feld für schnelle Profite. Es erfordert hohe Forschungs- und Entwicklungskosten, muss Wagniskapital einsetzen und braucht Zeit, sich zu etablieren. Erfolgsaussichten sind nur schwer abzuschätzen. Der Umweltschutz kommt allen zugute, es gibt keine spezielle Lobby von Abnehmern. Die großen asiatischen Länder setzen öffentliche Mittel im großen Maßstab für CT ein. In China betragen sie etwa 200 Mrd. $ oder 34 Prozent des BIP, in Südkorea sind es in den nächsten 5 Jahren lt. Plan 87,7 Mrd. $ oder 79 Prozent des BIP. China hatte 2004 noch keine Windradproduktion und wurde 2009 mit 70 Windradherstellern der größte Windradproduzent der Welt. Japan besitzt weltweit die meisten CT-Patente. In den USA stehen für Umwelttechnologien nur staatliche Mittel im Umfang von 12 Prozent des BIP zur Verfügung.

Wenn die Abfolge sich wie bisher wiederholt, nähern wir uns mit der gegenwärtigen Krise einer Depression im heutigen 5. Kondratjew. Ein Merkmal dafür ist der Rückgang des Anteils der Informations- und Kommunikationswirtschaft am absoluten Zuwachs des BIP in den USA, Japan und Europa nach dem Gipfel vom Jahre 2000. Der IT-Sektor wird von der Krise gebeutelt. Die Wachstumsphase des neuen Handy-Markts seit 1994 geht zuende, der Markt ist gesättigt. Chipgeschäft und PC-Markt brechen ein. Der Elektronikkonzern Sony hatte erstmals seit 1994 einen voraussichtlichen Verlust im ersten Quartal 2009 von 100 bis 200 Mrd. Yen. Hintergrund der Verluste ist auch der starke Yen. Das Unternehmen wird 16000 Arbeitsplätze abbauen und Investitionen kürzen. Der Softwarekonzern Microsoft streicht weltweit bis zu 5000 Arbeitsplätze und SAP 3300 im Jahr 2008. Einige selbsternannte Analytiker behaupten nun, dass die moderne Informationstechnologie an der Krise schuld sei, weil sie erst die komplexen Spekulationsmodelle konstruieren konnte. Das ist die altbekannte Masche, die Technik und nicht das Wirtschafts- und Gesellschaftssystem und dessen politische Führung für die Malaise verantwortlich zu machen. Der moderne Finanzmarkt mit seiner Informations- und Kommunikationstechnologie verbindet höchste instrumentelle Rationalität mit totaler sozialökonomischer Irrationalität.

Die Charakteristik des Übergangs von Rezession zur Depression zwischen 1968 und 1978 im 4. Kondratjew war die Stagnation oder der tendenzielle Rückgang der Rendite des Realkapitals durch das schon erwähnte productivity gap. Ob wir im 5. Kondratjew einen solchen Übergang in den Jahren 2010 bis 20?? erleben wird sich herausstellen. Absehbar sind heute Massenentlassungen, die positiv auf die Rendite wirken, zugleich aber immer stärkere negative Wirkungen des entropischen Faktors der modernen Wirtschaft durch mehr regionale Naturkatastrophen, Vergeudung von Ressourcen durch Überproduktion, Arbeitslosigkeit, zunehmende Gewaltexzesse, Kriege und Bürgerkriege, Umweltzerstörung, Vermüllung, vom Menschen verursachte Katastrophen, Emission von Schadstoffen, Vernichtung überflüssigen Sachkapitals, Anwachsen psychischer Schäden und Krankheiten. Das Ergebnis auf der Ebene der Unternehmen der Realwirtschaft ist Kapitalentwertung und Gewinnverminderung durch höhere Kosten aus Abschreibungen und Wertberichtigungen. Hinzu kommt der volkswirtschaftliche Schaden, für den der Steuerzahler aufkommen muss und der die Mittel für öffentliche Investitionen im sozialen und Bildungsbereich reduziert. Seit Februar 2009 tauchte nun weltweit das gefürchtete Wort Depression im wirtschaftlichen Dialog auf. *Dominique Strauss-Kahn,* Chef des IWF erwartete damals eine Depression, die extremer und folgenschwerer als die Große Depression der 30er Jahre wird. Er hatte schon im September des Vorjahres erkennen müssen, dass es sich um eine Krise des Systems handelt. Wie im vorigen Jahrhundert oder auch im Sommer 2008 gab es aber auch im Februar 2009 viele optimismusverbreitende Experten oder solche, die sich dafür halten, die eine längere Schwächeperiode strikt verneinen. Kleinreden der Krise ist zu einem neuen weitverbreiteten Gesellschaftsspiel geworden.

Noch sind beschäftigungswirksame Investitionen in neue Tätigkeitsfelder der Umwelttechnologie auf breiter Front nicht absehbar. Es fehlen generell lukrative Investitionsfelder und damit die Möglichkeiten der Akkumulation auf erweiterter Stufenleiter. Die krisengeschüttelte Autoindustrie, eine tragende Industrie mit hundertjähriger Tradition und Triebkraft des vierten Kondratjew, schreit nach Staatshilfe, sie hat die rechtzeitige Wende zur Vorbereitung wirklicher Basisinnovationen mit forcierter Forschung und Entwicklung anstelle vieler Verbesserungs- und Rationalisierungsinnovationen in den letzten 15 Jahren praktisch verschlafen, nicht zuletzt, weil sie nachweislich lieber mit Milliarden am Finanzmarkt zockte. Die bisherigen Langen Wellen haben ein weiteres Merkmal in der Depressions- und Übergangszeit. Die gesellschaftlichen Institutionen und sozialökonomischen Rahmenordnungen des jeweiligen Kondratjew besitzen einen Trägheitsfaktor, der den Wechsel zu einem qualitativ neuen Zustand erschwert. Der evolutorische Widerspruch zwischen den Produktivkräften und den Produktionsverhältnissen, der neuen Technologie und den sozio-institutionellen Bedingungen wird auf die Spitze getrieben. Der Fall der Profitraten und das Fehlen der Erweiterungsfelder kann dazu führen, dass erneut die Umverteilungsschraube von unten nach oben gedreht wird, dies aber ist Anhäufung sozialen und politischen Zündstoffs.

Es ist durchaus möglich, dass es einen Überzyklus der Kondratjews gibt. Die Staffelung der wirtschaftlichen Zyklen nach ihrer jeweiligen Länge vom Kitchin von 3-4 Jahren, dem Juglar von 6-10 Jahren und den Kondratjews von 50-60 Jahren ergibt sich aus der Reichweite der jeweiligen Verursachungsfaktoren, von den Nachfrageschwankungen bis zum Wechsel der technischen Produktivkräfte. Es gibt aber eine weitere größere Dimension des sozio-institutionellen Wandels, die in Wechselwirkung mit realwirtschaftlichen Umwälzungen verbunden ist. Das ist künftig die Krise der Arbeitsgesellschaft und die Krise der Umweltnutzung. Bisher konzentrierten sich die Analysen auf den Dschungel des Finanzmarkts und die weltweiten Konjunkturpakete von geschätzten 3 Billionen US-Dollar oder 4,7 Prozent des Welteinkommens im Jahr 2009 schürten die Hoffnung auf baldige realwirtschaftliche Erholung mit Keynesschen Methoden. Das weitgehend verlorene Renommee des Geldmarkts trotz niedrigster Zinsen sucht seinen inflationären Ausweg im unverdrossenen Anstieg der Börsenkurse mitten in der Krise. Während die deutsche Wirtschaft lt. OECD 2009 um fast 5 Prozent schrumpft, ist der DAX seit März 2009 um 60 Prozent bis November gestiegen. Es herrscht wieder Casinostimmung mit Spekulationsfreude. Hinzukommt die Spirale der Staatsverschuldung, die 2009 in den USA 13 Billionen Dollar oder 90 Prozent des BIP erreichen wird, während es in Japan im Folgejahr mehr als 220 Prozent des BIP betragen soll.

Die Geisterschrift der gigantischen Finanzblase an der Wand als Resultat von drei Jahrzehnten neoliberalen Siegeszugs des Weltkapitalismus erscheint als Menetekel Upharsin für die Zukunft mit einer Superdepression als Ergebnis der Krise der Arbeitsgesellschaft und der Krise der Umweltnutzung. Zur Krise der Arbeitsgesellschaft, dem „Kolbenfresser" der Realwirtschaft, gehören Massenarbeitslosigkeit, Ökonomie bezahlter Arbeitszeit durch Entlassungen und Lohndumping, radikale Entwertung erworbener Qualifikationen und bewährter Routinen, die außerdem das Bildungssystem untergräbt, erzwungener Ortswechsel, Ausbreitung prekärer Beschäftigung, psychische Folgen der Beschleunigung der Arbeitsprozesse, Mafiosierung des Kapitals, Spreizung der sozialen Ungleichheit. Zur Krise der Umweltnutzung gehören die wachsenden Kosten der Umweltzerstörung, die zur Zeit auf etwa 10 Prozent des Weltsozialprodukts geschätzt wird. Hinzukommt die nicht vorhersehbare Folge von lokalen und regionalen Katastrophen, die ungebrochene Spirale der Vergeudung von Material und Energie, die Aussonderung von 80 Prozent aller Fertigprodukte bereits nach einem Jahr, der Verzicht einer grundlegenden Reform der Abschreibungsnormen für Maschinen, Geräte etc. Die umwelttechnische Industrie wie Windkraftenergie, Photovoltaik, Biokraftstoffe u. a. ist dann keine nachhaltige Lösung, wenn sie selbst auf einen beträchtlichen Stoffstromrucksack fußen.

In der Krisenzeit häufte sich im Politikersprech das Wort Wachstum als eine Art Hoffnungsanker, meist ohne zu erklären, welches Wachstum gemeint ist. Die deutsche Regierung kreierte Ende 2009 sogar ein Wachstumsbeschleunigungsgesetz mit milliardenschweren Steuergeschenken für den betuchten Teil der Bevölkerung, ein Zeichen für künftig wachsende soziale Ungleichheit. Die Steuerbelastung der großen Unternehmen soll reduziert werden, die ohnehin stetig gesunken ist. Es ist die ultima ratio des Neoliberalismus, die eher die Krise der Arbeitsgesellschaft verschärft als die ökonomische und ökologische Krise zu bewältigen. Die drastischen Einbrüche der Realwirtschaft im Ergebnis der Krise in vielen Ländern mit wachsender Arbeitslosigkeit, sinkender Nachfrage und Rückgang notwendiger fiskalischer Einnahmen der Kommunen und des Staates haben den Ruf der

Wirtschaftspolitiker nach dem Universalrezept Wachstum wieder aktiviert. Wirtschaftliche Interessen und Wachstumseuphorie sind so eng verbunden, dass die Grenzen des Wachstums ignoriert und die Warnungen der Umweltwissenschaften und der Sozialwissenschaften oft in den Wind geschlagen werden.

In der Verflechtung der Kreisläufe des Finanzkapitals, des Realkapitals, der Produktion und Wertschöpfung sowie des Verbrauchs der Naturressourcen gibt es globale Grunddaten des Wachstums, deren Relationen die fundamentalen Widersprüche und Bedrohungen der bisherigen und künftigen Entwicklung deutlich machen. Vor allem wird sichtbar, dass die interessengeleitete Antriebsmaschine Finanzkapital das Extremwachstum forciert. Der Wettlauf der Spekulation nach der neoliberalen Deregulierung steht an der Spitze mit den Derivaten und der niedrigsten Verdoppelungszeit von fünf Jahren. Das Derivatevolumen entsprach 2007 dem 11-fachen des Welt-BIP, es wurde Ende 2009 mit 863 Billionen $, dem 15-fachen des Welt-BIP beziffert. Noch gigantischer ist das gesamte Transaktionsvolumen der Derivate- und Kassamärkte. Seine Wachstumsrate ist um 1,7 Prozentpunkte höher als der Umfang der globalen Kapitalflüsse.

Betrachten wir die Wachstumspyramide der Weltwirtschaft in den Jahren 1990 bis zum Beginn der Megakrise 2007.

Wachstumspyramide der Weltwirtschaft

	Messgrößen	Einheit	1990	2007	% p.a.	Verdoppelungs-zeit in Jahren
1	Transaktionsvolumen in den Derivate- und Kassamärkten	Bill. $	322	3964	15,9	4,7
2	Derivate	Bill. $	58	596	14,7	5,0
3	Weltfinanzvermögen	Bill. $	51,8	225	9,0	8,0
4	Welthandel	Mrd. $	3449	13993	8,6	8,4
5	Privates Geldvermögen	Bill. $	33,7	196	6,7	10,7
6	Welt-Bruttoinlandsprodukt nominal	Bill. $	20,1	54,3	6,0	12
7	Arbeitsproduktivität	$/1000 h	2750	5760	4,4	16
8	Ressourcenproduktivität	$/t	16,46	33,60	4,3	16,5
9	Primärenergieverbrauch	EJ	366,8	503,6	1,9	36,8
10	CO2 - Ausstoß	Mrd. t	22,5	30,5	1,8	38,9
11	Stoffstrominput	Mrd. t	1221	1616	1,7	41,1
12	Weltbevölkerung	Mio.	5484	6670	1,2	58,1
13	Erwerbsarbeitszeit p. a.	Mrd. h	7314	9420	1,5	46,6
14	Arbeitshaltigkeit des Stoffstroms	h/t	5,96	5,83	-0,001	

Das Finanzkapital hat sich mit seinen vielen Segmenten von der Realwirtschaft nach oben entkoppelt als Resultat des Wettlaufs der Spekulation. Das Verhältnis des ersten Segments zum Realkapital lag 1990 beim 16-fachen und 2007 beim 73-fachen, es wächst unverdrossen weiter. Primärenergieverbrauch in Exajoule EJ und Stoffstrominput in Tonnen (Mineralische und nichtmineralische Roh- und Brennstoffe, Baustoffe, Wasser, Luft, Erdmassen und biotische Rohstoffe) wachsen schneller als die Bevölkerung und verursachen den wachsenden CO_2-Ausstoß in die Atmosphäre und damit die Klimaerwärmung. Die Arbeitsproduktivität (BIP / Erwerbsarbeitsstunden p. a.) wächst wiederum schneller als die Ressourcenproduktivität (BIP / Stoffstrominput) und damit sinkt die Arbeitshaltigkeit des Stoffstroms (Erwerbsarbeitszeitstunden p.a. / Stoffstrominput), ein deutliches Signal der ökologischen Krise. Die Industriezivilisation hat diesen Raubbau der Naturressourcen ausgelöst. Keine Angaben gibt es zur globalen Mehrwertmasse bzw. Profitmasse der materiellen Produktion und zum globalen Arbeitslohn, die beide zusammen die eigentliche Wertschöpfung ausmachen.

Nur indirekt zeigt uns das geringe Wachstum der Erwerbsarbeitszeit durch Massenarbeitslosigkeit die Tendenz auf diesem Gebiet, ein Kriterium der Krise der Arbeitsgesellschaft. Wenn zum Beispiel in der Automobilindustrie immer mehr Arbeitsplätze wegrationalisiert werden, sinken Masse und Anteil der angewandten lebendigen Arbeit bzw. der Wertschöpfung im Verhältnis zum toten Kapital. Letztlich ist die realwirtschaftliche Mehrwertmasse die Basis für die Pyramide der Realisations-und Spekulationsprofite, deren Zusammenbrüche die schwindende Grundlage signalisieren.

Ohne Verbindung einer solidarischen Ökonomie mit der Schonung unseres irdischen natürlichen Habitats und einem neuen Humanismus hat die Menschheit keine Chance. Merkmale solidarischer und im positiven Sinne kollektivistischer Gesellschaft sind:

- Soziales Grundeinkommen und steigendes Realeinkommen der breiten Bevölkerung.
- Gerechtes Entgelt und nachhaltigen Arbeits- und Gesundheitsschutz.
- Basisdemokratische Mitbestimmung, die auch die Entscheidungsgewalt über Produktionsmittel und Produktionsverlagerungen einschließt.
- Durchsetzung erster Formen evolutiver gesamtgesellschaftlicher Planung in Kombination mit basisdemokratischer Mitgestaltung und Kontrolle.
- Verhinderung der Privatisierung und Dominanz des öffentlichen Eigentums.
- Wachsende Ressourcenproduktivität.
- Reduzierung der Jahresarbeitszeit pro Kopf.
- Stärkung der Binnenwirtschaft.
- Sozialisierung und Kommunalisierung der Investitionen.
- Selbstverwaltete Unternehmen.
- Schrittweise Reduzierung und Begrenzung des Finanzkapitals und der Konzentration des Realkapitals.
- Volksabstimmungen über die Verwandlung der Banken in genossenschaftliches, kommunales oder staatliches Eigentum.
- Ökologisch und sozial orientiertes Zins- und Börsensystem.
- Alternative Banken im lokalen und regionalen Umfeld. Einführung von Formen des Lokalgeldes.
- Genossenschaftliches, kommunales und staatliches Eigentum an den Produktionsmitteln als vorrangige Eigentumsformen neben klein- und mittelgewerblichem Privateigentum.
- Sozial ausgewogenes Steuersystem.
- Strenge Regulierung des Wettbewerbs.

Die Menschen, die sich für Wirtschaftsdemokratie und einen emanzipativen Sozialismus des 21. Jahrhunderts einsetzen, haben einen großen Vorteil, sie kennen die guten und schlechten Erfahrungen des nach sieben Jahrzehnten gescheiterten europäischen Staatssozialismus des 20. Jahrhunderts, der sich, wohl einzigartig, von der Bühne der Weltgeschichte friedlich verabschiedet hat.

Die herrschende kapitalistische Wachstumswirtschaft ist eine Ökonomie des steigenden Mehrwerts, der Akkumulation und zunehmender Ausbeutung des Menschen und der Natur. Sie muss schrittweise abgelöst werden durch eine neue Ökonomie der sozial-ökologischen einfachen Reproduktion ÖSER. Einfache Reproduktion ist hier ständige Erneuerung und kontinuierliche Wiederholung des Produktionsprozesses bei fast gleichbleibender Menge angewandter Produktivkraft, sehr geringer Zunahme des Volumens der Erzeugung und absolutem Rückgang des Verbrauchs von Naturressourcen. Zu ihren Eigenschaften in Ergänzung zu den oben erwähnten Merkmalen der solidarischen Gesellschaft gehören: Ausbau öffentlicher bedürfnisorientierter Beschäftigung auf den Gebieten Gesundheit, Bildung und Erziehung, Forschung, Umweltpflege.Verstärkter Einsatz menschlicher Arbeit zur

Erhaltung der Natur anstelle komplizierter Hochtechnologien mit einem enormen Rucksack von Naturresourcen. Deglobalisierung und Regionalisierung der wirtschaftlichen Kreisläufe. Demokratisierung in der Wirtschaft durch erweiterte Partizipation der Belegschaften in den Unternehmen und verstärkte Partizipation der Bürger bei Planungsentscheidungen. Ausbau und Begünstigung des öffentlichen Transports auf der Schiene und allseitige Förderung öffentlicher statt privater Mobilität. Rigorose Einschränkung der Verschwendung von Naturressourcen durch Werbung, Verpackungswirtschaft und extrem niedrige Abschreibungszeiten. Erhöhung der Arbeitshaltigkeit des Stoffstroms. Bewertung technologischer Innovationen nicht wie bisher vor allem nach Renditeerwartungen, sondern nach strengen sozial-ökologischen Kriterien. Entschiedene Auseinandersetzung mit dem trotz Krise weiterwirkenden Neoliberalismus im öffentlichen Diskurs, insbesondere dem Wachstumsfetischismus der Wirtschaftspolitik. Durchsetzung gesetzlicher Maßnahmen gegen weitere Verarmung von Bevölkerungsschichten; so verhindern zum Beispiel Mindestlöhne, dass das Kapital die Mehrwertrate sogar bei sehr niedrigem Wachstum des Produktionsvolumens erhöhen kann. Ausarbeitung neuer volkswirtschaftlicher Konzepte zur Durchsetzung von ÖSER.

Kapitalismus oder Sozialismus chinesischer Eigenart ?
Bei der Suche eines tragfähigen gesellschaftlichen Entwicklungspfads nach der Krise wenden sich nicht wenige Praktiker und Theoretiker nach China. Das volkreichste Land der Erde hat seit 1978 die Balance zwischen zentraler Makroplanung und dezentraler Marktwirtschaft praktiziert mit einem durchschnittlichen Wachstum des BIP in 20 Jahren von 12 Prozent p.a., was freilich aus dem Blickwinkel der Naturressourcen hinterfragt werden muss. Heute kritisieren Beobachter den Wachstumsfetischismus der führenden Kräfte des Landes. Vorbildlich ist der außerordentliche Fortschritt des Bildungswesens mit 165 000 Absolventen von Universitäten und Hochschulen 1980 und 4,5 Millionen Absolventen im Jahre 2008. Im ganzen Land gibt es eine 9jährige kostenlose Schulpflicht für jeden Schüler an seinem Heimatort. 1982 konnten 65 Prozent der Chinesen lesen und schreiben, 2008 waren es 91 Prozent. Eine Million Chinesen hat seit 1979 in 100 anderen Ländern studiert, davon sind 300 000 zurückgekehrt. Mehr als eine Million Studenten aus 188 Ländern haben an 544 chinesischen Universitäten und Hochschulen studiert. (*Naisbitt*, S. 21 f). Im gegenwärtigen China wächst aber auch die Arbeitslosigkeit von gut ausgebildeten Absolventen.

China hat immer stärker die Instrumente des modernen Kapitalismus genutzt, zugleich auch die strategische Planung und langfristige volkswirtschaftliche Einordnung ohne die Quartalsplanverengung der westlichen Großunternehmen. Zu dieser Strategie gehört auch die wirtschaftliche Kooperation mit den Ländern Afrikas, des ärmsten Kontinents. Im Jahre 2007 hatte China dort 7 Mrd. US-$ zur Verbesserung der Infrastruktur (Straßen, Kanäle, Kraftwerke, Eisenbahnen) investiert. China hilft Afrika mit begünstigten Krediten, Schuldentilgung, Öffnung des chinesischen Marktes für afrikanische Produkte, Einrichtung von Handels- und Wirtschaftszonen. Dagegen hat die G8 im Jahre 2005 Afrika eine Wirtschaftshilfe von 25 Mrd. US-$ versprochen, bis 2008 aber nur 3,5 Mrd. US-$ realisiert. In die afrikanischen Ölfelder haben westliche Großunternehmen 168 Mrd. US-$ investiert, China aber nur 10 Mrd. US-$. (AaO. S. 207). Die Chinesen konnten mit ihrer Planwirtschaft eine stabile Konjunkturentwicklung auch während der globalen Megakrise durchsetzen. China wird mit einem Wirtschaftswachstum von 8,7 Prozent im Jahr 2009 bei stabilen Preisen wahrscheinlich 2010 Japan überholen und damit zur Nummer Zwei der Weltwirtschaft aufsteigen. Die Exportabhängigkeit des Landes ist geringer geworden, weil die Binnennachfrage im Ergebnis des zweijährigen Konjunkturprogramms Ende 2008 von 465 Mrd. Euro und der zusätzlichen Kredite im Umfang von 950 Mrd. Euro angekurbelt wurde. Geldmenge und Kreditvergabe werden staatlich geregelt und gelenkt, begrenzt und kontrolliert. Chinas Devisenbestand im Juni 2010 betrug 2,45 Bill. $ oder 1,91 Bill. €., seine Sparquote des Volkseinkommens beträgt 20 Prozent.

Die führenden Medien des Westens verweisen unisono immer wieder auf die Demokratiedefizite Chinas. Sie gehen dabei von ihrem Verständnis der Demokratie als politisches Prinzip der freien Wahlen und freien Meinungsäußerung in der kapitalistischen Gesellschaft aus. Man muss aber bei einem anspruchsvollen historischen Vergleich der Länder und ihrer Ordnungen Demokratie umfassender als praktischen gesellschaftlichen Prozess und soziale Aufgabe verstehen. Die Freiheit des Individuums war bereits an der Wiege der Demokratie im klassischen Griechenland ausgeschlossen für Sklaven und Metöken, in der Neuzeit ist sie es für Arme und die modernen Metöken. Der bürgerliche Liberalismus des 18. und 19. Jahrhunderts mit Leuten wie *Mandeville, Bentham, Townsend, Malthus, J. St. Mill* entwickelte das individualistische Prinzip des Kapitalismus der freien Konkurrenz. Soziale Armengesetze stiften die Armen zur Faulheit an, war das Credo dieser Gruppe. Man müsse einfach den Gesetzen des Handels und der Plusmacherei ihren Lauf lassen. Am Ende des 20. Jahrhunderts wurden in den Industrieländern die bescheidenen Anfänge wirtschaftlicher Mitbestimmung der Belegschaften abgebaut. In der kapitalistischen Wirtschaft hatte die Demokratie nichts zu suchen.

Das chinesische Denken ist von altersher anders gepolt als in den westlichen Demokratien. Schon im ältesten „Buch der Urkunden" aus der ersten Hälfte des ersten Jahrtausends v. Chr. heißt es: „ So sind miteinander verbunden – Oben und Unten. – Denket in Ehrfurcht daran – Ihr Herren des Landes." (*Schwarz*, S. 85) Für die Beziehungen zwischen den Menschen, zwischen Volk und Regierung wird im Buch ein Allumfassender Plan in neun Satzungen entwickelt, der viele heute noch gültige Wahrheiten enthält. (A.a.O. S. 85 ff.) Nach altchinesischer Überlieferung steht wie bei den Ägyptern am Anfang nicht das Chaos („ Die Erde war wüst und leer" 1. Buch Mose), sondern die Ordnung. Nach *Konfuzius* (551 – 479 v. u. Z.) ist nur Ordnung imstande, wahre Freiheit zu gewährleisten, Regeln bestimmen den Bewegungsspielraum. „ Herrscht Ordnung im Staat, dann tu dich hervor, andernfalls halte dich zurück". (Gespräche, VIII, 13). Die US-amerikanische Staatsaversion als Ablehnung der sozialen Verantwortlichkeit des staatlichen Gemeinwesens seit mehr als 150 Jahren ist dieser Einstellung genau entgegengesetzt. Die Manipulation des Staates durch die Macht der Interessengruppen des Großkapitals und den Lobbyismus sowie die unproduktiven politischen Schaukämpfe rivalisierender Parteien können durch die Stimmabgabe nicht verhindert werden.

China war vor der kommunistischen Machtübernahme 1951 bettelarm. Die Wiederherstellung von Ordnung und Frieden war für das Volk Restauration des Gleichgewichts, eines chinesischen Ideals. Ein westlicher Chinakenner, Londoner Times-Korrespondent sagte damals voraus, dass es den Sozialismus im 21. Jahrhundert noch geben wird, weil er dort als nationale Ideologie überleben wird. Unter *Maos* Regime stieg von 1949 bis 1976 die durchschnittliche Lebenserwartung von 35 auf 68 Jahre und die Bevölkerung von 540 Millionen auf 950 Millonen. Aber seine Politik führte mit dem „Großen Sprung" 1958 und 1966 mit der Kulturrevolution, die eigentlich eine Anti-Kulturrevolution war, in ein Chaos. *Mao* versuchte in den 60er Jahren zeitweise die totale Selbstverleugnung des Individuums und die völlige Kollektivität durchzusetzen, was den Ideen von *Marx* ebenso wie dem klugen und niemals einseitigen alten chinesischen Denken entschieden widersprach. Schon die alten Chinesen im 4. Jahrhundert v. Chr. kannten die Dialektik von Wendepunkten, zu denen es hieß: „Eh' das Äußerste erreicht ist, kehrt sich nichts ins Gegenteil." (Liä Dsi, S. 92).

Nach 1978 wurde von *Deng Xiaoping, Jiang Zemin* und *Hu Jintao* ein gesellschaftliches Reformprogramm in Gang gesetzt, dessen Grundsätze den realen Bedürfnissen des Landes und zugleich der uralten Botschaft der chinesischen Kultur entsprachen. Erstens war das der ständige gegenseitige Austausch von Erfahrungen, Ideen und Iniativen zwischen Oben und Unten. Das wird bis heute systematisch praktiziert. So werden die kommunalen Haushalte vor Ort mit den Bürgern diskutiert. Nicht die Wählerquoten entscheiden, sondern die Qualität der Taten der Gewählten. Im Zentrum steht das Volk und nicht die jeweilige Wählergruppe. Man kann von einer Oben-Unten-Gegenseitigkeitsdemokratie sprechen. Das Einparteiensystem garantiert nach Meinung der führenden Kräfte und der Mehrheit des Volkes die Kontinuität der gesellschaftlichen Entwicklung und das Festlegen und die Realisierung strategischer Ziele. China will weder ein Mehrparteiensystem noch eine Trennung von Legislative (Volkskongress) und Rechtsprechung, also die Gewaltenteilung der westlichen Länder einführen. Es gibt kein Parteiengezänk und keine Wahlversprechen, die dann nicht eingelöst werden. Die Parteichefs in den Städten und Gemeinden werden seit 2000 zunehmend vom Volk direkt gewählt wie die Kandidaten des Volkskongresses. Die Volkskongressmitglieder wählen die Regierung und bewilligen Budgets und Gesetze. Die Legitimation führender Politiker erwächst aus der Erreichung gesetzter strategischer Ziele. Die Satzung der KP Chinas geht davon aus, dass sich China im Anfangsstadium des Sozialismus befindet.

Zweitens dominiert politisch wie ökonomisch die sogenannte Supraplanung, das heißt die strategische Langzeitplanung, die zugleich einen Rahmen bildet für die Kommunikation zwischen Regierung und Volk. Im Jahre 2011 beginnt der 12. Fünfjahrplan Chinas. Seit 1955 gibt der Fünfjahrplan die zentralstaatlichen politischen und wirtschaftlichen Orientierungen. Ein wichtiges Moment ist dabei die Dezentralisierung und das Schaffen von Freiräumen an der Basis für das private Unternehmen. Gesetze, Vorschriften und Projekte werden in Versuchszonen vor Ort getestet. Seit Jahren wurde in der Provinz Shaanxi mit der Hauptstadt Xi'an ein Online-Projekt durchgeführt, mit dem 60 000 Vorschläge zum Wohnen, Lebensunterhalt, Bildung, medizinischer Versorgung, Verkehr, usw. erfasst wurden. Im März 2009 erhielten die Provinzen größere Vollmachten, zum Beispiel können sie ausländische Investanträge bis zu 100 Mio. US-$ direkt genehmigen. Die Versuchs - Irrtumsmethode wird in China breit in vielen Gebieten wie Prüfung von Rechtsnormen, Bildungsmodellen, Institutionen und Kulturprojekten angewendet. Nach dem Großen Strategischen Plan von 1978 sollte das chinesische BIP 1980 bis 2000 in jeweils 10 Jahren um das Doppelte erhöht werden, erreicht wurde von 1980 bis 1990 von 251,4 Mrd. US-$ auf 795,6 Mrd. US-$ und schließlich bis 2000 auf 2371,80 US-$, also um das 9,4 fache in 20 Jahren. Zur Zeit der Asiatischen Finanzkrise 1997 – 1998 verloren die Währungen Thailands, Malaysias, der Philippinen und Indonesiens in vier Monaten fast 50 Prozent ihres Wertes, Südkorea sogar in zwei Monaten mit gravierenden Einbrüchen in der Realwirtschaft. China blieb ebenso wie Indien verschont, weil beide Länder im Unterschied zu den Krisenländern Kapitalverkehrskontrollen, also eine nationalstaatliche Ordnung des Finanzbetriebs hatten. Das Volkseinkommen in den Entwicklungsländern mit liberalisieren Märkten ging zurück, während es in Indien und vor allem in China weiter wuchs. Die chinesische Regierung bedachte bei ihren wirtschaftspolitischen Entscheidungen immer den Zusammenhang zwischen makroökonomischer Stabilität und Mikroökonomie.

Das schnelle Wachstum hatte zu einem hohen Bedarf an Infrastruktur geführt, der nun durch öffentliche Investitionen besser befriedigt wurde. Aber das schnelle Wachstum des privaten und des staatlichen Sektors hatte auch Schattenseiten. Chinesische Flüsse sind teilweise stark vergiftet und das in einem Land mit Wassermangel. In verschiedenen Orten kam es zu vermehrten Krebsfällen und Rückgang der Geburten. Staatliche Mittel für den Umweltschutz landeten teilweise bei korrupten Bürokraten. 1978 lebten 172 Millionen in Städten, 2008 waren es 577 Millionen. Fabriken und Handelsunernehmen dominieren in den neuen Riesenstädten, es gibt keine Büchereien, keine Tempel oder Kirchen, keine Bürger- oder Sportvereine.

Drittens ist ganzheitliches oder organisches Denken eine chinesische Tradition, die dem weithin diskonnektiven westlichen Denken des Spezialistentums seit dem mechanistischen

Determinismus von *Descartes* von jeher entgegensteht. Das Buch der Wandlungen oder I Ging hat den Gedanken der gegenseitigen Verflechtung der Prozesse oder der universellen Wechselwirkung anstelle von Einbahnkausalität überliefert. Das gilt auch für die Beziehung des aktiven und passiven Prinzips, des Yang und Yin. Im Buch heißt es: „Das Wissen von den Wandlungen stimmt überein mit dem Wesen des Himmels und der Erde. ... Der Weise sucht nach der Dinge Anfang und, sich rückwendend, nach ihrem Ende. ... Hitze und Kälte treiben einander an, und so entsteht der Ablauf der Jahreszeiten." (*Schwarz*, S. 96). Die beiden Hauptkomponenten des organischen Konzepts sind Ordnung und Struktur. Der Bericht der Gulbenkian-Kommission vom Fernand Braudel Center der USA zur Neustrukturierung der Sozialwissenschaften von 1996 kritisierte die technokratische Rationalität und borniterte hermetische Sprache der Experten der westlichen Länder und plädierte für Universalismus und bessere Mehrsprachigkeit unter den Wissenschaftlern. Schon *Leibniz* strebte nach seiner Nürnberger Zeit 1666 nach einer Universalsprache, erkannte die Einheit der Welt und besann sich auf die qualitative Erkenntnismethode, das Assoziative oder Gestalthafte. Zum ganzheitlichen oder auch assoziativen Denken Chinas gehört die Abneigung gegen jede Form von Einseitigkeit und Extrem. Dem Entweder – Oder wird das Sowohl – als – auch vorgezogen. Der Einklang von Mensch, Gesellschaft und Natur und sein Wandel im Mythos ist seit *Lao-Tse* (604 – 523 v. u. Z.) philosophisches und praktisches Credo. Im Buch *Dschuang Dse* (um 370 – 280 v. u. Z.) heißt es: „Alles in der Welt sinkt und schwebt, und nie behält es von Anfang bis zu Ende sein altes Selbst. Die Wirkkraft des männlichen und weiblichen Prinzips – des Yin und Yang – und die Vier Jahreszeiten – alle folgen sie in der Ordnung ihrer Bewegungen dieser wandelnden Kraft." (*Schwarz*, S. 198). Es entsteht aber die Frage, in welchem Maße die traditionsreiche chinesische Kultur lebendig bleiben kann gegen den Druck der westlichen Konsumgesellschaft, die Anfang der dreißiger Jahre durch die Einführung der Supermärkte mit Kassenfließband nach Fords Vorbild in den USA begann. Besonders bei der jüngeren Generation Chinas wächst die Waren- und Geldförmigkeit des Denkstils wie im Realkapitalismus des Westens. Das Auto ist zum großen nachahmenden Wohlstandssymbol vieler junger Chinesen geworden. Der gigantische Automarkt boomt.

Viertens gehört zum chinesischen Reformprozess die Befreiung des Denkens der Menschen von Parteidogmatik und Indoktrination. Schon bei *Lao-Tse* heißt es: „Ist eine Lehre zur Satzung erstarrt, hat sie geendet."(76.Spruch, S. 82). China hat seinerzeit Marxsche Ideen den eigenen Traditionen und praktischen Erfordernissen angepasst, statt sie als unabänderliche Doktrin zu behandeln. Das Lieblingsmotto von Marx „De omnibus dubitandum – An allem ist zu zweifeln" entspricht einer altchinesischen Zen-Geschichte, in der es heißt: „Aus einem immerwährenden Fragen und Zweifeln erwächst die rechte und froh gestimmte Anteilnahme des Lernenden." Die Chinesen sind lernbereit, lernfähig und lernaktiv. Erst mit der Wissensaneignung in Praxis und Theorie sowie der eigenen Begabung steht man über den Dingen. Im I Ging heißt es dazu: „Wer über den Dingen steht, der bringt sie zur Vollendung." (S. 624). Noch gibt es Barrieren im Bildungssystem, so erhalten Chinesen seit 50 Jahren freie Schulbildung, aber nur an ihrem Heimatort, wo die öffentliche Kostenübernahme anhand eines lokalen persönlichen Ausweises erfolgt. Daher bleiben die Kinder von Wanderarbeitern bei ihren Großeltern in der ländlichen Heimat und dort liegt das Niveau der Schulbildung unter dem der Städte. Die Ausstattung und das Niveau vieler Dorfschulen sind noch sehr niedrig. Manchmal werden in einer Schule etwa 200 Kinder in vier Klassen unterrichtet.

In der neuen Zeit haben sich Information und Kommunikation in dem großen Land rasant entwickelt. Hatte China 1979 noch eine Buchproduktion von etwa 1000 Buchtiteln pro Jahr, so waren es 2008 bereits 750 000. Hinzu kommen mehr als sechs Milliarden (!) Zeitungen und Magazine. Im gleichen Jahr wurden 45 Millionen illegale Publikationen, darunter 1,6 Millionen pornografische Schriften konfisziert. China hatte 2009 mehr als 300

Millionen Internetbenutzer. Wir wissen aus unseren westlichen Erfahrungen, wie sehr die Massenmedien das Denken und Fühlen der Menschen einseitig konditionieren können, weitaus wirksamer als parteipolitische Vergatterung und Tunneldenken in der Zeit des bürokratischen Staatssozialismus. Es gibt noch eine andere ganz wesentliche Seite der Emanzipation in China, die man vergleichen kann mit einer wichtigen Facette der europäischen Aufklärung des 17. bis 19. Jahrhunderts. Das ist die gesellschaftliche, wirtschaftliche und wissenschaftliche Öffnung für einen gewaltigen Schub von Initiativen und Unternehmungsgeist in allen Lebensbereichen. In China wurde das durch Entbürokratisierung und Förderung der Privatinitiative erreicht. Das ist jedoch ein sehr widerspruchsvoller Prozess, der mit dem euphemistischen offiziellen Label Modernisierung nicht deutlich gemacht wird. Zu den Kehrseiten gehören Menschenhandel mit Arbeitssklaven von Unternehmen, die von korrupten Polizisten gedeckt werden. Bauern hatten im neuen China Land erhalten. In einem Bauboom an der Ostküste wurden sie wieder enteignet. Die Flächen wurden mit Schutt und Steinen beladen und damit entwertet, so dass sie nur für einen Pappenstiel aufgekauft werden konnten. Den Bauern wird von den Behörden oft nicht geholfen. Es gibt viele Kinderarbeit und sogar Fälle von Kindersklaven in Ziegeleien. Viele Kommunen stützen sich auf Immobiliengeschäfte, Verkäufe von Ackerland an Investoren im Bauboom an der Ostküste. Alle fünf Jahre werden die lokalen Politiker durch die Partei ausgetauscht, die daher oft nicht an langfristiger Führungsstrategie, sondern an persönlicher Bereicherung interessiert sind.

Fünftens verbinden die Chinesen von altersher individuelle Begabung mit kollektiver Weisheit, das heißt Bereitwilligkeit, mit anderen zu Rate zu gehen. *Konfuzius* wurde gefragt: „Gibt es ein Wort, das ein ganzes Leben als Richtschnur des Handelns dienen kann ?" Der Meister sprach: „Ist Gegenseitigkeit nicht solch ein Wort ?" (Gespräche XV, 24). Im Taoteking wird von „Urtiefer Gemeinsamkeit" gesprochen, sie sei das Edelste in der Welt. (Kap. 56, S. 112). Die frühen Taoisten verdammten das Wissen, das dem Individuum Macht über andere verleiht, es aus der Gemeinschaft herauslöst und zum Herrscher über Natur und Mitmenschen erhebt. Auch die modernen Chinesen sehen sich als Teil der Familie, der Gemeinschaft, der Nation. Die Ehen sind jedoch wie in Europa nicht mehr so stabil wie früher. Die Qualität der Beziehung zu Mitmenschen entscheidet, ist kollektives Denken im positiven Sinne des Wortes. Aber wird sich das halten können, wenn der Mammon immer mehr regiert, sichtbar an den exklusiven Wohnvierteln der Prominenten und Reichen am Rande der Städte.

Das kluge Erkennen durch Studium der Praxis, vernünftiges Planen und professionelle Pflichtausübung sind ebenso wie ausgewogene Anreize zur Förderung von Initiative, Respekt gegenüber den Lehrern und Vorbildern chinesische Erfolgsrezepte. Im Allumfassenden Plan des Buchs der Urkunden heißt es: „*Die Neunte Satzung* – Ermuntere das Volk mit den Fünf Glücksgütern". (Schwarz, S. 88). Positive Maßnahmen der Gegenwart sind ein neues Arbeitsvertragsgesetz zugunsten der Rechte der Arbeiter, Einführung einer Grundversorgung, gewerkschaftliche Unterstützung der Wanderarbeiter, Vorbereitung eines weiterentwickelten Sozialversicherungssystems und eine geplante Reform des Gesundheitswesens.

Chinas bedeutende Leistungen in Wissenschaft und Technik bereits im Altertum wurden von *Joseph Needham* in Jahrzehnten bis zur Publikation 1954 – 1980 erforscht und im modernen China durch eigene Arbeiten ergänzt. *John* und *Doris Naisbitt* berichten, dass heute 60 Prozent von Chinas Technologien auf den Gebieten Atomenergie, Weltraumtechnik, Flugzeugbau, Hochenergiephysik, Baumaschinen, Biowissenschaft, Automobilproduktion, Computer, Informationstechnik und Robotik zum Standard des Westens unmittelbar oder beinahe aufgeschlossen haben. (S. 263 ff.).

Es gibt auch wirtschaftspolitische Schwierigkeiten im heutigen China. In der Zeit der Krise hat China Ende 2008 ein großes Konjunkturprogramm aufgelegt, das über die Notenbank mit niedrigen Zinsen auch an die private Wirtschaft weitergegeben wurde. Das förderte mancherorts auch Überkapazitäten und ein Teil des billigen Geldes floss an die Börsen in Shenzen und Shanghai mit Begünstigung der Immobilienspekulation. Weitere Probleme sind das Ungleichgewicht von Stadt und Land, der enorme Verbrauch von Naturressourcen, die Arbeitslosigkeit auf dem Lande und die wachsende Kluft der Einkommensverteilung. Beim Bau eines gigantischen Stauprojekts am Mekong mussten Dörfer und viele Bauernfamilien umgesiedelt werden, die Friedhöfe wurden dem steigenden Wasser freigegeben, ein schlimmer Schlag gegen die Bestattungs- und Erinnerungskultur des Volkes. Die betroffenen Bürger wurden ungenügend entschädigt und kämpfen um einen gerechteren Ausgleich.

Die Kehrseite des Wirtschaftsbooms Chinas im ersten Jahrzehnt des 21. Jahrhunderts ist das schnell wachsende Sozialgefälle. Die reichsten zehn Prozent der Bevölkerung verfügten 2007 über 40 Prozent des privaten Einkommens, während das ärmste Zehntel nur über 2 Prozent des Einkommens verfügte. Es gab bereits 108 Dollar-Milliardäre und 1,5 Millionen Chinesen verdienten pro Jahr mehr als 50 000 Dollar, konnten sich internationale Luxusgüter leisten, erwarben Immobilien im Ausland und schickten ihre Kinder zur Ausbildung in westliche Länder. Staats- und Parteichef *Hu Jintao* hat 2002 eine Politik des sozialen Ausgleichs eingeführt, deren Ergebnisse ein schnelleres Wachstum des Einkommens der ländlichen Bevölkerung und eine Reform des Gesundheitswesens mit Begrenzung der Medikamentenpreise war. Die Arbeiter Chinas in den Unternehmen protestierten 2009 und 2010 erfolgreich gegen die niedrigen Mindestlöhne und schlechten Arbeitsbedingungen mit Streiks und sogar mit einer Reihe von Selbstmorden. In 30 Provinzen und Städten soll nun der monatliche Stundenlohn erhöht werden, in Peking ab 1. Juli um 20 % auf 960 Yuan (etwa 115 Euro). Den höchsten gesetzlichen Mindestlohn hat die Stadt Shanghai mit 1120 Yuan (etwa 134 Euro). Mit seinen Überstunden kommt ein Fabrikarbeiter auf 60 Stunden. Damit verdient er zwischen 1000 und 1900 Yuan (etwa 120 bis 228 Euro). Die chinesische Industriearbeiterschaft ist von 120 Millionen im Jahre 1980 auf über 400 Millionen 2009 gestiegen.

Die bekannten amerikanischen Trendforscher und Chinakenner *John* und *Doris Naisbitt* betrachten in ihrem Buch „Chinas Megatrends" China als Kandidat für eine Führungsrolle in der Weltgemeinschaft, da es schon gegenwärtig wirtschaftlich nach USA und Japan den dritten Platz belegt. Es hat nicht nur große Schritte in Politik und Wirtschaft gemacht, sein kultureller, künstlerischer, geistiger Fortschritt wird weltweit bewundert. Sie kamen zu dem Schluss, dass China auch bei auftretenden Turbulenzen seine Transformation in ein neues Gesellschaftsmodell mit Verbindung von Freiheit und Gerechtigkeit fortsetzen wird. Mögen sie recht behalten und möge es kein Kapitalismus in den Farben Chinas sein.

Paradigmen des Zeitenwechsels

Der hyperbolische Aufstieg des Geldkapitals führte 2007 in die Megakrise. Seit drei Jahrzehnten war das leitende Paradigma der Neoliberalismus. Dieses Paradigma ist ein Denkmuster des politisch-ökonomischen Weltbilds, das die Weltsicht der Periode prägte. Die soziale Ganzheit der Gerechtigkeit und des Ausgleichs war niemals im Zielkreuz dieser herrschenden Denk- und Veraltensweise. Man ist erinnert an den weisen *Solon,* von dem überliefert ist: Wenn jeder fuchsschlau für die eigenen Ziele, so sind die Menschen als Ganzes für das Ganze blind." (Preisendanz). Es gibt keine Anzeichen für eine Verabschiedung der neoliberalen Weltsicht oder ein Aufhalten ihrer Expansion durch die verantwortlichen Politiker, Manager, Akademiker und der breiten Schicht ihrer Zuarbeiter und Helfer.

Paradigmenwechsel wäre die Grundlage für einen Zeitenwechsel in der Wirtschafts- und Sozialgeschichte. Wir befinden uns jetzt aber in einer Phase, in der es wie im Paragraphen 1 in der Mecklenburger Verfassung heißt: „Alls blibt bim Ollen". Daran ändern auch die vielfältigen propagierten Halbheiten von Teilkorrekturen nichts, die sich meist später als Flop erweisen und schnell vergessen werden. Zur Unansprechbarkeit der Oberschicht, wenn es um Fragen des gesellschaftlichen Wandels geht, schrieb *Mario Erdheim* : „Dabei spielt nicht nur ihr – durchaus nachvollziehbarer – Wille mit, an den Grundlagen ihrer Macht nicht rütteln zu lassen, sondern auch eine Transformation der Realität, die, wie eine narzisstische Fata Morgana die sozialen Veränderungen gar nicht sehen lässt". (Erdheim, S. 392). Selbstgefälligkeit und Sebstherrlichkeit der Mächtigen sind verbunden mit der Beharrungskonstanz der Denk- und Verhaltensweise. Die Oberschicht hat in der neoliberalen Zeit bis heute normativ abgerüstet, das heißt im institutionellen Netz alles beseitigt, was der Profitmaximierung abträglich ist.

Zu den wirkungsmächtigen Veränderungen der Periode gehören der Zerfall des europäischen Staatssozialismus, die sich verstärkenden regionalen Katastrophen bis zum Ölförderdesaster im Golf von Mexiko und die weitere Zerstörung der globalen natürlichen Kreisläufe, das Wachstum der Weltarmut bei Expansion der privaten Supervermögen, die Verschärfung des Nord-Süd-Gegensatzes, die Wiederkehr von Hegemonialkriegen als „Krieg gegen den Terrorismus", der dramatische Einbruch des gesellschaftlichen Systems der Arbeit und der Ausbau des Bildungsprivilegs der wohlhabenden Schichten.

Vor fast drei Jahrzehnten verkündete der damalige sächsische Ministerpräsident *Kurt Biedenkopf,* das vergehende 20. Jahrhundert sei die Zeit der sozialen Frage gewesen, die nun bald gelöst sei und im kommenden 21. Jahrhundert dominiere die Umweltfrage. Er ignorierte gerade jene wesentliche Interdependenz zwischen der Menschheit und ihrem globalen natürlichen Habitat, die zur aktiven Verbindung zwischen dem ökologischen, biotechnologischen Programm und der Neuordnung der gesellschaftlichen Arbeit sowie der Evolution des Humanpotentials zwingt. Die großen Innovationsperioden seit der Industriellen Revolution zeigen, dass die neuen technologischen Produktivkräfte stete nur mit einem verbesserten oder neuen institutionellen Netz positive sozialökonomische Wirkungen entfalten konnten. So zum Beispiel die elektrotechnische Revolution ab 1890 mit Ausbreitung von Großunternehmen, Bankenkonzentration, Staatsregulation, Staatseigentum öffentlicher Dienstleistungen, Gesetze gegen unlauteren Wettbewerb, Kartellgesetze gegen Missbrauch wirtschaftlicher Machtstellungen. Wirtschaftswachstum ermöglichte später soziale Marktwirtschaft. Ganz anders ist es nun in der informationstechnischen Revolution der Gegenwart sei 1990 mit dem Pendant der Deregulierung der Finanzmärkte, des Abbaus des Sozialstaats, des Verzichts auf Entflechtungspolitik etc. Gerade die großen Potenzen von Computertechnologie, Netzverbindungen und Internet dienten dem Siegeszug der Globalisierung des Finanzkapitals mit seinen Folgen.

Wenn ein neues Paradigma den Neoliberalismus ablösen soll, muss nicht an erster Stelle die neue Umwelttechnologie stehen, sondern die gesellschaftliche Arbeit. Dazu gehören der Ausbau des öffentlichen Beschäftigungssektors, neue flexible Arbeitszeitmodelle zur Gestaltung der Lebensarbeitszeit, humane Arbeitgestaltung, Zurückdrängung prekärer Arbeitsverhältnisse, Erhaltung und Ausbau der Mitbestimmung, öffentlich garantiertes System der Weiterbildung, soziales Grundeinkommen, Abbau von Überstunden, Bildungskarenz, Verringerung der Ungleichheit in der Einkommens- und Vermögensverteilung. Langfristige Strategien statt schnelles Geld sind freilich erst dann durchsetzbar, wenn sich das Kräfteverhältnis der sozialen Klassen und Gruppen zugunsten der Arbeit verändert.

Kopplungen und Rückkopplungen von Messgrößen in den Regelkreisen des Finanzkapitals, Staatshaushalts, Realkapitals, der Produktion, der Wertschöpfung, des Sozialen und des Verbrauchs von Naturressoursen

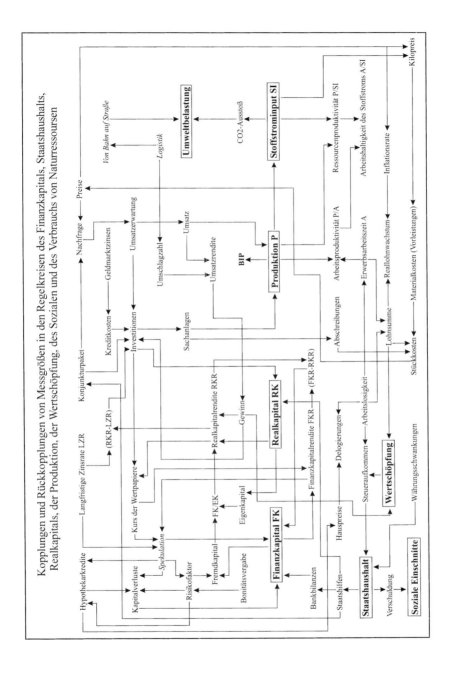

Literatur

Arendt, Hannah: Vita Activa oder Vom tätigen Leben. (The Human Condition 1958)
  Piper München Zürich 1992
Aristoteles: Politik. Verlag von Felix Meiner
  Leipzig 1948

Ball, Philip: critical mass, how one thing leads to another. arrow books. The Random
  House Group. London 2004
Behrens, Fritz: Grundriss der Geschichte der Politischen Ökonomie. Bd. IV
  Akademie-Verlag Berlin 1981
Benjamin, Walter: Über den Begriff der Geschichte. In: Walter Benjamin: Gesammelte Schriften,
  Bd. 1, 2. Suhrkamp Frankfurt am Main 1974
Bischoff, Joachim: Globale Finanzkrise. Über Vermögensblasen, Realökonomie und die
  „neue Fesselung" des Kapitals. VSA: Verlag Hamburg in Kooperation mit der
  Rosa-Luxemburg-Stiftung Hamburg 2008
Boyer, Robert: Technical change and the theory of >Regulation<. In : Technical Change and
  Economic Theory. Pinter Publishers, London and New York 1988
Brecht, Bertolt: Werke in fünf Bänden. Band 5 Schriften. Aufbau Verlag.
  Berlin und Weimar 1973
Buchholz, Erich: Totalliquidierung in zwei Akten. Juristische Annexion der DDR.
  Kai Homilius Verlag Berlin 2009

Claussen, Carsten P.; Hübl, Lothar; Schneider, Hans-Peter (Hrsg.): Zweihundert Jahre
  Geld und Brief. Fritz Knapp Verlag Frankfurt a. M. 1987
Chomsky, Noam: Profit over People.
  Piper München 2006
Commerzbank seit 125 Jahren. Die Bank, Dienstleister im Wandel.
  Fritz Knapp Verlag. Frankfurt am Main 1995

Dahn, Daniela: Wehe dem Sieger. Ohne Osten kein Westen
  Rowohlt Reinbek bei Hamburg 2009
Degler, Carl N.: The Age of the Economic Revolution 1876-1900
  Scott, Foresman and Company. Glenview Illinois o. J.

Edelmüller, Wolfgang: Gegen die Rettung des Paradigmas vor der Wirklichkeit. Plädoyer für eine
  ökonomische Fundierung der Wirtschaftspolitik. In: Bammé, Arno et al.: Der kalte Blick der
  Ökonomie. 30 Gespräche. Bd. I Metropolis Verlag Marburg 2009
Erdheim, Mario: Die gesellschaftliche Produktion von Unbewußtheit. Eine Einführung in den
  ethnopsychoanalytischen Ptozeß. Suhrkamp Taschenbuch Frankfurt a. M. 1988
Eucken, Walter: Grundsätze der Wirtschaftspolitik. 1952
  J. C. B. Mohr UTB (Paul Siebeck) Tübingen 1990

Feldman, Grigori A.: Zur Wachstumstheorie des Nationaleinkommens. (1928) Übersetzung von
  Ottomar Kratsch. Akademie-Verlag Berlin 1969
Ferguson, Niall: Der Aufstieg des Geldes. Die Währung der Geschichte. (USA 2008)
  Econ Ullstein Buchverlage GmbH Berlin 2009
Fleissner, Peter: Kommodifizierung, Information und Wirtschaftswachstum.
  Online verfügbar http// igw.tuwien.ac.at/peterf 2008
Fleissner, Peter; Wanek, Natascha (Hrsg.): Bruchstücke. Kritische Ansätze zu Politik und Ökonomie im
  globalisierten Kapitalismus. trafo Verlagsgruppe 2009
Foner, Philip S.: Mark Twain. Social Critic. International Publishers. Second Edition.
  New York 1966

Greider, William: Annals of Finance. The Price of Money.
  The New Yorker 9., 16., 23. November 1987

Haustein, Heinz-Dieter: Weltchronik des Messens. Universalgeschichte von Maß und Zahl,
    Geld und Gewicht. Walter de Gruyter Berlin New York 2001
Haustein, Heinz-Dieter: Quellen der Meßkunst. Zu Maß und Zahl, Geld und Gewicht.
    Walter de Gruyter Berlin New York 2004
Haustein, Heinz-Dieter: Kulturgeschichte der Formel. Vom Mondkalender der Vorgeschichte bis zur
    Aktienkapitalformel. AVM Martin Meidenbauer Verlagsbuchhandlung München 2009
Haustein, Heinz-Dieter; Neuwirth, Erich: Long Waves in industrial production, energy consumption,
    innovations, inventions, patents and their identification by spectral analysis.
    Technological Forecasting and Social Change 22, 1982
Haustein, Heinz-Dieter; Maier, Harry; Uhlmann, Luitpold: Innovation and Efficiency
    Research Report 81/7 International Institute for Applied Systems Analysis
    Laxenburg Austria 1981
Haustein, Heinz-Dieter: Evolutionskrise, Arbeit und technologische Innovation. In: Wolf-D. Hartmann
    (Hrsg.): Innovationslust contra Veränderungsfrust. Dr. Wilke Verlag Berlin 1997
Haustein, Heinz-Dieter: Karl Marx und evolutorische Ökonomik. In: Warnke, Camilla;
    Huber, Gerhard (Hrsg.): Die ökonomische Theorie von Marx – was bleibt?
    Metropolis Verlag Marburg 1998
Haustein, Heinz-Dieter: Vier Kreisläufe, Ressourcenproduktivität, Kilopreis und Ökopreis.
    Ökonomische Bewertung des MIPS-Konzepts des Wuppertalinstituts. Werkbericht 10.08.1990/2000
    Wuppertal 1995
Haustein, Heinz-Dieter, Maier, Harry: Innovation and Efficiency. Pergamon Press London
    Akademie-Verlag Berlin 1985
Hilferding, Rudolf: Das Finanzkapital. Eine Studie über die jüngste Entwicklung des Kapitalismus. (1909).
    Dietz Verlag Berlin 1955
Hobsbawm, Eric: Das Zeitalter der Extreme. Weltgeschichte des 20. Jahrhunderts.
    Deutscher Taschenbuch Verlag München 1998
Hobsbawm, Eric: Wieviel Geschichte braucht die Zukunft. Carl Hanser Verlag.
    München Wien 1998

Keane, John: The Life and Death of Democracy.
    Simon & Schuster London / New York 2009
Keynes, John Maynard: The General Theory of Employment, Interest and Money. (1936)
    Macmillan Cambridge University Press. 1981
Konfuzius: Gespräche (Lun-Yu). Hrsg. Ralf Moritz
    Philipp Reclam jun. Leipzig 1986
Kuczynski, Jürgen: Propheten der Wirtschaft. Studien zum Problem der Wirtschaftsprognose
    im Kapitalismus. Dietz Verlag Berlin 1970
Kuczynski, Jürgen: Vom Zickzack der Geschichte. Letzte Gedanken zu Wirtschaft und Kultur seit der
    Antike. PapyRossa Verlag Köln 1996
Kurz, Robert: Der Kollaps der Modernisierung. Eichborn
    Frankfurt a. M. 1991

Lehner, Peter Ulrich: Eine kleine Geschichte des Geldes. 18 Fortsetzungsartikel in:
    mitbestimmung, zeitschrift für demokratisierung der arbeitswelt. Wien 2002-2005
Lenin, Wladimir I.: Der Imperialismus als höchstes Stadium des Kapitalismus. In: Lenin Werke Bd. 22
    Dietz Verlag Berlin 1960
Liä Dsi: das wahre Buch vom quellenden Urgrund. Diederichs Gelbe Reihe.
    Eugen Diederichs Verlag Düsseldorf Köln 2. Auflage 1981
Luxemburg, Rosa: Gesammelte Werke Bd. V. Die Akkumulation des Kapitals (1913).
    Dietz Verlag Berlin 1975

Mao Yisheng, Chinesische Akademie der Wissenschaften Hrsg.: Das Wissen der alten Chinesen. 4000 Jahre
    Entdeckungen und Erfindungen Birkhäuser Basel 1989
Marx, Karl: Das Kapital. Kritik der Politischen Ökonomie. Band I-III.
    Dietz Verlag Berlin 1951
Marx, Karl: Die Wirtschaftskrise in Europa. In Marx-Engels-Werke MEW Bd. 12
    Dietz Verlag Berlin 1963
Meadows, Donella H.; Meadows, Dennis L.; Randers, Jørgen: Die neuen Grenzen des Wachstums.
    Deutsche Verlags-Anstalt Stuttgart 1992
Mottek, Hans: Wirtschaftsgeschichte Deutschlands. Band I. bis III. Deutscher Verlag der Wissenschaften.
    Berlin 1968, 1969

Mottek, Hans: Die Krisen und die Entwicklung des Kapitalismus.
  Akademie-Verlag Berlin 1982

Naisbitt, John & Doris: Chinas Megatrends. Die 8 Säulen einer Neuen Gesellschaft.
  Carl Hanser Verlag München 2009
Needham, Joseph: Wissenschaft und Zivilisation in China. Band 1 der von Colin A.
  Roman bearbeiteten Ausgabe Suhrkamp Taschenbuch Verlag Frankfurt 1984
Norden, Albert: Lehren Deutscher Geschichte. Zur politischen Rolle des Finazkapitals und der Junker
  Dietz Verlag Berlin 1947
North, Douglass C.: Theorie des institutionellen Wandels. Eine neue Sicht der Wirtschaftsgeschichte.
  Tübingen 1988

Otte, Max: Der Crash kommt. Die neue Weltwirtschaftskrise und was Sie jetzt tun können.
  Ullstein Berlin 2009

Paulos, John Allen: A Mathematician plays the Stock Market.
  Basic Books, a Subsidiary of Perseus Books L.L.C. New York 2003

Reheis, Fritz: Entschleunigung. Abschied vom Turbokapitalismus.
  Riemann Verlag in der Verlagsgruppe Random House GmbH München 2003
Rifkin, Jeremy: Access. Das Verschwinden des Eigentums. Warum wir weniger besitzen, aber mehr
  ausgeben werden. Campus Verlag Frankfurt / New York 2000
Rügemer, Werner: Privatisierung in Deutschland. Eine Bilanz
  Münster 2008

Samuelson, Paul A.: Economics.
  Mc Graw Hill Inc. 1980
Schmidt-Bleek, Friedrich: Wieviel Umwelt braucht der Mensch? MIPS – Das Maß für ökologisches
  Wirtschaften. Mitarbeiter Rainer Klüting. Birkhäuser Verlag. Berlin Basel Boston 1993
Schumpeter, Joseph A.: Theorie der wirtschaftlichen Entwicklung.
  Berlin 1964
Schumpeter, Joseph A.: Geschichte der ökonomischen Analyse. Bd.1
  Göttingen 1965
Schwarz, Ernst Hrsg.: So sprach der Weise. Chinesisches Gedankengut aus drei Jahrtausenden.
  Rütten und Loening Berlin 1981
Schwarz, Ernst Hrsg.: Laudse (Laotse) – Daudesching (Taoteking)
  Philipp Reclam Leipzig 1970
Seipp, Walter et al.: Die Bank – Dienstleister im Wandel. 125 Jahre Commerzbank
  Fritz Knapp Verlag Frankfurt a. M. 1995
Seligman, Ben B.: Main Currents in Modern Economics. Economic Thought since 1870.
  The Free Press of Glencoe 1963
Simmel, Georg: Philosophie des Geldes. (1901) Suhrkamp Verlag
  Frankfurt am Main 1998
Stewart, James B.: Den of Thieves. Simon & Schuster
  New York 1991
Stiglitz, Joseph: Die Schatten der Globalisierung. Aus dem Englischen von Thorsten Schmidt.
  Siedler Verlag Berlin 2002

Todd, Emmanuel: Weltmacht USA – Ein Nachruf. (2002 Paris)
  Piper Verlag GmbH München 2003
Tucholsky, Kurt: Ausgewählte Werke Band 6 1930 – 1932. Verlag Volk und Welt
  Berlin 1975
Twain, Mark: Querkopf Wilsons Neuer Kalender in: Reise um die Welt. (Following the Equator 1897)
  Aufbau Verlag Berlin und Weimar 1984

Veblen, Thorstein: Theorie der feinen Leute. Eine ökonomische Untersuchung der Institutionen. (1899)
  Fischer Taschenbuch Verlag Frankfurt am Main 1993
Vitols, Sigurt: Diffusing innovations and risks. Why the financial crisis spread to Europe.
  WZB-Mitteilungen 125 September 2009

Wallerstein, Immanuel et al. : Die Sozialwissenschaften öffnen. EIn Bericht der Gulbenkian-Kommission zur Neustrukturierung der Sozialwissenschaften. Campus Verlag Frankfurt / New York 1996

Walther, Dietrich, mit Wolf-D. Hartmann: Green Business – das Milliardengeschäft. Nach den Dot-coms kommen jetzt die Dot-greens. Gabler Wiesbaden 2009

Weltweite Organisationen und Gremien im Bereich von Währung und Wirtschaft. Deutsche Bundesbank Selbstverlag Frankfurt a. M. 1997

Wieczorek, Thomas: Die verblödete Republik. Wie uns Medien, Wirtschaft und Politik für dumm verkaufen. Knaur Taschenbuch München 2009

Yergin, Daniel: Der Preis. Die Jagd nach Öl, Geld und Macht. (1991) Fischer Taschenbuch Verlag GmbH. Frankfurt am Main 1993

Zeyer, René: Bank, Banker, Bankrott. Stories aus der Welt der Abzocker. Orell Füssli Verlag AG Zürich 2009

Namenregister

Sachregister

Pierre-Joseph Proudhon
Handbuch des Börsenspekulanten
Herausgegeben von Gerhard Senft
Mit der Veröffentlichung seiner sozioökonomischen
Schriften wurde Pierre-Joseph Proudhon (1809 –
1865) zu einem Vordenker des französischen Sozialismus und der internationalen Arbeiterbewegung.
Das „Handbuch des Börsenspekulanten" machte
Proudhon darüber hinaus zu einem Impulsgeber
für die moderne Spekulationstheorie und für die
französische Romanliteratur. Die erste umfassende
Auseinandersetzung mit dem Börsengeschehen,
die zugleich den Beginn der Finanzkapitalkritik
anzeigt, erschien zeitgerecht zur ersten großen
Weltwirtschaftskrise 1857. Das historische Doku-
ment wird durch ausführliche Kommentare ergänzt,
die sowohl auf die Geschichte als auch auf die aktuellen Ereignisse im Bereich der Finanzmärkte
Bezug nehmen.
Bd. 8, 2009, 328 S., 24,90 €, br., ISBN 978-3-643-50028-1

Pierre-Joseph Proudhon
**Von der Befähigung arbeitender Menschen
zur Politik**
(De la Capacité politique des Classes ouvrières.) Übersetzt und eingeleitet von Lutz
Roemheld
Die vorliegende Übersetzung will über die Vorstellungen von Pierre-Joseph *Proudhon* (1809 – 1865)
von einer neuen, auf Gegenseitigkeit und Gerechtigkeit (Justice) gegründeten Gesellschaft informieren. Damit verbindet sich die Hoffnung, daß die
„Capacité politique des Classes ouvrières" Anstö-
ße zu Debatten darüber gibt, ob und, wenn ja, in
welchem Maße mit Blick auf eine „sozialpflichtige
Moderne" (Gerhard *Senft*) eine situationsangemes-
sene, theorie- und praxisbezogene Verarbeitung der
in diesem seinem letzten Werk von Proudhon vor-
gelegten Ergebnisse seines i.w.S.d.W. politischen
Denkens möglich ist.
Bd. 29, 2008, 544 S., 19,90 €, br.,
ISBN 978-3-8258-1031-3

LIT Verlag Berlin – Münster – Wien – Zürich – London
Auslieferung Deutschland / Österreich: siehe Impressumsseite

Marktwirtschaft und Ethik
hrsg. von Prof. Dr. h.c. Werner Lachmann,
Ph. D. (Universität Erlangen-Nürnberg)
und Univ.-Prof. Dr. Karl Farmer
(Universität Graz)

Beiträge zur europäischen Stadt- und Regionalforschung
hrsg. von Prof. Dr. Stefan Krätke
(Europa-Universität Viadrina Frankfurt/Oder)

Werner Lachmann; Reinhard Haupt;
Karl Farmer (Hg.)
Die Krise der Weltwirtschaft
Zurück zur Sozialen Marktwirtschaft und die
ethischen Herausforderungen auf dem Weg
dahin
Die Weltwirtschaftsbeziehungen sind in eine Krise
geraten. Viele Staaten sind hoch verschuldet. Banken misstrauten einander, im Jahre 2009 drohte eine
weltweite Kreditkrise, die mit hohen staatlichen
Garantien gemeistert wurde. Hohe Staatsverschul-
dungen erfordern nun verstärkte Sparmaßnahmen,
die wiederum die Konjunktur gefährden können,
was Auswirkungen auf die Höhe der Arbeitslosigkeit haben wird. Die USA präferieren neue
Konjunkturprogramme und halten das Sparen der
Europäer für falsch. Entstehung, Folgen und Über-
windungsmöglichkeiten der Finanzkrise werden aus
ordnungspolitischer Sicht aufgezeigt.
Bd. 15, 2011, 168 S., 29,90 €, br.,
ISBN 978-3-643-10955-2

Christoph Scheuplein; Gerald Wood (Hg.)
**Nach der Weltwirtschaftskrise: Neuanfän-
ge in der Region?**
Die Krise 2008/2009 hat gezeigt, wie stark vernetzt
und anfällig die Weltwirtschaft ist. Die langjährige
Finanzialisierung der Ökonomie hat zu einem dra-
matischen Verlauf geführt, der durch eine Verknüp-
fung von Immobilien-, Finanz- und Währungskrise,
eine weltweite Streuung der Verluste, aber auch
durch neuartige (supra-)staatliche Reaktionen geprägt war. In diesem Band werden räumlich unterschiedliche Verlaufsformen der Krise in einzelnen
Sektoren und Regionen analysiert und Konzepte
für ein neues Krisenverständnis in der Stadt- und
Regionalforschung entworfen.
Bd. 8, 2011, 240 S., 19,90 €, br., ISBN 978-3-643-10706-0

LɪT Verlag Berlin – Münster – Wien – Zürich – London

Auslieferung Deutschland / Österreich: siehe Impressumsseite